Hakan Citak

Immobilie selbst verkaufen

Wie Sie Ihre Immobilie ohne Makler, Stress, Zeit- und Geldverlust zum Höchstpreis verkaufen.

Keine Maklerprovsion mehr!

Viel Spaß beim Lesen!

Ihr Hakan Citak – Der ImmoCoach

Copyright © 2019 Hakan Citak
Citak Immobilien e.K.
Yorckstraße 12, 50733 Köln

Eintragung im Handelsregister,
Registergericht: Amtsgericht Köln HRA 31581

Alle Rechte vorbehalten. Dieses Werk, einschließlich seiner Teile, ist urheberrechtlich geschützt. Jede Verwertung oder Weitergabe an Dritte ist ohne Zustimmung des Autors _Hakan Citak_ – _Citak Immobilien e.K._ unzulässig. Dies gilt insbesondere für die elektronische Vervielfältigung, Übersetzung, Verbreitung und öffentliche Zugänglichmachung.

Herstellung und Verlag:

Der ImmoCoach Verlag – Hakan Citak

ISBN 978-3-9819681-4-9

"Vom Anschauen wird es auch nicht fertig!"
oder
„Stillstand ist der Anfang vom Ende!"
oder auch mal
"Man lernt jeden Tag dazu!"

Aber eigentlich alle immer gleichzeitig.

Für meine Frau Selma – die Beste, die man sich wünschen kann
und
meine beiden Kinder –
für Euch gehe ich gerne die Extrameile.

Immobilie selbst verkaufen
Inhaltsverzeichnis

Inhaltsverzeichnis

Das Konzept: warum, wieso, weshalb	9
Vorwort	16
Über das Buch	19
Über den Autor	20
Kapitel 1	**22**
Ausgangslage und Hinweise	22
Kapitel 2	**24**
Planung der Vorbereitung & Verkaufsdauer	24
1. Machen Sie einen Plan – Planungspunkte	24
2. Verkaufsdauer richtig einschätzen – Verkaufsdauer 3 - 6 Monate	27
3. Mit der Vorfälligkeitsentschädigung frühzeitig auseinandersetzen	30
4. Steuerfallen umgehen – Spekulationsfrist	34
Kapitel 3	**39**
Zusammenstellung der erforderlichen Unterlagen und Angaben	39
1. Diese Angaben werden benötigt	39
2. Berechnung der Wohnfläche nach der Wohnflächenverordnung – WoFIV	44
3. Ermittlung der Brutto-Grundfläche (BGF)	50
4. Ermittlung umbauter Raum (uR) vs. Brutto-Rauminhalt (BRI)	54
Kapitel 4	**56**
Den richtigen Preis ermitteln	56
1. Deutsche Wertermittlungsrichtlinien	56
2. Wohnmarktanalyse zwecks Ersteinschätzung des Marktwerts	60
3. Welcher Angebots- und Verkaufspreis?	61
Kapitel 5	**65**
Planungsfehler	65
1. Zielgruppenorientierte Immobilienanzeigen	65

Immobilie selbst verkaufen
Inhaltsverzeichnis

Kapitel 6   **73**
Vorbereitung der Immobilie **73**

    1. Mit Home-Staging die eigene Immobilie bühnenreif präsentieren   73

    2. 10 Fototipps - Aussagekräftige Fotos für die Vermarktung Ihrer Immobilie   77

    3. Warum überhaupt virtuelle 360°-Rundgänge?   86

    4. Immobilienfilm - Macht diese Art der Präsentation Sinn?   92

    5. Eine Grundrisszeichnung ist nicht gleich eine Grundrisszeichnung   97

Kapitel 7   **100**
Exposé und Marketingunterlagen **100**

    1. Immobilien- und Lagebeschreibung   100

    2. Exposé   108

Kapitel 8   **113**
Erreichbarkeit und Terminplanung **113**

    1. Erreichbarkeit   113

    2. Terminplanung – Wer? Wann? Wie lange?   116

Kapitel 9   **119**
Vermarktungsbeginn & mögliche Vertriebskanäle **119**

    1. Offline-Marketing: Nachbarschaftsmarketing   119

    2. Offline-Marketing: Zeitungsanzeigen   124

    3. Online-Marketing - Wo Sie im Internet inserieren können   126

Kapitel 10   **129**
Erstkontakt mit Interessenten und Terminvereinbarung **129**

    1. Erstkontakt mit Interessenten und wie Sie sich gut dafür rüsten   129

    2. Erstkontakt mit Interessenten am Telefon   135

    3. Erstkontakt mit Interessenten über das Verkaufsschild   139

    4. Erstkontakt mit Interessenten per E-Mail   140

    5. Exposé-Versand   141

Kapitel 11   **142**
Die Besichtigung **142**

    1. Der Besichtigungstermin   142

    2. Unterlagenversand   153

Immobilie selbst verkaufen
Inhaltsverzeichnis

3.	Nachfassen	155

Kapitel 12   **157**
Verkaufs- und Preisverhandlung & Bieterverfahren **157**

1.	Preisverhandlung und Dreingabe	157
2.	Umgang mit weiteren Interessenten	166
3.	Bieterverfahren	168

Kapitel 13   **172**
Finanzierungszusage **172**

1.	Banken und der Immobilienverkauf	172

Kapitel 14   **176**
Immobilienkaufvertrag und Notartermin **176**

1.	Reservierung und Kaufvertragsentwurf	176
2.	Notar, Kaufvertrag und Beurkundung	180

Kapitel 15   **189**
Kaufpreisfälligkeit und Objektübergabe **189**

1.	Kaufpreisfälligkeit und Kaufpreiseingang	189
2.	Übergabe	192

Kapitel 16   **195**
Exkurs – falls Sie doch lieber einen Makler einschalten möchten? **195**

1.	Privatverkauf oder Immobilienmakler	195
2.	Woran Sie einen guten Immobilienmakler erkennen	205
3.	Sind mehrere Makler besser?	215
4.	Was kostet Sie ein Makler in Deutschland?	218
5.	Der richtige Makler für Ihre Immobilie	221

Zum Schluss   **223**

Rechtliche Hinweise, Haftungsausschluss, Hinweise und Anwendung   **227**

Konzept
Der Grund, warum ich dieses Buch geschrieben
und die *Online Akademie* gegründet habe

Das Konzept: warum, wieso, weshalb

Der ImmoCoach

**Deutschlands 1. und größte *Online Akademie* für Eigentümer,
die ihre Immobilie selbst verkaufen oder vermieten möchten**

Die *Online Akademie* beinhaltet unterstützende Seminare, anschauliche Videos und sämtliche hilfreichen Vorlagen zu den Themen „Verkauf und Vermietung von Immobilien". In verständlicher Sprache erklärt *Hakan Citak*, wie Sie sich vorbereiten und Ihre eigene Immobilie selbst effektiv und erfolgreich vermitteln.

Ziel dabei ist es, dass Sie Wissen über und praktische Handlungsanleitungen zu immobilienspezifischen Themen erlangen, um Ihren Weg der gelungenen Vermittlung eigenständig und sicher zu beschreiten.

Konzept
Der Grund, warum ich dieses Buch geschrieben
und die *Online Akademie* gegründet habe

Warum habe ich dieses Buch geschrieben und zudem die *Online Akademie* gegründet?

Ich hatte schon etliche potenzielle Auftraggeber, die meinen Service – da es zu viele Vorurteile gegenüber Maklern gibt – zunächst nicht in Anspruch nehmen wollten: Ich als Makler sei doch so teuer und würde nichts für mein Geld leisten ... Sehr oft wurden diese Zweifler allerdings über kurz oder lang, als es doch schwierig wurde und kaum noch etwas zu retten war, zu meinen späteren Kunden. Die ich dann als Profi wieder rausboxen und somit von meinem Mehrwert als versierter Immobilienmakler überzeugen konnte.

Von den eigenständigen Versuchen der Privatverkäufer und -vermieter habe ich leider haarsträubende Dinge mitbekommen – á la *Murphys Gesetz*: „Alles geht schief, was nur schiefgehen kann" kam es zu diversen Missgeschicken: Horrorfotos; unvollständige, sogar abmahnfähige Immobilienbeschreibungen, Schadenersatzklagen, Verlust von Vermögen, selbst existenzgefährdende Zwangsversteigerungen u. v. m.

Zeigen Sie mir eine Privatanzeige und ich zeige Ihnen mindestens 10 - 20 Fehler

Diese können einem aus Unwissenheit unterlaufen. Und das betrifft nicht nur die Inserate, sondern sämtliche Schritte im Procedere des Verkaufs oder der Vermietung. Da ich – ohne überheblich klingen zu wollen – vermutlich einer der bestausgebildeten Immobilienmakler in Deutschland bin, möchte ich Ihnen die wichtigen und richtigen Weichen stellen.

Seit 1990 ist die Bau- und Immobilienwirtschaft mein berufliches Zuhause und seit März 2008 führe ich mein hochgradig professionelles Maklerunternehmen. Ich verstehe mein Metier und genieße zudem deutschlandweit in dieser Branche einen ausgesprochen guten Ruf. Überzeugen Sie sich: Fragen Sie *Google* einfach nach *Hakan Citak* oder auch *Citak Immobilien*.

Da ich den Immobilienmarkt und die Entwicklungen sehr genau beobachte, fiel und fällt mir vermehrt auf, dass Immobilieneigentümer – seit es Portale wie *Immobilienscout24* und *Immowelt* gibt – selbst versuchen, ihre Immobilie an den Mann zu bringen. Diese knipsen ein paar Bilder, schreiben einen Zweizeiler, laden alles hoch und gehen online. Sie denken, die Vermarktung müsste auf diese Weise doch leicht sein. Doch in sehr vielen Fällen bleibt es bei diesem resonanzlosen Versuch und es wird ein professioneller Makler hinzugeschaltet – manchmal erst, wenn das Kind schon fast in den Brunnen gefallen ist. In anderen Fällen hingegen konnte ich eine stetige

Konzept
Der Grund, warum ich dieses Buch geschrieben
und die *Online Akademie* gegründet habe

Preisreduktion verfolgen und nach 15 Monaten wurde diese Immobilie zum Spottpreis verkauft. Welch Verlust.

Es ist verständlich, seine eigene Immobilie selbst vermitteln zu wollen

Ich kann auch nachvollziehen, dass beim Verkauf oder der Vermietung die Maklerprovision eingespart werden möchte. Ich kann aber nicht begreifen, dass jemand es riskiert, sich selbst und seinen Liebsten – wegen einer „Geiz-ist-geil"-Mentalität? – einen Schaden zuzufügen, um ein paar Kröten einzusparen. Und im schlimmsten Falle feststellen muss, dass es sich um eine Milch-Mädchen-Rechnung handelte.

Genau aus diesem Grund möchte ich mein sattelfestes Know-how und meine solide Erfahrung mit Ihnen teilen und Sie dafür fit machen, Ihre Immobilie selbst mit einem besseren Resultat verkaufen oder vermieten zu können.

Nur ein Buch darüber zu schreiben, wie man seine Immobilie selbst vermarktet, wäre mir zu uneffektiv gewesen, vermutlich hätte dieser x-te Ratgeber zu diesem Thema auch eher weniger Menschen erreicht und noch viel weniger hätten es wahrscheinlich gelesen.

Dank des Internets ändern sich das Lernverhalten und die -methoden zunehmend

Also wollte ich eine moderne, zeitgemäße Variante entwickeln, die – mit großer Reichweite und mehr als nur Text – Ihnen eine echte Hilfestellung bietet: die Kombination des Online- und Offline-Lernens. Ich liebe diese Koppelung! Wer mich kennt, weiß, dass ich Fan des Online- und Offline-Marketings bin und als Makler diese effiziente Verschmelzung bei der Immobilienvermarktung sehr erfolgreich einsetze.

Was war also naheliegender, um Sie als Privatverkäufer oder -vermieter am wirkungsvollsten sowie rund um die Uhr – sprich: 7 Tage die Woche und 24 Stunden am Tag – zu coachen? Mit Seminaren, Bildmaterial, Worksheets und vielem mehr? Sie bei Ihrem Vorhaben, die eigene Immobilie selbst zu vermarkten, früchtetragend zu begleiten?

Genau diese Kombination, die ich mit der *Online Akademie* nun verwirkliche, denn: Das Erlangen von fundiertem Wissen profitiert eindeutig von dieser Richtung.

Da zudem meine Zeit durch das Führen meines Experten-Makler-Unternehmens zu

Konzept
Der Grund, warum ich dieses Buch geschrieben
und die *Online Akademie* gegründet habe

---

begrenzt ist, um so viele private Immobilieneigentümer wie möglich in persönlichen Gesprächen zu coachen, musste ich mich auch als Person multiplizieren. Dies funktioniert hervorragend über Ihre *Online Akademie*, in der Sie sich als Immobilieneigentümer immer wieder die hilfreichen Videos anschauen, von den dazugehörigen Ratgebern, E-Books, Vorlagen u. s. w. profitieren, sich diese herunterladen und sofort losstarten können. Also habe ich mich drangesetzt.

Und bin in einem Zeitraum von knapp zwei Jahren für Sie die Extrameile gegangen.

Die ersten sechs Monate habe ich alle meine Ideen zusammengefasst, zudem ausgesprochen viel über Online-Geschäftsmodelle gelesen und mich dahingehend gründlich weitergebildet. Dies war darüber hinaus auch eine Recherchephase für die Bausteine, die ich benötigen würde, um so eine *Online Akademie* auf die Beine zu stellen. Die darauffolgenden weiteren sechs Monate habe ich meine Ideen und Erfahrungen konkretisiert und langsam zu Papier gebracht, bis ich am Ende ein stimmig aufeinander bauendes Inhaltsverzeichnis mit allen wichtigen Themen und Punkten erstellt hatte. So sind Ihre einzelnen Lektionen entstanden:

Inklusive eines strukturierten Ablaufplanes und der exakten Darstellung, wie ich als Profimakler 95 % unserer Immobilienaufträge überaus erfolgreich und mit durchschnittlich 10 % Mehrerlös vermittle.

Zuerst habe ich die Leitfäden geschrieben und sämtliche Vorlagen erstellt. Diese wurden mit Unterstützung meiner Lektorin *Frau Susanne Purol, Ars TexTrendi*, lektoriert und optimiert. Die einzelnen Lektionen wurden für Sie somit Punkt für Punkt mit Inhalten und Leben gefüllt sowie sämtliche Ratgeber plus Vorlagen layoutet.

In der Zwischenzeit haben die Jungs von *min Jung* die animierten Videosequenzen produziert. Unmittelbar danach habe ich ein eigenes Videostudio aufgebaut, wo ich komplett unabhängig die Videoproduktion vorbereiten konnte. Danach konnten dann endlich alle Lernvideos im Studio aufgenommen und geschnitten werden.

So war es dann zu guter Letzt möglich, zum Jahresbeginn 2018 mit der Website-Erstellung und der Software-Integration unter Zuhilfenahme der Dienste von *Halil Eskitürk, ABH24*, zu beginnen.

Rechtzeitig zum 10-jährigen Jubiläum von *Citak Immobilien* im März 2018 sind wir dann auch endlich ins Finale gekommen und online gegangen.

Konzept
Der Grund, warum ich dieses Buch geschrieben
und die *Online Akademie* gegründet habe

Aus lauter Liebe zum Helfen

Auf der Mitte der Strecke hätte ich sagen können: „Hakan. Das ist doch ein größerer Aufwand und verursacht mehr Kosten als gedacht. Du bist schließlich als Makler erfolgreich genug. Solltest du nicht doch besser nur Immobilien – gewinnbringend für beide Seiten – im Auftrag von Eigentümern vermitteln?"

Habe ich aber nicht. Denn dieses Projekt: Ihnen als Immobilieneigentümer auf nachvollziehbare Art und Weise näherzubringen, wie Sie Ihre Immobilie eigenhändig besser verkaufen oder vermieten können, ist mir zu wichtig, als dass ich es hätte aufgeben wollen. Es ist mein Beitrag für Sie, weil Sie es selbst in Hand nehmen wollen – und das organisiert, möglichst stressfrei, auf der sicheren Seite stehend sowie schließlich und letztendlich vor allem gewinnbringend.

Aus eigener Erfahrung kann ich sagen: Derjenige der sagt, er weiß schon alles ...

und kann schon alles, der wird über kurz oder lang auf der Strecke bleiben. Und wie bereits erwähnt: Es ist verständlich, dass Sie Ihre eigene Immobilie selbst vermarkten, aber dann bitte zu Ihrem Vorteil.

Zudem bin ich so gestrickt, dass ich immer zu Ende führe, was ich begonnen habe – und in diesem Falle ist mein Konzept *Buch und Online Akademie* zugleich auch ein Lernprojekt für mich selbst.

Genau aus diesem Grund habe ich mich über das Pensum meines normalen Tagesgeschäfts als Immobilienmakler – sprich über sechs Wochentage mit jeweils 10 - 14 Std. Arbeitszeit hinaus – hingesetzt und meine gesamte Freizeit, mein Herzblut und versiertes Know-how in dieses Vorhaben gesteckt.

So wichtig war und ist mir dieses Projekt

Deshalb habe ich insbesondere die letzten zwölf Monate sogar bis zu 18 Stunden am Tag gearbeitet, damit ich Ihnen alles an die Hand geben kann, was Sie für Ihren wie geschmierten Verkauf oder Ihre reibungslose Vermietung benötigen. Natürlich möchte ich mit diesem *Buch* und der *Online Akademie* auch Geld verdienen. Sie möchten doch auch für Ihre Leistungen verdientermaßen entlohnt werden, nicht wahr? Deshalb – und da ich bereits einen sehr hohen fünfstelligen Betrag für Ihre kompetente Unterstützung, zielführende Wegweisung und damit für Ihre Entlastung

Konzept
Der Grund, warum ich dieses Buch geschrieben
und die *Online Akademie* gegründet habe

ausgegeben habe – kann Ihnen mein Service auch die entsprechende Investition wert sein.

Oder:

- Sie machen erfolglos weiter wie bisher
- versuchen zeit- und nervenkostend das entsprechende Hintergrundwissen über langatmige Recherchen im Internet zu erlangen
- aus überbordend vielen Quellen
- die nicht alle Hand in Hand gehen müssen
- mit dem unangenehm verunsichernden Gefühl des „Ist das jetzt richtig oder falsch?" und so weiter und so fort.

Ich bin für dieses Projekt so weit an meine *physischen und psychischen* Grenzen gegangen, dass sogar ...

schon mein familiäres Leben darunter gelitten hat. Ich danke vor allem meiner Frau *Selma*, die das mitgemacht hat und bitte zugleich auch um Verzeihung dafür:

„Du stehst immer hinter mir, bist meine treueste Weggefährtin und meine beste Beraterin. Ich liebe Dich!"

Auch bei meinen Kindern möchte ich mich insbesondere für die letzten 12 Monate entschuldigen: *„Ich hatte eher selten Zeit, um mit Euch auf den Spielplatz zu gehen oder Euch ins Bett zu bringen und Euch etwas vorzulesen. Ich hoffe, Ihr werdet das eines Tages verstehen und meine Entschuldigung annehmen und stolz auf Euren Papa sein, der das so durchgezogen hat."*

Letztendlich bin ich froh, meinen Plan und meine Ideen umgesetzt zu haben: weil ich damit helfen kann. Wenn Sie sich als Immobilieneigentümer an die Handlungsanweisungen dieses Buches und strukturierten Vorlagen der *Online Akademie* halten, haben Sie schon Ihre halbe Miete drin und können sich dem Procedere der Vermittlung Ihrer Immobilie auf eigene Faust und professionelle Art widmen.

Ich wünsche Ihnen allen, die sich der *Der ImmoCoach Akademie* angeschlossen haben und ihre Immobilie selbst vermitteln wollen, maximalen Erfolg. Wer merkt, dass der Aufwand doch unterschätzt worden ist und sich doch lieber an einen Profimakler wenden möchte: Sie wissen ja, wo Sie mich finden können.

Konzept
Der Grund, warum ich dieses Buch geschrieben
und die *Online Akademie* gegründet habe

Sie können in allen Fällen auf mein offenes Ohr für Sie zählen.

Ihr Hakan Citak – Der ImmoCoach

Mein Dank gilt darüber hinaus auch:

Frau *Susanne Purol*, Ars TexTrendi – meine Lektorin: Liebe Frau Purol, bei dieser Gelegenheit möchte ich mich einmal bei Ihnen bedanken und Ihnen mitteilen, wie sehr ich Ihre wertvolle Arbeit sowie unsere Kooperation seit 2016 schätze.

Daniel Schulze-Niehoff, min Jung: Danke Jungs, Ihr versteht es, mich in euren animierten Videos zu karikieren und anzuspornen. Wir werden noch viele schöne Projekte gemeinsam angehen.

Halil Eskitürk, ABH24: Danke Dir, Du hast von vornherein verstanden, wie ich es haben wollte. Wir sprechen die gleiche Sprache und Du weißt, auf welche Bausteine es ankommt und wie man diese zusammensetzt. Das können nicht viele Websitebauer.

Citak Immobilien Team, Citak Immobilien: Danke Euch *Hüseyin* und *Leif*, dass Ihr mir den Rücken für dieses Projekt – soweit es möglich war – freigehalten habt. Und vor allem danke ich Dir *Shanice*, dass Du mich so tatkräftig unterstützt hast.

Vorwort
Kein Buch und kein Seminar kann die Ausbildung zum Fachmann ersetzen

Ihnen sollte vorab bewusst sein, dass es weder über Seminare noch über Bücher möglich ist, sich das Wissen anzueignen, welches durch eine mindestens drei Jahre dauernde Ausbildung erlangt werden kann. In vielen Fällen reicht sogar diese Schulung nicht aus: Weiterbildungen sind notwendig, um auf der Höhe der aktuellen Rechtsprechungen, Technologien und Methoden zu sein. Hiervon kann sich keiner freisprechen, niemand.

Da Sie sich mit dem Thema „Immobilie selbst verkaufen" beschäftigen, sind Ihnen vielleicht bei der Recherche im Internet sehr viele Beiträge aufgefallen, in denen davor gewarnt wird, seine Immobilie in Eigenregie an den Mann zu bringen. Eine große Anzahl dieser Artikel ist zumeist auf den Websites derjenigen Makler zu finden, die teilweise auch um ihre Daseinsberechtigung fürchten – zumindest die Semiprofessionellen dieser Branche tun dies.

Der Verkauf einer Immobilie stellt tatsächlich ein umfangreiches Vorhaben dar

... und auch ein großes Wagnis. Sie müssen zahlreiche Aspekte berücksichtigen, um sich vor Gefahren, die Ihnen im ersten Schritt vielleicht noch nicht so bewusst sind, zu schützen. Es gibt reichlich Stolpersteine und Fallstricke, die an vielen Ecken lauern und tunlichst umgangen werden müssen.

Dafür gibt es keinen Spielraum: Unvorbereitet einen Versuch zu starten, kann gewaltig nach hinten losgehen.

Ich kann nicht beurteilen, warum Sie sich dieses Buch gekauft haben. Aber ich vermute – ohne Ihnen zu nahe treten *zu* wollen – dass Sie einerseits das Honorar des Maklers einsparen möchten und eventuell sogar denken, genau durch diese Rationierung einen höheren Erlös beim Verkauf Ihrer Immobilie in Ihrem Säckel vorzufinden? Oder Sie trauen andererseits einem Immobilienmakler nicht, da Sie der Meinung sind: „Der schließt ja eh nur die Tür auf und kassiert eine fette Provision ab"?

So lautet zumindest das gängigste Klischee über Immobilienmakler, derlei Vorteile gibt es zuhauf. Zugegeben: Es gibt diese Semiprofessionellen wirklich, die das

Vorwort
Kein Buch und kein Seminar kann die Ausbildung zum Fachmann ersetzen

---

Image der gesamten Branche beschädigen – so wie es in jedem anderen Geschäftszweig schwarze Schafe gibt.

Zudem kommt hier die oben angesprochene Ausbildung ins Spiel

Die Berufsbezeichnung ‚Makler' ist in Deutschland nicht geschützt und jeder kann dieser Tätigkeit ohne eine qualifizierte Ausbildung nachgehen. Bisher dürfen alle,
- die volljährig sind,
- über ein unbelastetes Vorstrafenregister verfügen,
- den Antrag auf Erteilung einer Erlaubnis nach § *34c* stellen
- und sich lediglich die Gebühren leisten können,

ihre Vermittlungsdienste anbieten. Dies führt dazu, dass quasi Hinz und Kunz Immobilien für Kunden erwerben bzw. veräußern können.

Es gibt jedoch auch sehr viele gut ausgebildete, seriöse und professionell arbeitende Makler, die definitiv besser sind, als das vorherrschende Image es wiedergibt. Diese verschaffen den Immobilieneigentümern einen wirklichen Mehrwert und erzielen durch Ihr Fachwissen das beste Ergebnis für den Auftraggeber. Sie sind in den meisten Fällen seit einigen Jahren sehr erfolgreich am Immobilienmarkt tätig, wissen ganz genau, was sie tun und engagieren sich für ihre Kunden. Zudem können diese erfahrenen Makler auch Probleme, die bei einem Immobilienverkauf immer auftreten, frühzeitig erkennen und beseitigen, sodass Sie als Eigentümer auch rechtlich abgesichert werden.

Ob Sie mich hierzu zählen möchten, überlasse ich Ihnen, bilden Sie sich Ihre eigene Meinung. Jedoch bin ich bestens geschult – wie Sie hier sehen können – und habe mir an Fachhochschulen und Universitäten jahrelang umfassendes Wissen angeeignet, das sich im Laufe der Zeit durch profunde Erfahrung gefestigt hat und meinen Kunden als stabile Basis dient.

Gehen Sie mit diesem Buch oder auch der *Online Akademie* durch eine gute Schule

Sie haben sich dazu entschlossen, das Projekt „Immobilienverkauf" selbst in die Hand zu nehmen und Sie haben eine gute Entscheidung getroffen. Sich mit dieser Materie zu beschäftigen, ist definitiv kein Hexenwerk oder ein Buch mit sieben Siegeln. Jeder kann alles erlernen – Voraussetzung ist nur, sich das richtige Wissen anzueignen und dieses vor allem auch korrekt in die Tat umzusetzen.

Vorwort
Kein Buch und kein Seminar kann die Ausbildung zum Fachmann ersetzen

---

Ich wiederum habe mich dazu entschlossen, Sie mit diesem Buch sowie in der *Online Akademie* zu begleiten und Ihnen mein fachkundiges Know-how sowie meine Erfahrungen, die ich über die letzten Jahre sammeln durfte, in kompetenten, leicht verständlichen und pragmatischen Lektionen zu vermitteln.

Hierbei mache ich es Ihnen so einfach wie möglich: indem ich Ihnen viel, wirklich sehr viel Hintergrundwissen in Form von Videolektionen, Ratgebern, Leitfäden, Vorlagen, Tipps etc. sorgfältig zusammengestellt habe. So können Sie Ihr Unterfangen wie ein professionell arbeitender Makler präzise vorbereiten, Hürden klug umschiffen, Chancen und Risiken genauer einschätzen u. s. w., um Ihre Immobilie zu guter Letzt erfolgreich und zum bestmöglichen Preis zu verkaufen.

Ich bin davon überzeugt, dass Sie – nach dem Sie dieses Buch zu Ende gelesen haben – den Berufsstand des Immobilienmaklers mehr wertschätzen werden. Vielleicht schreiben Sie sich ja auch in die *Online Akademie* ein, um sich noch intensiver und professioneller mit dem Verkauf Ihrer Immobilie zu beschäftigen?

Wer weiß, vielleicht kommen Sie ja auf den Geschmack und werden Profimakler?

Ihr Hakan Citak – Der ImmoCoach

Über das Buch
Was Sie erwartet

Über das Buch
Was Sie erwartet

Dieses Buch ist als erster Einstieg in die Materie des Verkaufs Ihrer eigenen Immobilie gedacht, sodass Sie einen Einblick darüber gewinnen können, was alles dazu gehört, Ihr Hab und Gut effektiv und zum bestmöglichen Preis an den richtigen Mann oder die richtige Frau zu bringen.

Der Inhalt spiegelt meine Praxiserfahrungen wider und liefert Ihnen das dringend notwendige Hintergrundwissen, um Sie bei dem gesamten Procedere der Veräußerung bis zum gelungenen Abschluss und auch darüber hinaus kompetent zu begleiten. Zum besseren Verständnis habe ich großen Wert darauf gelegt, eine Ansammlung von Fachvokabular zu vermeiden, sondern vielmehr das Wesentliche für Sie in verständlicher Sprache wiederzugeben.

Diese Ausgabe ist eine gekürzte Fassung der *Online Akademie: der ImmoCoach*, wo Sie weitaus mehr an Material inklusive anschaulicher Videos, gedanken-sortierender Checklisten, hilfreicher Vorlagen, erhellender Ratgeber etc. erhalten, die Sie mit Sicherheit noch intensiver und tiefgehender unterstützen, Ihr Projekt deutlich erfolgreicher zu meistern.

Ihr Hakan Citak – Der ImmoCoach

Über den Autor
Stetiger Werdegang mit einem Ziel

Über den Autor
Stetiger Werdegang mit einem Ziel

Hakan Citak erblickte 1974 in Malkara/Türkei das Licht unserer Welt. Seine ersten Lebensjahre waren mit diversen Hürden versehen: Wegen eines schiefen- und sichelförmigen Fußes musste er sich zahlreichen OPs unterziehen. Der Weg reichte über ein Gipsbein bis zu Beinschienen à la Forrest Gump. Schon hier hat er sein erstes Ziel mit Willenskraft erreicht und konnte mit drei Jahren endlich laufen!

Hinzu kam mit vier Jahren der Wechsel seiner Heimat. Mit Mutter und Schwester zogen sie zum Vater, der in Deutschland lebte und arbeitete. In einem fremden Land aufzuwachsen, mit einer anderen Mentalität, in einer nicht vertrauten Umgebung und vor allem mit einer grundverschiedenen Sprache, das war nicht leicht – und führte zu Stolpersteinen in der Schule, Unterschätzung seiner Leistungen und fehlender Unterstützung der Lehrer und seiner Eltern bei seinem dringenden Wunsch, studieren zu wollen.

Aber der kleine Junge, der mit sechs Jahren auf dem Fußboden sitzend Häuser und Grundrisse zeichnete ... der hatte einen Traum und diesen Traum sollte er auch verwirklichen:

Seit 1990 ist *Hakan Citak* in der Bau- und Immobilienwirtschaft tätig und blickt stolz auf seine Stationen zurück: Ausbildung zum und Abschluss als Zimmerer, deutschlandweite Arbeit für unterschiedliche Bauunternehmen, Architekturstudium und Abschluss mit Auszeichnung, Arbeit als Architekt, Masterstudium in Facility Management und Immobilienwirtschaft mit Abschluss „sehr gut".

Im März 2008 gründete er schließlich sein Unternehmen Citak Immobilien e. K., das nach nunmehr 10-jährigem Bestehen zu einem der innovativsten Maklerunternehmen in Deutschland zählt, angesehenes Mitglied im *Immobilienverband Deutschland – IVD* sowie im *Bundesverband für die Immobilienwirtschaft – BVFI* ist (hier fungiert *Hakan Citak* zusätzlich als engagierter Landesdirektor) und bereits mehrfach ausgezeichnet wurde:

- Bellevue Best Property Agent 2014, 2015, 2016, 2017, 2018 & 2019
- Focus Top Immobilienmakler 2014, 2015, 2016, 2017, 2018 & 2019
- Preisträger des IDA – Award: Immobiliendienstleister des Jahres 2017

Über den Autor
Stetiger Werdegang mit einem Ziel

„Ihre Immobilie verdient Kompetenz" – so der Slogan von *Citak Immobilien*.

Deshalb arbeitet das eingespielte Team mit einer gelungenen Mischung aus Innovation, Menschlichkeit und erfahrenem Gewusst-wie: Das hauseigene, bewährte 5-Phasen-System, Leistungsgarantien, die Produktion hochwertiger Immobilienvideos oder alternativ auch virtueller 360°-Immobilienrundgänge, die umfassende Vermarktung inkl. Mieter- und Bonitätsprüfung zum Schutze der Auftraggeber sind nur einige der herausragenden Methoden des geschäftstüchtigen Unternehmens. So wird nicht nur für den reibungslosen Ablauf der Immobilienvermittlung gesorgt, sondern auch für die komplette Berücksichtigung der Kundenwünsche – bei rundherum verbürgter Qualitätsarbeit.

Aber auch das ist *Hakan Citak* nicht genug, denn nun möchte er sein gesammeltes Wissen und sein fundiertes Know-how an alle weitergeben, die sich fortbilden und lernen möchten: Also gründete er mit 43 Jahren die 1. und größte *Online Akademie* für private Immobilienbesitzer, die ihr Hab und Gut in Eigenregie erfolgreich vermitteln möchten.

Seit der Gründung der Online Akademie „Der ImmoCoach" ist dieses Konzept mit weiteren Auszeichnungen wie folgt prämiert worden:

- Erfolg Magazin – TOP EXPERTE in der Kategorie Immobilien 2018 & 2019
- Quality Institute – Lorbeer des Experten & Beste Marke 2019

Kapitel 1
Ausgangslage und Hinweise
Situationen sind unterschiedlich

Kapitel 1

Ausgangslage und Hinweise

Situationen sind unterschiedlich

Bevor Sie mit den Kapiteln starten, habe ich noch einige Anmerkungen und Hinweise für Sie:

Vielleicht befinden Sie sich noch in der Entscheidungsphase und wissen noch nicht, ob Sie verkaufen, vermieten oder Ihre Immobilie doch lieber selbst bewohnen möchten.

Für diesen Fall stelle ich Ihnen die fünf häufigsten Ausgangssituationen in der *Online Akademie* vor – inklusive einer hilfreichen Herangehensweise, die es Ihnen erleichtert, den für Sie gangbaren Weg zu finden und ihn auch gelungen umsetzen zu können.

1. Die Immobilie im Alter: Ihr Haus/Ihre Wohnung passt nicht mehr zu Ihren Lebensumständen?

Mein dazugehöriger Ratgeber unterstützt Sie im Prozess der altersbedingten Veränderungen darin, neue Perspektiven zu entdecken und zu genau der Lösung zu gelangen, durch die Ihre wohnliche Ausgangslage Ihrer neuen Lebenssituation angepasst wird.

2. Die Immobilie im Scheidungsfall: Sie sind auf der Suche nach einer guten Option für alle Beteiligten?

Mein entsprechender Ratgeber zeigt Ihnen Alternativen auf und bringt Ihnen – auch wenn eine Einigung mit Ihrem ehemaligen Partner schwer möglich ist – Klarheit, wie es mit Ihrem gemeinsamen Besitz weitergehen soll.

3. Die Immobilie im Erbfall: Sie haben keinen Plan für Ihre Hinterlassenschaft?

Durch meinen diesbezüglichen Ratgeber bekommen Sie eine Einsicht in die Ihnen offenstehenden Möglichkeiten – auch wenn Sie Teil einer Erbengemeinschaft sind und verschiedene Auffassungen unter einen Hut gebracht werden müssen – um am Ende mit einem adäquaten Arrangement Ihren Nachlass regeln zu können.

Kapitel 1
Ausgangslage und Hinweise
Situationen sind unterschiedlich

---

4. Die Immobilie selbst vermieten

Andere Beweggründe haben Sie den Entschluss fassen lassen, Ihr Hab und Gut einfach vermieten zu wollen? Dann können Sie von dem dazugehörigen Ratgeber profitieren.

5. Die Immobilie einfach selbst verkaufen: Trifft keiner der vier oben genannten Sachverhalte auf Sie zu?

Sie möchten lediglich von der aktuellen Marktlage profitieren oder haben andere Beweggründe dafür, Ihr Hab und Gut einfach nur an den Mann oder die Frau bringen zu wollen? Dann können Sie sofort mit den Kapiteln dieses Buches starten und sich voll und ganz auf das komplette notwendige Prozedere konzentrieren: Sie lernen Step by Step den professionellen und erfolgreichen Immobilienverkauf.

Je nachdem, in welcher Situation Sie sich befinden ...

nehmen Sie diese bitte genauer unter die Lupe und stellen Sie sich einer kritischen Selbstanalyse, um die für Sie richtige Entscheidung fällen zu können. Anschließend fangen Sie bitte im entsprechenden Kapitel an und überspringen die anderen, Sie nicht betreffenden Punkte. Sämtliche oben angeführten Ratgeber erhalten Sie in der *Online Akademie* kostenfrei als Video und PDF-Datei. Für Ihre Entscheidungsfindung steht Ihnen in der Akademie eine kostenfreie Checkliste zur Verfügung.

Nachdem Sie Ihren Weg gewählt haben, bitte ich Sie, alles – tatsächlich alles – in sich aufzunehmen und meine Ratschläge auch wirklich zu beherzigen sowie umzusetzen. Ich empfehle Ihnen, keine Lektionen der *Online Akademie* oder kein Kapitel dieses Buches zu überspringen – auch wenn Sie der Meinung sind: „Das kann ich schon, das weiß ich bereits."

Bedenken Sie bitte, dass Ihr Lernerfolg darunter definitiv leiden würde. Ich vergleiche es mal mit dem kleinen 1 x 1: Wenn Sie es nicht beherrschen, wie wollen Sie dann das gesamte Große verstehen?

Ich wünsche Ihnen maximalen Lernerfolg und viele AHA-Effekte.

Ihr Hakan Citak – Der ImmoCoach

Kapitel 2
Planung der Vorbereitung & Verkaufsdauer
Mangelnde Planung und Einschätzung der Verkaufsdauer

Kapitel 2

Planung der Vorbereitung & Verkaufsdauer

Mangelnde Planung und Einschätzung der Verkaufsdauer

1. **Machen Sie einen Plan – Planungspunkte**

Sie haben nun die Entscheidung getroffen, Ihre Immobilie selbst zu verkaufen und dabei auf die professionelle Unterstützung eines Immobilienmaklers zu verzichten. Dann ist für das Gelingen Ihres Unterfangens eine sorgfältige Vorplanung und die detaillierte Vorbereitung auf alle Eventualitäten erforderlich, denn: Die Vermarktung, Abwicklung und der Verkaufsprozess sind ausgesprochen arbeits- und zeitintensiv. Müssen Sie mittendrin wieder zurückrudern, weil Ihr Konzept lückenhaft ist, führt das zu Irritationen und unnötigen Verzögerungen im Ablauf. Ein versierter Immobilienmakler hat deshalb eine von A bis Z ausgeklügelte Strategie, die Sie nun im Alleingang entwickeln müssen.

Vorüberlegung

In erster Linie sollten Sie sich darüber im Klaren sein, warum Sie Ihre Immobilie an den Mann bringen möchten. Kaufinteressenten fragen zu 95 % nach dem Grund der Veräußerung. Deshalb überlegen Sie sich bitte eine kluge Antwort. Und zwar eine, durch die Sie – ohne lügen zu müssen – so positiv wie möglich erscheinen, auch wenn

Kapitel 2
Planung der Vorbereitung & Verkaufsdauer
Mangelnde Planung und Einschätzung der Verkaufsdauer

---

die Ursache negativer Natur ist und etwa in der Scheidung, einem Todesfall, finanziellen Engpässen etc. liegt. Achten Sie bitte penibel darauf, nicht den Eindruck zu erwecken, Sie müssten Ihre Immobilie schnellstmöglich an den Nächstbesten verkaufen. Dies wirkt sich mit größter Wahrscheinlichkeit mindernd auf den Verkaufspreis aus.

Nehmen Sie sich die Zeit, die Sie brauchen

Wirtschaftlich betrachtet ist die Bedeutung eines Immobilienverkaufs um ein 10- bis 50-faches höher als die eines Autoverkaufs. Dennoch wollen sehr viele Menschen die Veräußerung Ihres Hauses/Ihrer Wohnung genauso schnell über die Bühne bringen wie die eines eigenen PKWS. Dieses Beispiel finden Sie unangebracht? Bedenken Sie bitte: Beim Immobilienverkauf geht es in den meisten Fällen um den größten Vermögensbesitz mit hoher, finanzieller Tragweite. Nehmen Sie sich zu wenig Zeit, setzen Sie Ihr Kapital leichtfertig aufs Spiel. Wie viel an Verlusten können Sie verkraften? 10.000, 20.000, 50.000, gar 100.000 € oder mehr?

Planung ist die halbe Miete

Eine sehr gute Planung ist das A und O für Ihren erfolgreichen Verkauf. Vermeiden Sie daher, „es einfach mal zu versuchen". Erarbeiten Sie sich ein detailliertes Konzept für den Verkauf Ihrer Immobilie. Es gibt zahlreiche Faktoren, die Sie auf jeden Fall berücksichtigen sollten, sofern Sie Ihre Immobilie wirklich professionell und erfolgreich veräußern möchten. Hierzu haben wir Ihnen die wichtigsten Tipps und Fragestellungen – dem Ablauf unserer Kapitel 1 - 16 entsprechend – zusammengefasst. Wenn Sie sich an diese Reihenfolge halten und jeden Punkt mit Bedacht vorbereiten, werden Sie für alle Eventualitäten gut gerüstet sein und den Verkauf Ihrer Immobilie souverän meistern.

Machen Sie sich einen Masterplan

Stellen Sie sich folgende Fragen und beantworten Sie diese gewissenhaft:

- ✓ Steht meine Entscheidung zum Verkauf felsenfest?
- ✓ Habe ich eine ausgefeilte Strategie für den Verkauf meiner Immobilie?
- ✓ Sind noch Pfandfreigaben einzuholen: Zinsbindungsfristen/Vorfälligkeitsentschädigung?
- ✓ Sind mehrere Personen an der Immobilie beteiligt oder bin ich alleiniger Eigentümer?

Kapitel 2
Planung der Vorbereitung & Verkaufsdauer
Mangelnde Planung und Einschätzung der Verkaufsdauer

- ✓ Gibt es eingetragene Wohnrechte?
- ✓ Muss ich eine Spekulationsfrist nach dem § 23 EStG berücksichtigen?
- ✓ Kann ich die Verkaufsdauer einschätzen? Habe ich einen Zeitplan? Sprich: Bis wann muss meine Immobilie verkauft und wann soll der Kaufpreis bezahlt sein? Wann soll die Immobilie übergeben werden?
- ✓ Kenne ich die Eigenschaften meiner Immobilie ganz genau? Was sind deren Vorzüge/Nachteile?
- ✓ Stehen erforderliche Reparaturen/Modernisierungen an?
- ✓ Liegen alle notwendigen Unterlagen vor? Welche habe ich parat? Welche muss ich noch besorgen?
- ✓ Kenne ich den Wert meiner Immobilie und habe ich den Markt analysiert? Wie mache ich das?
- ✓ Auf welche Weise setze ich den Angebotspreis fest? Was ist mein Limit?
- ✓ Kenne ich die passende Zielgruppe für meine Immobilie?
- ✓ Ist meine Immobilie vorzeigbar? Wenn nein, ist Home Staging notwendig? Wen kann ich in diesem Falle beauftragen oder bin ich in der Lage, das alleine zu bewerkstelligen?
- ✓ Gibt es professionelle und aktuelle Fotografien? Wenn nein, verfüge ich über die erforderlichen Kenntnisse oder benötige ich einen kundigen Fotografen für die effektive Vermarktung durch authentische und einladende Bilder?
- ✓ Müssen noch farbige Grundrisse erstellt werden? Wenn ja, an wen kann ich mich wenden?
- ✓ Gibt es eine zielgruppengerechte Immobilien- und Lagebeschreibung? Ist ein ansprechendes Exposé vorhanden? Wenn nein, habe ich das Talent, dieses ansprechend zu schreiben und zu gestalten? Oder benötige ich einen versierten Texter und Grafik-Designer?
- ✓ Welche Werbemedien sind effektiv? Flyer, Verkaufsschild, Immobilienbörsen etc.? Welche soll ich nutzen?
- ✓ Wie stelle ich meine Erreichbarkeit sicher?
- ✓ Welche Informationen gebe ich am Telefon?
- ✓ Welche Interessenten kommen für einen Besichtigungstermin in Frage?
- ✓ Wie läuft eine Besichtigung ab und wie bereite ich mich darauf vor?
- ✓ Wie führe ich eine Preisverhandlung? Habe ich ein Limit, was ist mit Dreingaben?
- ✓ Wie sichere ich die Finanzierung des Käufers?
- ✓ Ab wann reserviere ich die Immobilie und wer gibt den Kaufvertragsentwurf in Auftrag?
- ✓ Zu welchem Notar gehe ich?
- ✓ Oder soll ich doch lieber einen versierten Immobilienmakler einschalten?

Kapitel 2
Planung der Vorbereitung & Verkaufsdauer
Mangelnde Planung und Einschätzung der Verkaufsdauer

2. Verkaufsdauer richtig einschätzen – Verkaufsdauer 3 - 6 Monate

„Zack zack" oder „immer mit der Ruhe"?

Die für einen Immobilienverkauf benötigte Zeit wird in den meisten Fällen unter- aber auch überschätzt. Beides kann Sie teuer zu stehen kommen. Warum ist das so?

Wer glaubt, dass er den Verkauf seiner Immobilie binnen vier Wochen abwickeln und mit dem Kaufpreiseingang die neue Immobilie beziehen sowie den näher rückenden Umzug organisieren kann, der kommt sehr schnell unter Zeitdruck. Dieser potenziert sich, wenn noch kein Käufer in Sicht ist. Solch eine Bedrängnis katapultiert den Verkäufer sehr oft in eine schlechtere Verhandlungsposition.

Oder der erstbeste Kaufwillige wird als Abnehmer auserkoren. Dabei bleibt unklar, ob tatsächlich der bestmögliche Kaufpreis herausgesprungen ist. Deshalb ist es definitiv effektiver, mehrere Interessenten an der Hand zu haben als nur einen Kandidaten – schon allein unter Berücksichtigung der gern und oft genommenen Tatsache, dass Kaufinteressenten auch abspringen können. Dann stehen Sie nicht nur mit leeren Händen da, sondern müssen mit der Interessenten-Akquise wieder ganz von vorne beginnen. Sehr mühselig.

Was lange währt, wird nicht immer gut

Auch ein zu langer Vermarktungszeitraum kann den Preis drücken. Immobilien, die seit einem halben Jahr oder sogar länger angeboten werden, erwecken bei den Interessenten den Eindruck eines Ladenhüters. Denn je länger sich der Verkauf hinzieht, desto mehr wird getuschelt: „An der Immobilie ist doch ein Haken dran", „die Immobilie will doch keiner haben" u. s. w. Das echte Interesse erlischt und auf den Plan kommen die sog. „Schnäppchenjäger". Sie beobachten die Immobilienangebote ganz genau und bieten sich, wenn die Immobilie quasi schon „Schimmel" auf dem Markt ansetzt, als Käufer an – oft zu einem lächerlichen „Retter-in-der-Not"-Preis.

Ermitteln Sie also bitte für das Erzielen eines angemessenen Kaufpreises die exakten Parameter der Vorbereitung, Vermarktung und des Abschlusses. Kalkulieren Sie dabei zeitlich nicht zu knapp, um Zugzwang zu vermeiden.

Generell wird davon ausgegangen, dass mit einem Gesamt-Zeitraum von drei bis sechs Monaten zu rechnen ist, wie Sie der unten stehenden Skala entnehmen können.

Kapitel 2
Planung der Vorbereitung & Verkaufsdauer
Mangelnde Planung und Einschätzung der Verkaufsdauer

Achten Sie bitte darauf, dass die reine Vermarktungszeit der Immobilie nicht mehr als 30 bis 60 Tage in Anspruch nehmen sollte.

Diese für Sie in der *Online Akademie* vorbereitete Excel-Vorlage enthält alle notwendigen Punkte für Ihren Masterplan, um ein genaues Zeitfenster Ihrer eigenen Vorbereitung, Vermarktung und des Abschlusses zu ermitteln.

Kapitel 2
Planung der Vorbereitung & Verkaufsdauer
Mangelnde Planung und Einschätzung der Verkaufsdauer

Vorbereitungszeit und Verkaufsdauer

Objekt: _____

Aufgabe	JA / NEIN	Geplant am	Erledigt am	Bearbeitungszeit in Tagen	Gesamtbearbeitungszeit in Tagen	Kosten in € (Brutto)
Phase 1 / Lektion 1 - Vorüberlegungen und Ausgangslage (Entscheidung treffen)						
Verkaufsentscheidung getroffen - Checkliste Pro & Contra durchgearbeitet?	JA	27.05.2018	29.05.2018	2	Klärung i.d.R. ca. 2 Tage	
Phase 2 / Lektion 2 - Planung der Vorbereitung und Verkaufsdauer						
Plan zum Verkauf Ihrer Immobilie aufgestellt?	JA	30.05.2018	10.06.2018	11		
Pfandfreigaben einzuholen (Zinsbindungsfristen / Vorfälligkeitsentschädigung)?	NEIN	30.05.2018	18.06.2018	8		
Alleiniger Eigentümer?	JA	30.05.2018	31.05.2018	1	Klärung i.d.R. ca. 14-30 Tage	
Andere an Immobilie mit beteiligt?	NEIN	30.05.2018	31.05.2018	1		
Eingetragene Wohnrechte?	NEIN	30.05.2018	31.05.2018	1		
Spekulationsfrist nach dem § 23 EstG?	NEIN	30.05.2018	10.06.2018	11		
Phase 3 / Lektion 3 - Zusammenstellung der Unterlagen & Bestandaufnahme						
Aufnahmebogen und Baubeschreibung (ETW, EFH, MFH, etc.)				0		
Ermittlung Immobilienzustand				0		
Grundbuch				0		
Flurkarte				0		
Altlastenauskunft				0		
Baulastenauskunft				0		
Alle anderen Unterlagen entsprechend Immobilientyp (ETW, EFH, MFH, etc.)				0	Bearbeitung i.d.R. ca. 14-30 Tage	
Grundriss-Aufmass				0		
Wohnflächenberechnung				0		
Kubaturberechnung				0		
Zusammenstellung sämtlicher Unterlagen + Kopien in einem Immobilienordner				0		
Zusammenstellung sämtlicher Unterlagen als PDF-Dateien				0		
Phase 4 / Lektion 4 - Den richtigen Preis ermitteln						
Marktanalyse der Immobilie				0		
Wettbewerbsanalyse der Immobilie				0	Klärung i.d.R. ca. 1-7 Tage	
Festlegung Angebotspreis				0		
Phase 5 / Lektion 5 - Planungsfehler Zielgruppe						
Zielgruppenfestlegung (ETW, EFH, MFH, etc.)				0	Klärung i.d.R. ca. 1 Tag	
Phase 6 / Lektion 6 - Vorbereitung der Immobilie						
Home Staging				0		
Professionelle Fotos				0	Bearbeitung i.d.R. ca. 5-10 Tage	
360° - Panoramatourerstellung?				0		
Immobilienfilm-Produktion?				0		
Grundrissaufbereitung - farbige Grundrisse oder 3D Isometrie				0		
Phase 7 / Lektion 7 - Exposé und Marketingunterlagen						
Erstellung Immobilien- und Lagebeschreibung				0		
Erstellung Exposé und Druck				0	Bearbeitung i.d.R. ca. 7 Tage	
Erstellung Flyer und Druck				0		
Verkaufsschild				0		
Phase 8 / Lektion 8 - Erreichbarkeit & Terminplanung						
eMail Adresse anlegen				0		
Erreichbarkeit sichern				0	Bearbeitung i.d.R. ca. 1-3 Tage	
Terminplanung - Zeitfenster festlegen				0		
Phase 9 / Lektion 9 - Vermarktungsbeginn & Vertriebskanäle						
Verteilung Flyer in Nachbarschaft				0		
Werbung an der Immobilie - Verkaufsschild er aufstellen				0		
Zeitungsanzeige				0	Bearbeitung i.d.R. ca. 1-3 Tage	
Facebook Immobiliengruppe Immobilie anbieten				0		
Onlinebörse Inserat schalten (Immobilienscout 24, Immowelt, etc.)				0		
Phase 10 / Lektion 10 - Erstkontakt und Terminvereinbarung						
Entgegennahme Anfragen und Qualifizierung bzw. Disqualifizierung der Interessenten				0		
Exposé-Versand				0	Bearbeitung i.d.R. ca. 30-60 Tage	
Terminplanung - Zeitfenster festlegen				0		
Phase 11 / Lektion 11 - Die Besichtigung						
Professionelle Besichtigungsterminvorbereitung und -wahrnehmung				0		
Unterlagen-Versand				0	Bearbeitung i.d.R. ca. 30-60 Tage	
Nachfassen bei ernsthaften Kaufinteressenten				0		
Phase 12 / Lektion 12 - Verkaufs- und Preisverhandlung & Finanzierung						
Limit festlegen & Dreingabe				0		
Weitere Interessenten?				0	Bearbeitung i.d.R. ca. 14-30 Tage	
Bieterverfahren möglich?				0		
Finanzierungsbestätigung Käufer = Absicherung für Verkäufer				0		
Phase 13 / Lektion 13 - Kaufvertrag & Notartermin						
Reservierung & Auswahl des Notars				0		
Auftrag Kaufvertragsentwurf und Überprüfung Entwurf				0	Bearbeitung i.d.R. ca. 7-21 Tage	
Notartermin				0		
Phase 14 / Lektion 14 - Kaufpreisfälligkeit und Objektübergabe						
Bestätigung Kaufpreiseingang				0		
Vorbereitung Protokoll und Originalunterlagen zur Übergabe				0	Bearbeitung i.d.R. ca. 21-60 Tage	
Immobilienübergabe				0		
Finanzierungsbestätigung Käufer = Absicherung für Verkäufer				0		

Kapitel 2
Planung der Vorbereitung & Verkaufsdauer
Mangelnde Planung und Einschätzung der Verkaufsdauer

3. Mit der Vorfälligkeitsentschädigung frühzeitig auseinandersetzen

Normalerweise ist der Kauf einer Immobilie für die meisten Menschen eine Entscheidung auf Lebenszeit. Sehr viele wollen in ihrer Immobilie alt werden und sich dabei um Mietsteigerungen oder Eigenbedarfskündigungen etc. keine Gedanken machen müssen - also um all die Dinge, die entfallen, wenn man ein Haus oder eine Wohnung sein Eigen nennen kann.

Doch leider kommt es erstens oft anders und zweitens, als man denkt

Eine Scheidung, plötzlicher Arbeitsverlust oder andere unvorhersehbare Gründe können Ihnen plötzlich in die Quere kommen und Sie müssen vorzeitig aus der Baufinanzierung aussteigen. Allerdings ist dies nicht so leicht und auch nicht gerade billig, denn: Innerhalb der Zinsbindungsfrist ist die Kündigung eines Immobiliendarlehens nur unter bestimmten Umständen möglich, da Sie als Kreditnehmer bis zum Ende der vereinbarten Laufzeit an den Vertrag mit Ihrer Bank gebunden sind.

Eine Rückzahlung ist dann möglich, wenn Sie Ihre belastete Immobilie verkaufen und Sie – unabhängig von der vereinbarten Laufzeit – von der Abmachung mit Ihrer Bank zurücktreten dürfen. Die Kündigung leitet Ihr Notar mit der Beurkundung des Kaufvertrages ein. Verlassen Sie sich aber bitte nicht auf ihn. Gewisse Konstellationen können nämlich dafür sorgen, dass Ihre Bank einer vorzeitigen Darlehensauflösung nicht zustimmt, z. B. wenn der Kaufpreis die Grundschulden nicht decken sollte oder Sie mehrere (Geschäfts-)Konten bei ein und demselben Geldinstitut haben. Möglicherweise machen Ihnen dann die Verbindlichkeiten, die Sie gegenüber Ihrer Bank haben, einen unangenehmen Strich durch Ihre Rechnung.

Klären Sie deswegen bitte die Zustimmung zur Auflösung Ihres Darlehens bereits im Vorfeld. Diese sollte Ihnen zu Ihrer Sicherheit in schriftlicher Form noch vor der Kaufvertragsunterzeichnung bestätigt werden. Eine Kaufvertragsrückabwicklung wäre nicht in Ihrem Sinne.

Banken dürfen eine Vorfälligkeitsentschädigung verlangen

Generell sind bei Immobilienfinanzierungen langfristige Zinsbindungen üblich: Dies ist für eine sorgfältige Planung außerordentlich wichtig – für die der Bank und auch für Ihre als Kreditnehmer. Der Vorteil liegt für Sie darin, dass die Zinsen Ihres Immo-

Kapitel 2
Planung der Vorbereitung & Verkaufsdauer
Mangelnde Planung und Einschätzung der Verkaufsdauer

---

biliendarlehens unverändert bleiben – selbst, wenn das Zinsniveau steigen, die Zinsen also teurer werden sollten. Im Gegenzug kann die Bank mit Ihren monatlichen Raten wie Zinsen und Tilgung projektieren.

Sollten Sie allerdings den Immobilienkredit vor Ende der vereinbarten Vertragslaufzeit zurückführen, entgeht der Bank ein Großteil der Zinsen. Somit macht sie weniger Gewinn innerhalb des vereinbarten Zeitraums und hat demzufolge als Kreditgeber das Recht, den ihr entstehenden Schaden des Zinsausfalls nach § 490 BGB geltend zu machen. Als Strafe bzw. Wiedergutmachung verlangt sie deshalb eine Vorfälligkeitsentschädigung von Ihnen. Deren Höhe ist immer abhängig von der Restlaufzeit und der Restschuld.

Reicht der Kaufpreis für die komplette Ablösung Ihrer Restgrundschulden und Vorfälligkeitskosten aus?

Prüfen Sie das bitte bereits im Vorfeld. Falls dies nicht der Fall sein sollte, müssen Sie Ihre Restschulden an die Gläubiger zahlen. Nur so erreichen Sie es, das Grundbuch lastenfrei zu bekommen. Genau aus diesem Grunde sollten Sie vor der Kaufvertragsunterzeichnung auf jeden Fall mit Ihrer Bank sprechen, um auf diesem Wege die Kosten detailliert in Erfahrung zu bringen. Wenn unter bestimmten Umständen der Kaufpreis die Restschuld und Vorfälligkeitskosten nicht decken sollte, kann Ihre Bank die Löschungsbewilligung verweigern. Dies ist bei Immobilieneigentümern mit notleidenden Immobilienkrediten sogar sehr häufig zu beobachten.

Die Kontrolle der Bankforderungen lohnt sich für Sie

Fast jede Bank verlangt eine höhere Vorfälligkeit, als es die Berechnungsrichtmaße des Bundesgerichtshofes erlauben. In vielen Fällen geht es um mehrere Tausend Euro, wenn nicht sogar rasch um fünfstellige Beträge.

Um Ihren Verkaufsprozess jedoch nicht zu blockieren, sollten Sie die geforderte Vorfälligkeitsentschädigung zunächst zahlen und – wenn Ihre Bank darauf pocht – auch unterzeichnen. Sollte der Betrag, den Sie gezahlt haben, überhöht sein, können Sie die Differenz zu Ihren Gunsten dennoch zurückverlangen, sofern das Recht auf Ihrer Seite steht. Hierzu übernehmen insbesondere die Verbraucherzentralen des jeweiligen Landes für ca. 70 € pro Darlehen nachträglich die Kontrolle.

Kapitel 2
Planung der Vorbereitung & Verkaufsdauer
Mangelnde Planung und Einschätzung der Verkaufsdauer

Die wichtigsten Punkte, die dabei berücksichtigt werden müssen:

- Ihrer Bank steht i. d. R. eine Vorfälligkeitsentschädigung zu, falls Sie aus Ihrer Baufinanzierung vor Ende der vereinbarten Vertragslaufzeit aussteigen möchten.
- Das Geldinstitut darf keine Vorfälligkeitsentschädigung von Ihnen verlangen, wenn es selbst das Darlehen außerordentlich kündigt, z. B. weil Sie als Kreditnehmer mit Ihren Raten in Verzug geraten und somit Ihren Verpflichtungen nicht mehr nachgekommen sind.
- Generell können Sie ohne zusätzliche Kosten aus Ihrem Vertrag wieder aussteigen, sofern die zehn Jahre Zinsbindung vorüber sind oder die Widerrufsbelehrung fehlerhaft war.
- Es gibt keine Regelung seitens des Gesetzgebers, wie eine Bank die Entschädigung berechnen darf. Dies führt in sehr vielen Fällen dazu, dass Sie als Verbraucher eine unverhältnismäßig hohe Abfindung zahlen sollen. Allerdings hat der Bundesgerichtshof Leitlinien zur Kalkulation der Wiedergutmachung aufgestellt.
- Banken müssen Sondertilgungen zu Ihren Gunsten kostenmindernd berücksichtigen, das senkt Ihre Kreditschuld und dadurch auch die Vorfälligkeitsentschädigung.
- Die Risikoprämie muss abgezogen werden, da sie aufgrund der sofortigen Rückzahlung des Darlehens nicht mehr berechnet werden darf.

Dieses Vorgehen hilft Ihnen:

- Nehmen Sie Kontakt zu Ihrer Bank auf und lassen Sie sich die Restschulden sowie die Vorfälligkeitsentschädigung berechnen.
- Überprüfen Sie die Bankabrechnung immer auf Vollständigkeit. Online-Rechner bieten Ihnen eine gute erste Einschätzung.
- Wie gesagt: Ihre zuständige Verbraucherzentrale bietet Ihnen für ca. 70 € Unterstützung an.
- Sofern ein Expertengutachten eine weitaus niedrigere Vorfälligkeitsentschädigung ergibt, ist es ratsam, Ihr Kreditinstitut anzuschreiben und darauf zu bestehen, die Entschädigung zu senken. Legen Sie bitte in der Anlage das Gutachten bei.
- Kommt Ihre Bank der Aufforderung nicht nach, empfehle ich Ihnen, einen Fachanwalt zu beauftragen. Die Kostenübernahme sollten Sie unbedingt mit Ihrer Rechtsschutzversicherung im Vorfeld klären.

Kapitel 2
Planung der Vorbereitung & Verkaufsdauer
Mangelnde Planung und Einschätzung der Verkaufsdauer

Ebenfalls von Bedeutung für Sie:

Um den Verkaufsprozess – bedingt durch die Freigabe des Gläubigers – nicht zu blockieren, bereiten Sie sich bitte auf die oben angeführten Punkte vor und setzen Sie nötigenfalls nach dem Verkauf alles in Gang, um Ihr eventuell zu viel gezahltes Geld wiederzubekommen. Aus praktischen Erfahrungen mit meinen Kunden in solch einer Situation war dies immer der beste Weg.

Kapitel 2
Planung der Vorbereitung & Verkaufsdauer
Mangelnde Planung und Einschätzung der Verkaufsdauer

4. Steuerfallen umgehen – Spekulationsfrist

Jedes private Veräußerungsgeschäft ist - nach § 23 EStG - grundsätzlich steuerpflichtig. Das gilt ebenso, wenn Sie Ihre Immobilie an den Mann bringen möchten oder müssen. Es gibt jedoch Mittel und Wege, diese Abgabe legal zu vermeiden. Welche sind das?

Beim Verkauf eines Hauses oder einer Wohnung greift die sogenannte Spekulationsfrist. Diese besagt, dass genau dann der Fiskus zulangt, sollten Sie Ihr Hab und Gut weniger als zehn Jahre besitzen. Auf den erzielten Gewinn (Verkaufspreis abzüglich Kaufpreis und Nebenkosten) müssen Sie dann auch entsprechend Ihres Einkommensteuersatzes Abgaben entrichten. Die Gründe warum Sie verkaufen oder gar müssen – das gilt auch bei Zwangsversteigerungen – spielen keine Rolle.

Liegen allerdings zwischen notariellem Erwerb und Veräußerung mindestens zehn Jahre, müssen Sie keine Steuern entrichten.

Berechnung der 10-Jahres-Frist

Ausschlaggebend dabei ist, zu welchem Zeitpunkt der Kaufvertrag beurkundet wurde - also genau das Datum der Unterzeichnung beim Notar. Hier ist das Finanzamt penibel, ein Tag früher oder später wird nicht geduldet.

In der Praxis würde dies wie folgt aussehen: Angenommen, Sie hätten am 15.08.2008 eine Immobilie erworben und würden diese vor dem 16.08.2018 veräußern. Dann wäre der Gewinn steuerpflichtig, nach dem 16.08.2018 nicht mehr.

Unterschiede:

Lesen Sie im Folgenden, wie es sich mit der Spekulationssteuer im Falle von Eigennutz, Vermietung, geschenkter und geerbter Immobilien sowie gewerblichem Grundstückshandel verhält.

1. Privatverkauf Ihrer eigengenutzten Immobilie

Sofern Sie Ihr Haus oder Ihre Eigentumswohnung selbst bewohnt haben und innerhalb der 10-Jahres-Frist verkaufen, bleibt der Wertzuwachs auch innerhalb dieser Zeitspanne für Sie steuerfrei. Gleiches gilt nach § 23 EStG, wenn Sie Ihr Eigentum im

Kapitel 2
Planung der Vorbereitung & Verkaufsdauer
Mangelnde Planung und Einschätzung der Verkaufsdauer

Jahr des Verkaufs sowie in den beiden vorangegangenen Jahren zu eigenen Wohnzwecken genutzt haben. Es kommt also nicht auf die Dauer der Eigennutzung an, sondern darauf, dass die Immobilie ununterbrochen selbst bewohnt wurde.

Diese Richtlinie ist ebenfalls für angebrochene Kalenderjahre verbindlich: Wenn Sie Ihre Immobilie – oder auch Ferien- bzw. Zweitwohnung – z. B. 2014 gekauft, ab Dezember 2016 selbst bewohnt und im Januar 2018 wieder veräußert haben, entfällt für Sie die Spekulationssteuer.

Übrigens: „Eigene Wohnzwecke" bedeutet laut Gesetz, dass Sie selbst oder aber Ihre Sprösslinge darin leben – insofern Sie für diese Kindergeld beziehen. Nutzen andere Familienmitglieder Ihr Eigentum, fallen wiederum Steuern an.

2. Privatverkauf Ihrer vermieteten Immobilie

Wenn Sie Ihre vermiete Wohnung, Ihr vermietetes Haus oder Mehrfamilienhaus innerhalb der 10-Jahres-Frist mit Gewinn veräußern, müssen Sie diesen versteuern. Hierbei wäre abzuwägen, ob Sie nicht lieber die Spekulationsfrist abwarten sollten, um den Gewinn steuerfrei zu realisieren, also – wie in unserem Beispiel – durch den Verkauf nach dem 16.08.2018.

Eine abenteuerliche Variante wäre Folgendes: Sie kündigen Ihrem Mieter wegen Eigenbedarfs und ziehen selbst ein. Sie nutzen die Wohnung im Jahre der Veräußerung sowie in den vergangenen zwei Jahren selbst und verkaufen die Wohnung gewinnbringend. Dann könnten Sie den Reinerlös tatsächlich wieder steuerfrei halten.

Dies funktioniert jedoch nicht bei Mehrfamilienhäusern mir mehreren Wohneinheiten – es sei denn, Sie haben alle Einheiten selbst genutzt – was sehr unwahrscheinlich sein dürfte. Bei dieser Art von Immobilien wird der Veräußerungsgewinn im Verhältnis der Wohnflächen aufgeteilt. Der Nettoertrag, der auf den vermieteten Teil entfällt, muss versteuert werden – falls die 10-Jahres-Frist nicht eingehalten worden ist.

3. Geschenkte und geerbte Immobilien

Hier kommt es bezüglich der Spekulationsfrist wieder darauf an, wann der Voreigentümer die Immobilie gekauft hat. Maßgeblich ist dabei das Beurkundungsdatum im Kaufvertrag. Sofern der Vorbesitzer, von dem Sie die Immobilie geschenkt oder ge-

Kapitel 2
Planung der Vorbereitung & Verkaufsdauer
Mangelnde Planung und Einschätzung der Verkaufsdauer

erbt haben, wie oben beschrieben im Jahre der Veräußerung sowie den vergangenen zwei Jahren die Immobilie selbst bewohnt hat, können Sie sofort verkaufen und das Finanzamt rechnet Ihnen diese Zeit an.

Sollte, wie so oft üblich, ein Miterbe den Anteil des anderen Miterben kaufen, so hat er die Möglichkeit, diese Anschaffungskosten geltend zu machen. Auch in diesem Falle kann ein Verkauf innerhalb der Spekulationsfrist dazu führen, dass der Gewinn versteuert werden muss. Am sichersten ist es, wenn Sie im Vorfeld durch einen Steuerberater genauer prüfen lassen, ob sich ein Verkauf rechnet oder aber zu einer teuren Falle für Sie wird. Das Honorar für den Fachmann ist hier gut angelegt.

4. Gewerblicher Grundstückshandel – Verkauf mehrerer Immobilien

Hier sollten Sie als Privatperson aufpassen, um nicht durch das Finanzamt als gewerblicher Grundstückshändler eingestuft zu werden.

Sofern eine Privatperson innerhalb der „Drei-Objekt-Grenze" (siehe weiter unten) – also innerhalb von 5 Jahren drei und mehr – Immobilien kauft und verkauft, sieht der Fiskus diese Person als gewerblichen Verkäufer an. Dann gelten die Bestimmungen des gewerblichen Grundstückhandels nach § 15 EStG.

Dies würde bedeuten, dass Sie neben der Einkommensteuer auf etwaige Veräußerungsgewinne auch Gewerbesteuer zahlen müssten. Das gilt sogar, wenn Sie zuvor zwei Immobilien steuerfrei gewinnbringend veräußert haben und beim dritten Verkauf nicht aufpassen. Dann müssten Sie rückwirkend die ersten beiden Immobilien versteuern, was äußerst schmerzhaft für Ihre Kasse wäre.

Die Drei-Objekt-Grenze:
verschiedene Feinheiten des Geltungsbereiches

Geerbte Immobilien werden nicht in die Drei-Objekt-Grenze einbezogen. Es sei denn, die Immobilie wird durch eine vorweggenommene Erbfolge übertragen, sprich: Sie wird den Erben bereits zu Lebzeiten durch den zukünftigen Nachlasser vermacht. Dann kommt die Drei-Objekt-Grenze wiederum doch zur Anwendung.

Sprechen die Umstände dafür, dass Sie bereits mit dem Kauf, der Modernisierung, dem Neubau eine gewinnbringende Verkaufsabsicht hatten, kann die Drei-Objekt-Grenze auch auf 10 Jahre ausgedehnt werden.

Kapitel 2
Planung der Vorbereitung & Verkaufsdauer
Mangelnde Planung und Einschätzung der Verkaufsdauer

Bei Verheirateten gilt dieses Limit für jeden einzelnen Ehepartner. Demnach könnten Mann und Frau jeweils für sich selbst drei Immobilien erwerben und wieder steuerfrei verkaufen.

Warum ein Verkauf innerhalb der Spekulationsfrist?

Das kann vielfältige Gründe haben. Oft ist es ein Notverkauf, bei dem das Immobiliendarlehen gekündigt werden muss, um die Immobilien lastenfrei verkaufen zu können. Die Grundbuchgläubiger (Banken) verlangen dann eine sog. „Vorfälligkeitsentschädigung": eine zu entrichtende Strafgebühr, die wir Ihnen in unserem dazugehörigen Unterkapitel innerhalb des Kapitels 2 genauer erläutern werden. Diese können Sie aus dem Gewinnerlös abziehen, um die Steuerlast zu senken.

Der Verkauf einer Immobilie innerhalb der Spekulationsfrist sollte - wenn möglich - immer vermieden werden.

Eine wichtige Empfehlung

Sie sollten sich auf jeden Fall von Ihrem Steuerberater beraten und Ihre diesbezügliche Situation ausrechnen lassen. So können Sie sich vor bösen Überraschungen schützen. Sobald Ihnen diese Zahlen vorliegen, ist es Ihnen möglich, den echten Gewinn beim Verkauf Ihrer Immobilie ermitteln.

Bei der Gewinnermittlung sollten Sie sämtliche Kosten, die Ihnen durch die Vermarktung Ihrer Immobilie entstehen, absolut penibel auflisten und alle Belege gut aufbewahren. Dazu gehören u. a.:

- Immobilieninserate
- Druckkosten für Flyer
- Verkaufsschilder
- Gebühren für Unterlagen
- Renovierungskosten
- Home Staging
- die Aufstellung der Restdarlehen
- Vorfälligkeitskosten etc.

Kapitel 2
Planung der Vorbereitung & Verkaufsdauer
Mangelnde Planung und Einschätzung der Verkaufsdauer

Hierzu eignet sich als Beispiel folgende Tabelle zur Ermittlung Ihres Veräußerungsgewinns:

Veräußerungserlös Immobilie	500.000,00 €
abzüglich Vermarktungs- und Veräußerungskosten	15.250,00 €
- Verkaufsinserate: Online, Print und Co	5.000,00 €
- Telefonkosten	50,00 €
- Fahrtkosten	200,00 €
- Abfindungszahlung Mieter	
- Vorfälligkeitskosten	8.000,00 €
- Renovierungskosten	2.000,00 €
abzüglich Ankauf- und Kaufnebenkosten	336.200,00 €
- Kaufpreis	300.000,00 €
- Nebenkosten	
- Grunderwerbsteuer	19.500,00 €
- Notarkosten	4.500,00 €
- Gerichtsgebühren für Grundbucheintragung	1.500,00 €
- Maklerkosten	10.700,00 €
- sonstige Anschaffungskosten, ggf. um AfA gemindert bei vermieteten Immobilien	
zu versteuernder Gewinn	148.550,00 €
persönlicher Steuersatz	40 %
zu zahlende Steuer	59.420,00 €

Kapitel 3
Zusammenstellung der erforderlichen Unterlagen und Angaben
Unterlagen besorgen, Bestandsaufnahme & erforderliche Angaben

---

Kapitel 3

Zusammenstellung der erforderlichen Unterlagen und Angaben

Unterlagen besorgen, Bestandsaufnahme & erforderliche Angaben

1. Diese Angaben werden benötigt

Ordnung ist das halbe Leben – Vorbereitung der halbe Verkauf

„In allen Dingen hängt der Erfolg von den Vorbereitungen ab", sagte schon Konfuzius.

Es ist egal, ob jemand als Makler oder Privatverkäufer tätig ist: Wer sich nicht ausreichend präpariert, wird scheitern, denn bei der Veräußerung einer Immobilie macht die sorgfältige Vorbereitung tatsächlich 90 % des Erfolges aus.

Warum es so ist? Kein Interessent kauft die Katze im Sack, schließlich geht es um erhebliche Summen. Deshalb wird er detaillierte Fragen stellen. Bleiben Sie die Antwort schuldig, schreckt das die potenziellen Kaufinteressenten ab. Daher ist es wichtig, vor dem Vermarktungsbeginn sämtliche aussagefähigen und verkaufsfördernden Dokumente sowie erforderlichen Angaben zu Ihrem Objekt bereitzuhalten. So erleichtern Sie in Betracht kommenden Käufern die Entscheidung.

Zudem haben Banken heute zahlreiche Mindestanforderungen, die für die Finanzierung erfüllt werden müssen. Dazu gehören sehr genau Informationen und Unterlagen. Wenn diese nicht beigebracht werden können, misslingt der Verkauf durch die nicht zur Verfügung gestellten Geldmittel für den Käufer.

So gehen Sie vor

Im Grunde ist es wichtig, dass Sie alle notwendigen Unterlagen sowie relevanten Informationen zu Ihrer Immobilie zusammenstellen, da ansonsten keine vernünftige Vermarktung möglich ist. Dazu zählen im Wesentlichen:

Kapitel 3
Zusammenstellung der erforderlichen Unterlagen und Angaben
Unterlagen besorgen, Bestandsaufnahme & erforderliche Angaben

---

- ✓ alle erforderlichen Unterlagen je nach Immobilientyp (ETW, EFH, MFH)
- ✓ Grundbuchauszug
- ✓ das Baujahr Ihrer Immobilie
- ✓ die genaue Grundstücksgröße
- ✓ die exakte Wohn- und Nutzfläche (Garage, Nebenräume, Keller etc.)
- ✓ Brutto Grundflächen und Kubaturberechnungen
- ✓ Grundrisse, Zeichnungen etc.
- ✓ ggf. die Teilungserklärung bei Wohnungen (Miteigentumsanteil)
- ✓ Energieausweis – nicht älter als 10 Jahre
- ✓ eine Aufstellung der Renovierungs- und Modernisierungsmaßnahmen in den letzten Jahren
- ✓ Wohn- oder Nutzkeller?
- ✓ Dachausbau?
- ✓ Wärmedämmung?
- ✓ Alter der Heizung und der Fenster
- ✓ Alter der Badezimmer
- ✓ Besonderheiten wie Zisterne, Videoüberwachung, Schwimmbad, Sauna u. s. w.
- ✓ Wie ist der Zustand der Immobilien oder was müsste gemacht werden?

Was benötigen Sie also und was möchte die Bank des Käufers von Ihnen wissen?

Die Checkliste für eine vollständige und seriöse Vorbereitung ist weitaus länger und sprengt hier den Rahmen. Deshalb habe ich an dieser Stelle nur die wichtigsten Dinge auf den Punkt gebracht. Aus dem gleichen Grund kann ich auch die zahlreichen anderen Faktoren – die Sie auf jeden Fall berücksichtigen sollten, sofern Sie Ihre Immobilie wirklich professionell und erfolgreich veräußern möchten – nur in der *Online Akademie* ausführlicher anführen.

Dennoch möchte ich Ihnen eine Auflistung der erforderlichen Unterlagen wie folgt auflisten:

Erforderliche Unterlagen Eigentumswohnung (ETW)

- Liegenschaftskarte / Flurkarte
- Altlastenauskunft
- Baulastenauskunft
- Nachweis Erschließung
- Grundbuchauszug (aktuell)

Kapitel 3
Zusammenstellung der erforderlichen Unterlagen und Angaben
Unterlagen besorgen, Bestandsaufnahme & erforderliche Angaben

---

- Grundbesitzabgaben
- Baubeschreibung
- Berechnung der Wohnfläche
- Pläne inkl. Grundriss, Schnitte und Ansichten
- Nachweis Gebäudeversicherung
- Energieausweis (bedarfs- oder verbrauchsorientiert)
- Energieabrechnungen (Strom, Wasser, Gas bzw. Öl etc.)
- Hausgeldabrechnung (der letzten drei Wirtschaftsjahre)
- Wirtschaftsplan (der letzten drei Wirtschaftsjahre)
- Aufstellung Instandhaltungsrücklage
- Teilungserklärung nach § 8 WEG
- Beschluss-Protokolle der Eigentümerversammlungen (aus den letzten 3 Versammlungen)
- Verwaltervertrag

Falls Ihre Wohnung vermietet sein sollte, dann bitte zusätzlich:
- Mietvertrag
- Nebenkostenabrechnung

Erforderliche Unterlagen Haus (EFH, RH, DHH)

- Bebauungsplan (falls vorhanden und erforderlich für eventuellen Ausbau)
- Liegenschaftskarte/Flurkarte
- Altlastenauskunft
- Baulastenauskunft
- Nachweis Erschließung
- Grundbuchauszug (aktuell)
- Grundbesitzabgaben
- Baubeschreibung
- Berechnung der Wohnfläche
- Berechnung der Brutto-Grundfläche
- Berechnung des umbauten Raumes
- Pläne inkl. Grundriss, Schnitte und Ansichten
- Nachweis Gebäudeversicherung
- Energieausweis (bedarfs- oder verbrauchsorientiert)
- Energieabrechnungen (Strom, Wasser, Gas bzw. Öl, etc.)

Kapitel 3
Zusammenstellung der erforderlichen Unterlagen und Angaben
Unterlagen besorgen, Bestandsaufnahme & erforderliche Angaben

Falls Ihr Haus vermietet sein sollte, dann bitte zusätzlich:
- Mietvertrag
- Nebenkostenabrechnung

Erforderliche Unterlagen Mehrfamilienhaus (MFH)

- Bebauungsplan (falls vorhanden und erforderlich für eventuellen Ausbau)
- Liegenschaftskarte/Flurkarte
- Altlastenauskunft
- Baulastenauskunft
- Nachweis Erschließung
- Grundbuchauszug (aktuell)
- Grundbesitzabgaben
- Baubeschreibung
- Berechnung der Wohnfläche
- Berechnung der Brutto-Grundfläche
- Berechnung des umbauten Raumes
- Pläne inkl. Grundriss, Schnitte und Ansichten
- Nachweis Gebäudeversicherung
- Energieausweis (bedarfs- oder verbrauchsorientiert)
- Energieabrechnungen (Strom, Wasser, Gas bzw. Öl etc.)

Falls Ihr Haus vermietet sein sollte, dann bitte zusätzlich:
- Mietverträge
- Nebenkostenabrechnung
- Betriebskostenaufstellung
- Kautionsaufstellung

Für alle Immobilientypen gilt:

Falls Ihre Immobilie unter Denkmalschutz stehen sollte, dann bitte zusätzlich:
- Bescheinigung zum Denkmalschutz

Erstellen Sie sich eine vollständige Liste mit den notwendigen Unterlagen und Informationen. Die oben vorgeschlagene Auflistung bezieht sich auf Erfahrung und Praxis und ist zudem bewährt. Stellen Sie alles zusammen, was sich bereits in Ihren Akten befindet, besorgen Sie sich die Unterlagen, die fehlen und bringen Sie gegebenenfalls veraltete auf den neuesten Stand.

Kapitel 3
Zusammenstellung der erforderlichen Unterlagen und Angaben
Unterlagen besorgen, Bestandsaufnahme & erforderliche Angaben

---

Sie sollten geordnet vorgehen, um dabei den Überblick zu behalten: Andernfalls werden Sie immer wieder dazu aufgefordert, fehlende Unterlagen nachzureichen, Fragen seitens der Kaufinteressenten bleiben vielleicht sogar mit einem Schulterzucken Ihrerseits – auf eventuell unangenehme Weise – unbeantwortet und Ihr ganzes Vorhaben endet nach und nach im Chaos. Das ist nicht im Sinne Ihres Vorhabens.

Ich wiederhole mich hier zwar, doch:

Der wohl entscheidendste Grund für Ihre genaue Vorgehensweise sollte sein, dass fehlende, erforderliche Unterlagen auch daran hindern, dem Käufer eine Finanzierung bei der Bank möglich zu machen. Schließlich ist es ja Ihr Wunsch, Ihre Immobilie zu verkaufen? Ohne Finanzierung läuft einfach nichts.

Fragen Sie sich nun: Welche Unterlagen sind wirklich erforderlich? Welche Ämter muss ich überhaupt kontaktieren? Welche Informationen benötigen die jeweiligen Ämter von mir?

Dann können Sie in der *Online Akademie* u. a. mühelos von allen relevanten Checklisten, Vorlagen sowie Musterschreiben profitieren. Falls sich doch einige Unterlagen nicht mehr in Ihrem Besitz befinden sollten und Sie diese bei den entsprechenden Stellen anfordern müssten, stelle ich Ihnen in der *Online Akademie* für jedes Amt ein vorgefertigtes Anschreiben zur Verfügung, sodass Sie nicht nur wissen, <u>wen</u> Sie kontaktieren müssen, sondern auch, <u>was</u> genau Sie einzureichen haben, um die gewünschten Auskünfte oder Dokumente zu erhalten.

Kapitel 3
Zusammenstellung der erforderlichen Unterlagen und Angaben
Unterlagen besorgen, Bestandsaufnahme & erforderliche Angaben

2. Berechnung der Wohnfläche nach der Wohnflächenverordnung – WoFIV

Quadratmeter ist nicht gleich Wohnfläche: Wenn Sie Ihre Immobilie verkaufen oder vermieten, sollten Sie die Flächenangaben prüfen - je nach Berechnungsmethode kann die Wohnfläche ganz unterschiedlich ausfallen.

Es gibt zwei Wege, um die Wohnfläche einer Immobilie zu ermitteln:

1. nach den DIN-Normen, welche sich allerdings noch mal nach dem DIN 277 und dem DIN 283 unterscheiden – wobei das Letztere mittlerweile veraltet und eher nur noch selten vorzufinden ist
2. nach der Wohnflächenverordnung, die am häufigsten in der Praxis angewandt wird

Welche Räume können Sie bei der Wohnflächenberechnung berücksichtigen?

Laut **Wohnflächenverordnung** können grundsätzlich **folgende Räume als Wohnfläche gewertet werden**: Wohn-, Schlaf-, Gäste-, Ess-, Kinder- bzw. Jugendzimmer, Bad, WC, Dielen und Flure, Küchen sowie Nebenräume (z. B. Abstellkammern). Auch die Flächen für Einbaumöbel, Öfen und Badewannen werden eingerechnet.

Doch nicht immer darf jede Grundfläche der oben genannten Räume in vollem Umfang zur Wohnfläche addiert werden, denn:

Die Raumhöhe ist entscheidend:

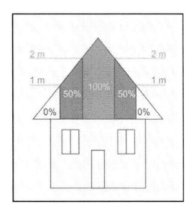

Kapitel 3
Zusammenstellung der erforderlichen Unterlagen und Angaben
Unterlagen besorgen, Bestandsaufnahme & erforderliche Angaben

- Demnach können grundsätzlich nur Räume und Raumteile mit einer **lichten Höhe von zwei Metern** voll (100 Prozent),
- Räume mit einer **Höhe von ein bis zwei Metern** nur zur Hälfte (50 Prozent) angerechnet werden – dies trifft insbesondere bei Flächen unterhalb einer Dachschräge zu.
- Beträgt die **Höhe weniger als ein Meter** (z. B. bei Dachschrägen), zählt die Fläche nicht mehr als Wohnfläche (0 Prozent).
- In der Wohneinheit befindliche Flächen unterhalb von Treppen werden nach dem gleichen Prinzip ermittelt: Bis zu einer **Treppenhöhe von einem Meter** wird der Platz unterhalb der Treppe nicht zur Wohnfläche gezählt (0 Prozent), bei einer **Treppenhöhe zwischen ein und zwei Metern** werden 50 Prozent berechnet und erst ab einer **lichten Treppenhöhe von zwei Metern** gilt das Areal darunter zu 100 Prozent als Wohnfläche.

Bei **Terrassen, Loggien, Dachgärten und Balkonen** lässt die Verordnung Ihnen Spielraum. Zum 01.01.2004 ist die Wohnflächenverordnung in Kraft getreten. Seitdem sind diese Grundflächen nur noch zu einem Viertel, maximal jedoch bis zur Hälfte – bei entsprechender Qualität – zu berücksichtigen.

Ungeheizte **Wintergärten und Schwimmbäder** zählen nur mit der Hälfte ihrer Grundfläche zur Wohnfläche. Sind diese beheizt, so ist deren Fläche zu 100 Prozent in die Wohnflächenberechnung einzubeziehen.

Hausflure (wie z. B. bei Zweifamilien-, Mehrfamilienhäusern etc.) werden grundsätzlich nicht in die Wohnflächenberechnung integriert – außer dort befinden sich in größerem Umfang Möbel zur Nutzung als Wohnraum. Dies kommt üblicherweise bei Einfamilienhäusern im Eingangsflur bzw. Windfangbereich zum Tragen.

Bauteile wie Schornsteine, Pfeiler und Säulen werden – sofern diese höher als 1,5 Meter sind und deren Flächengröße über 0,1 m² beträgt – nicht zur Wohnfläche hinzugerechnet.

Bei **Tür-, Fenster- und Wandnischen** kommt es auf die Laibungstiefe (Breite) an. Nur wenn diese bis zum Fußboden reichen und mindestens 13 Zentimeter tief sind, können sie zur Wohnfläche aufsummiert werden.

Grundsätzlich werden Zubehörräume außerhalb der Wohneinheit wie Keller, Trocken-, Boden-, Heizungs-, Abstell- und Geschäftsräume, Waschküche, Schuppen und

Kapitel 3
Zusammenstellung der erforderlichen Unterlagen und Angaben
Unterlagen besorgen, Bestandsaufnahme & erforderliche Angaben

Garagen **nicht als Wohnfläche angesehen.**

Auf den nächsten Seiten finden Sie übersichtliche Grundrisszeichnungen, anhand derer die wichtigsten, zu beachtenden Punkte verdeutlicht werden sollen.

Kellergeschoss:

Legende:

Flächen werden bei der Wohnflächenberechnung **nicht** berücksichtigt

Flächen werden bei der Wohnflächenberechnung zu 100% berücksichtigt

Flächen werden bei der Wohnflächenberechnung zu max. 50% berücksichtigt

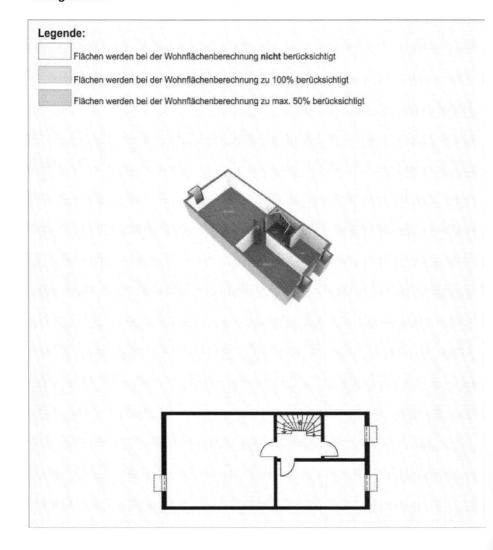

Kapitel 3
Zusammenstellung der erforderlichen Unterlagen und Angaben
Unterlagen besorgen, Bestandsaufnahme & erforderliche Angaben

Erdgeschoss:

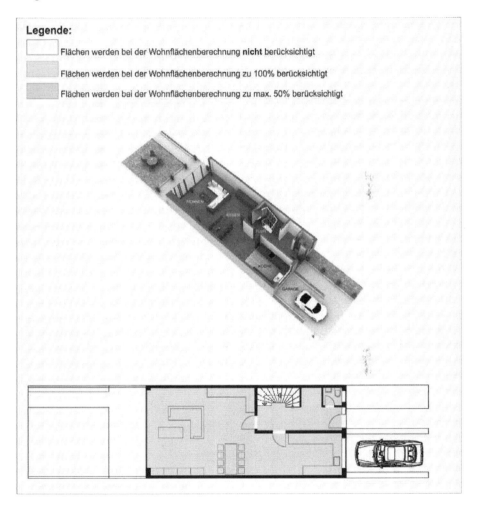

Kapitel 3
Zusammenstellung der erforderlichen Unterlagen und Angaben
Unterlagen besorgen, Bestandsaufnahme & erforderliche Angaben

Obergeschoss:

Legende:

Flächen werden bei der Wohnflächenberechnung **nicht** berücksichtigt

Flächen werden bei der Wohnflächenberechnung zu 100% berücksichtigt

Flächen werden bei der Wohnflächenberechnung zu max. 50% berücksichtigt

Kapitel 3
Zusammenstellung der erforderlichen Unterlagen und Angaben
Unterlagen besorgen, Bestandsaufnahme & erforderliche Angaben

Dachgeschoss:

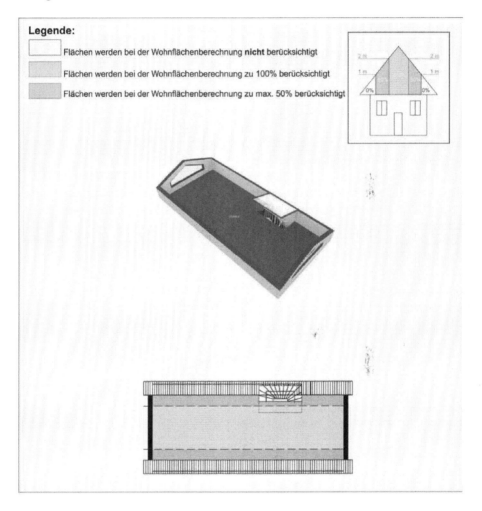

Kapitel 3
Zusammenstellung der erforderlichen Unterlagen und Angaben
Unterlagen besorgen, Bestandsaufnahme & erforderliche Angaben

---

3. Ermittlung der Brutto-Grundfläche (BGF) nach den Normalherstellungskosten 2010 – NHK 2010/der Sachwertrichtlinie SW-RL

Die Ermittlung der Brutto-Grundfläche ist ein Muss für jeden Immobilienverkauf, da sie maßgebliche Bezugseinheit für die Sachwertberechnung Ihrer Immobilie ist. Diese Berechnungsart ist bei eigengenutzten Immobilien die wichtigste für die den Käufer subventionierende Bank, denn: So stellt das Geldinstitut die Möglichkeit einer Finanzierbarkeit fest.

Definition Brutto-Grundfläche (BGF)

Die Kostenkennwerte der NHK 2010 beziehen sich zwangsläufig auf die Brutto-Grundfläche (BGF). Diese bezeichnet die Summe der – bezogen auf die jeweilige Gebäudeart – marktüblich nutzbaren Grundflächen aller Grundrissebenen eines Bauwerks.

Ausgenommen sind die Grundflächen von nicht nutzbaren Dachflächen und von Hohlräumen, z. B.
- in belüfteten Dächern oder
- über abgehängten Decken

Die Brutto-Grundfläche gliedert sich in die Konstruktions- und die nutzbare Netto-Grundfläche.

Ihre Berechnungsgrundlagen

Die Grundflächen Ihrer Immobilie werden nach deren Zugehörigkeit zu folgenden Bereichen getrennt ermittelt, was Ihnen die weiter unten stehende Abbildung veranschaulichen wird:

- **Bereich a:** überdeckt und allseitig in voller Höhe umschlossen
in der Abbildung: Kellergeschoss (KG), Erdgeschoss (EG), 1. und 2. Obergeschoss (OG), ausgebautes Dachgeschoss

- **Bereich b:** überdeckt, jedoch nicht allseitig in voller Höhe umschlossen
in der Abbildung: Durchfahrt im Erdgeschoss, überdachter Balkon bzw. Loggia im 1. OG sowie überdachter Teil der Terrasse im 2. OG

Kapitel 3
Zusammenstellung der erforderlichen Unterlagen und Angaben
Unterlagen besorgen, Bestandsaufnahme & erforderliche Angaben

- **Bereich c:** nicht überdeckt
  in der Abbildung: nicht überdeckter Balkon im 2. OG (Dachüberstände werden nicht lotrecht projiziert) bzw. nicht überdachte Terrasse im 2. OG

Für die Anwendung der NHK 2010 müssen Sie im Rahmen der Ermittlung der Brutto-Grundfläche nur die Grundflächen der Bereiche a und b zugrunde legen. Balkone ordnen Sie dem Bereich c zu, auch wenn diese überdeckt sind – siehe Abbildung.

Für die Ermittlung der Brutto-Grundfläche setzen Sie die äußeren Maße der Bauteile einschließlich Bekleidung wie Außenputz und Außenschalen mehrschaliger Wandkonstruktionen in Höhe der Bodenbelagsoberkanten an.

In der Abbildung unten können Sie deutlich erkennen, dass die Grundflächen fast aller Grundriss-Ebenen – also auch die des Kellers und des Dachgeschosses – zur BGF angerechnet werden.

Definitiv gehören zur BGF u. a. nicht:
- Flächen von Spitzböden und Kriechkellern
- Flächen, die ausschließlich der Wartung, Inspektion und Instandsetzung von Baukonstruktionen und technischen Anlagen dienen
- sowie Flächen unter konstruktiven Hohlräumen, z. B. über abgehängten Decken

Kapitel 3
Zusammenstellung der erforderlichen Unterlagen und Angaben
Unterlagen besorgen, Bestandsaufnahme & erforderliche Angaben

Folgende Abbildung 1 stellt die Zuordnung zu den Bereichen a, b, und c dar:

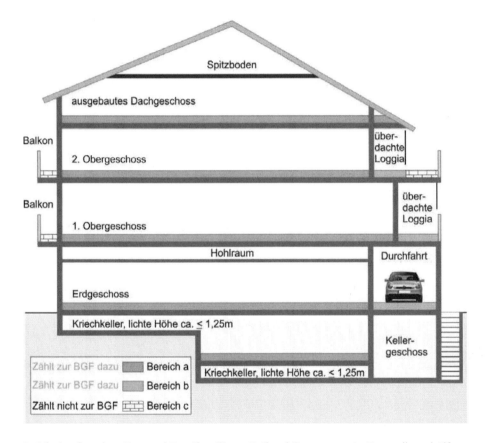

Bei freistehenden Ein- und Zweifamilien-, Reihenhäusern sowie Doppelhaushälften erfolgt nach der NHK 2010 unter anderem eine Unterteilung in Gebäudearten mit
- ausgebautem bzw. nicht ausgebautem Dachgeschoss
- Flachdach bzw. flach geneigtem Dach

Dabei ist für eine Einordnung in die entsprechende Gebäudeart die Anrechenbarkeit Ihrer Grundflächen maßgeblich.

Für die Akzeptanz der Grundflächen in Dachgeschossen ist deren Nutzbarkeit entscheidend – siehe hierzu Abbildung 2. Dabei genügt es nach der Sachwertrichtlinie

Kapitel 3
Zusammenstellung der erforderlichen Unterlagen und Angaben
Unterlagen besorgen, Bestandsaufnahme & erforderliche Angaben

---

auch, dass nur eine untergeordnete Nutzung z. B. als Räume für betriebstechnische Anlagen, Lager- und Abstellräume möglich ist. Dies nennt sich „eingeschränkte Nutzbarkeit". Als nutzbar können Sie Dachgeschosse ab einer lichten Höhe von ca. 1,25 m behandeln, soweit diese begehbar sind. Das setzt eine feste Decke und die Zugänglichkeit voraus.

Bei Gebäuden mit einem Flachdach bzw. flach geneigtem Dach ist aufgrund der Dachkonstruktion eine Dachgeschossnutzung nicht möglich, sodass die Grundfläche eines solchen Dachgeschosses bei der Ermittlung der BGF nicht angerechnet wird.

Abbildung 2: Anrechenbarkeit der Grundfläche im Dachgeschoss

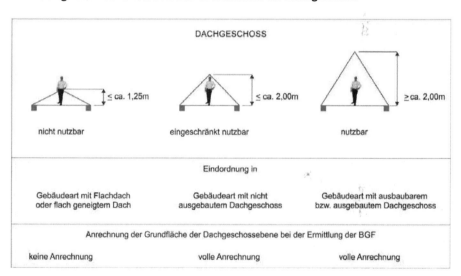

Auf www.bundesanzeiger-verlag.de können Sie sich die aktuellste Fassung der Richtlinie zur Ermittlung des Sachwerts (Sachwertrichtlinie SW-RL) herunterladen.

Kapitel 3
Zusammenstellung der erforderlichen Unterlagen und Angaben
Unterlagen besorgen, Bestandsaufnahme & erforderliche Angaben

---

4. Ermittlung umbauter Raum (uR) vs. Brutto-Rauminhalt (BRI)

Der Terminus „umbauter Raum (uR)" ist ein Maß für eine Kubatur, sprich: m^3-Berechnung von Gebäuden. Er wurde in einer älteren Fassung des DIN 277 aus dem Jahr 1950 definiert. Diese Norm ist seit 1997 eigentlich ungültig. Ersatz kam in Form des Fachbegriffs „Brutto-Rauminhalt (BRI)".

Dennoch wird die Berechnung des umbauten Raumes in Kubikmetern vielfach auch heute noch im Sachverständigen- und Kreditwesen eingesetzt, da sie von den Banken gefordert wird, um so die Finanzierung – insbesondere im Hinblick auf die Werthaltigkeit der Immobilie im Rahmen der Verkehrswertermittlung (Beleihungswert) im Sachwertverfahren – zu überprüfen.

Für ältere Immobilien existiert solch eine Berechnung oft nicht, u. a. weil sie abhandengekommen ist oder in der Vergangenheit keine erstellt wurde.

Heute muss diese Berechnung vor der Errichtung einer Neubauimmobilie im Bauantrag mit angegeben werden.

Definition umbauter Raum (uR)

Der Begriff „umbauter Raum" bezeichnet das Volumen einer Immobilie, welches sich aus den Rohbau-Außenmaßen *Länge x Höhe x Breite* ergibt und in der Maßeinheit m^3 angegeben wird.

Berechnung umbauter Raum

Bei der Ermittlung des umbauten Raumes sind einige Sonderregelungen zu beachten:

- Grundsätzlich werden Länge x Höhe x Breite der Rohbauaußenmaße berechnet.

    Bei Gebäuden
- mit Fertigmaßen müssen 2 % für den Verputz abgezogen werden.
- ohne Keller wird ab Geländeoberfläche gerechnet.
- mit Keller wird ab Oberkante Kellerfußboden gerechnet.
- mit nicht ausgebautem Dachgeschoss wird die Höhe bis zur Oberfläche der Bö-

Kapitel 3
Zusammenstellung der erforderlichen Unterlagen und Angaben
Unterlagen besorgen, Bestandsaufnahme & erforderliche Angaben

---

den über dem obersten Vollgeschoss gerechnet.
- mit ausgebautem Dachgeschoss wird bis zur Dacheindeckung gerechnet.
- mit unterschiedlichen Geschossgrundrissen müssen einzelne Geschosse separat berechnet werden.

Nicht gesondert berechnet werden:

- Dachgauben, Schornsteine
- Balkonplatten, Vordächer bzw. Eingangsüberdachungen
- Dachüberstände sowie Gesimse
- Freitreppen, Außentreppen

Kapitel 4
Den richtigen Preis ermitteln
Marktwert und Angebotspreis ermitteln

Kapitel 4

Den richtigen Preis ermitteln

Marktwert und Angebotspreis ermitteln

1. Deutsche Wertermittlungsrichtlinien

Ob Kauf bzw. Verkauf, Ehescheidung, Erbfall oder gar Zwangsversteigerung: Es stellt sich hierbei immer die Frage, wie die Immobilie bewertet werden soll. Dies erfolgt in der Regel durch die Ermittlung des Markt- bzw. Verkehrswertes der Immobilie. Die Definitionen für diese beiden Begriffe sind grundsätzlich identisch.

Im Baugesetzbuch ist der Verkehrswert nach § 194 BauGB wie folgt definiert:

*"Der Verkehrswert (Marktwert) wird durch den Preis bestimmt, der zu dem **Zeitpunkt**, auf den sich die Ermittlung bezieht, im **gewöhnlichen Geschäftsverkehr** nach den **rechtlichen Gegebenheiten**, den **tatsächlichen Eigenschaften**, der **sonstigen Beschaffenheit** und **Lage des Grundstücks** oder des sonstigen Gegenstandes der Wertermittlung ohne Rücksicht auf **ungewöhnliche** oder **persönliche Verhältnisse** zu erzielen wäre."*

Ich gebe zu, diese Definition enthält eine Vielzahl an schwer verständlichen und unbestimmten Rechtsbegriffen. Deshalb bedarf es hier ergänzender Erläuterungen zur besseren Verständlichkeit auch für Nicht(wertermittlungs)fachleute.

Kapitel 4
Den richtigen Preis ermitteln
Marktwert und Angebotspreis ermitteln

Eine einfachere Begriffsbestimmung könnte sein:

Der Marktwert ist bei einem anstehenden Immobilienverkauf der am wahrscheinlichsten zu erzielende Verkaufspreis, zu dem eine Beleihungsimmobilie am Bewertungsstichtag – nach angemessenem Vermarktungszeitraum und im gewöhnlichen Geschäftsverkehr – verkauft werden könnte, wobei sowohl Käufer als auch Verkäufer mit Sachkenntnis, Umsicht und ohne Zwang handeln.

Hierzu möchte ich erwähnen, dass dies in der Praxis oft nicht der Fall ist. Seit der Wirtschaftskrise im Jahr 2008 ist die Immobilien-Nachfrage so enorm gestiegen, dass sie teilweise das Immobilienangebot bei weitem nicht deckt und somit den Immobilienpreis bestimmt.

Auch das historische Zinstief bei Immobilienfinanzierungen hat seinen Beitrag dazu geleistet. Und tatsächlich wurden und werden Immobilien zu einem Preis weit über dem (beleihungsfähigen) ermittelten Verkehrswert angeboten.

Verkauft werden diese Immobilien nur, sofern die Bonität des Käufers dies hergibt und dieser mit einem sehr großen Anteil an Eigenmitteln finanziert, denn: Die Banken bezuschussen nur in Höhe des realen Verkehrswertes. Dabei erschwert die Wohnimmobilien-Kreditrichtlinie die Baufinanzierung für viele Kaufinteressenten.

Dementsprechend ist die Ermittlung des Marktwertes Ihrer Immobilie unumgänglich, um sie innerhalb einer angemessenen Zeit erfolgreich zu verkaufen, ohne dass Sie dabei einen Verlust erleiden müssen. Denn:

Setzen Sie den Preis zu hoch an, haben Sie wahrscheinlich schlechte Karten, der Verkauf kann sich künstlich in die Länge ziehen und am Ende müssen Sie Ihre Immobilie vielleicht sogar unter Wert verkaufen, wie eine Studie der Kreissparkasse Köln klar belegt.

Die Verfahrensarten nach den deutschen Wertermittlungsrichtlinien

Der Gesetzgeber hat drei normierte Vorgehensweisen festgelegt: das Sachwert-, Ertragswert- und Vergleichswertverfahren, die von Gutachtern, dem Finanzamt, der Nachlassverwaltung oder auch der Zwangsversteigerung zur Ermittlung des Immobilienwertes genutzt werden.

Kapitel 4
Den richtigen Preis ermitteln
Marktwert und Angebotspreis ermitteln

> Vergleichswertverfahren

Bei dieser Methode wird der Wert einer Immobilie ermittelt, indem Kaufpreise vergleichbarer Objekte herangezogen werden. Sie orientiert sich an gezahlten Summen aus tatsächlich abgeschlossenen Kaufverträgen und wird bei Ein- und Zweifamilienhäusern, Doppelhaushälften sowie baugleichen Reihenhäusern angewandt – aber auch bei Eigentumswohnungen und insbesondere bei Grundstücken.

Der Kern des Verfahrens ist die Gegenüberstellung einer genügenden Anzahl von ähnlichen Objekten, die mit der zu bewertenden Immobilie ausreichend übereinstimmen. Je nach Bauzustand bzw. Grundstücksgröße fallen Ab- oder Zuschläge an.

Bei Wohnimmobilien werden u. a. Gebäudeart, Bauweise, Größe, Qualität der Ausstattung, die Restnutzungsdauer sowie der bauliche und energetische Zustand berücksichtigt.

Der Vergleichswert von Grundstücken wird anhand des Bodenrichtwertes ermittelt. Zusätzlich spielen Lage, Art der baulichen Nutzung, Bodenbeschaffenheit, Größe, Grundstücksgestalt und -ausrichtung sowie der Erschließungszustand eine wichtige Rolle.

Dieses gerichtsfähige Verfahren wird in der Rechtsprechung und in der Praxis als einfachste und zuverlässigste Vorgehensweise angesehen, da es einen an der Realität orientierten Marktpreis ergibt – sofern ordentliche Vergleichsmöglichkeiten vorhanden sind.

> Ertragswertverfahren

Dieses findet Anwendung bei Objekten, die der Erwirtschaftung von Erträgen dienen, z. B. Grundstücke mit Mietwohnhäusern oder vermieteten Gewerbegebäuden. Es bezieht sich auf die Zukunft, da es die zu erwartende Rendite berechnet.

Berechnungsgrundlage ist die Einschätzung der langfristig zu erzielenden Miete. Dabei wird sowohl das jeweilige Risiko durch Miet- oder Pachtrückstände als auch das durch Leerstand begutachtet. Auch der bauliche Zustand des Gebäudes beeinflusst den Ertragswert – je nachdem, wie es gepflegt wurde und ob Sanierungen stattgefunden haben.

Kapitel 4
Den richtigen Preis ermitteln
Marktwert und Angebotspreis ermitteln

Abzüglich der Betriebskosten errechnet sich eine Summe, die für die Restnutzungsdauer kalkuliert und schließlich mit dem Bodenwert addiert wird. Nur dieser wird verzinst – nicht das gesamte Objekt – da ein Gebäude mit der Zeit Abnutzungserscheinungen unterliegt, Grundstücke aber davon unbehelligt sind.

So wird auf den heutigen Tag ermittelt, welchen Ertrag die Immobilie bis zu ihrem wirtschaftlichen Verfall abwirft. Je länger die voraussichtliche Restnutzungsdauer ist, desto höher fällt er aus.

> Sachwertverfahren

Dieses Procedere dagegen wird vornehmlich bei eigengenutzten Ein- und Zweifamilienhäusern angewandt. Hier kommt es nicht auf eine zu verzeichnende Rendite an, sondern der Wert wird nach dem Bodenrichtwert, den Bau- bzw. Wiederherstellungskosten des Gebäudes und der baulichen Anlagen wie z. B. der Wege oder Garagen bemessen.

Zur Beurteilung dieser Kosten gibt die sog. „Sachwertrichtlinie" Faktoren vor:

In welcher Art wurde das Haus errichtet? Existiert ein Keller? Ein ausgebautes Dachgeschoss? In welchem qualitativen Zustand befinden sich – jeweils separat bewertet – die Einzelteile wie das Dach, die Fassade, Fenster, Türen und Treppen, die Bäder, Fußböden und die Heizung?

Hinzu kommt die Alterswertminderung. Bei Einfamilienhäusern beispielsweise wird vom Gesetzgeber in der Regel eine Gesamtnutzungsdauer von 80 Jahren und jährlich eine lineare Wertminderung von 1,25 Prozent veranschlagt.

Das Ergebnis wird auch hier wieder mit dem Bodenrichtwert addiert und führt zu einem vorläufigen Sachwert. Dieser muss meist mit einem örtlich unterschiedlich ausfallenden Marktanpassungsabschlag multipliziert werden.

Nur so ist die Ermittlung eines realistischen Endbetrags möglich, der an die tatsächlichen Gegebenheiten – wie z. B. die Lage in einer strukturschwachen oder -starken Region – angepasst ist.

Kapitel 4
Den richtigen Preis ermitteln
Marktwert und Angebotspreis ermitteln

---

2. Wohnmarktanalyse zwecks Ersteinschätzung des Marktwerts

Wenn Sie den Marktwert Ihrer Immobilie feststellen möchten, ist es ratsam, dies nicht auf eigene Faust vom Zaun zu brechen, da für die korrekte Einschätzung eine Menge an Hintergrundwissen und auch eine gehörige Portion Erfahrung erforderlich ist.

Wenden Sie sich besser an einen unabhängigen und qualifizierten Gutachter oder auch lokalen Profimakler. Beide sind vom Fach, verfügen über die notwendigen, umfangreichen Marktkenntnisse und sind aufgrund dessen in der Lage, die Mechanismen der aktuellen Marktlage genauer zu analysieren, um somit den Verkehrswert nach § 194 BauGB zu ermitteln. Dies ist aber mit Kosten verbunden, die sich oft auch im vierstelligen Bereich befinden können. Was sich im Endeffekt rentiert.

Wollen Sie allerdings zunächst einmal ohne große Investition abwägen, wohin die Reise bzgl. des Wertes Ihrer Immobilie gehen kann ...

dann besuchen Sie das Internetportal *Wohnmarktanalyse*. Dort können Sie in wenigen Schritten und Minuten mit den selbst eingegebenen Daten zu Ihrer Immobilie eine Preistendenz – ausgedrückt in €/m² – erhalten. Diese müssen Sie dann mit der Ausstattungslinie Ihrer Immobilie in Einklang bringen.

Die Wohnmarktanalyse bietet Ihnen auf ca. 15 Seiten Informationen zur Lagequalität und den ortsüblichen Preisen im ausgewählten Postleitzahlumfeld, die auf Grundlage von Vergleichsangeboten erstellt werden.

Bei der Auswertung ist es empfehlenswert, immer ehrlich zu sich selbst zu sein und Ihre subjektive Einschätzung eher außen vor zu lassen. Kartiert beispielsweise die Wohnmarktanalyse die Lage Ihrer Immobilie in einer einfachen Kategorie, sollten Sie das akzeptieren und nicht versuchen, etwas schön zu reden. Auch wenn etwa Ihre Immobilie über eine normale Ausstattung verfügt, sollten Sie definitiv nicht in Richtung Luxus-Interieur schielen. Ein Badezimmer mit einem rosafarbenen Muschelwaschbecken und goldenen Armaturen war vielleicht in den 80er Jahren chic und hochwertig, heute ist dies eher ein Fall für eine Sanierung.

Sofern Sie aufrichtig und gewissenhaft die Zahlen für sich ausgewertet haben, können Sie entscheiden, ob Sie Ihre Immobilie zu dem ermittelten Preis verkaufen möchten oder nicht.

Kapitel 4
Den richtigen Preis ermitteln
Marktwert und Angebotspreis ermitteln

---

3. Welcher Angebots- und Verkaufspreis? Studienauswertung Angebots- und Vergleichspreis

Die Hauptursachen für Fehler, die später sehr viel Geld kosten, sind die Ermittlung des falschen Marktwertes und die verkehrte Festsetzung des Angebotspreises.

Da größere, wenn nicht gar die größten Vermögenswerte auf dem Spiel stehen, sollten Sie also besser den aktuellen Marktwert Ihrer Immobilie kennen, wenn Sie diese verkaufen möchten.

Beachten Sie dabei bitte:

Eine Marktwertermittlung ist immer erst dann aussagekräftig, wenn diese auf Grundlage international anerkannter Standards, wie z. B. der deutschen Wertermittlungsrichtlinien „Ertrags-, Sach- und Vergleichswert" stattfand, denn: Dies dient als Indiz dafür, dass der Wert exakt kalkuliert ist. Hierzu sollten Sie über umfangreiche Marktkenntnisse verfügen, um in der Lage zu sein, die Mechanismen der aktuellen Marktlage genauer zu analysieren und den Verkehrswert nach § 194 BauGB festzustellen.

Fehlt einem privaten Immobilienanbieter dieses notwendige Wissen, führt das in den meisten Fällen zu überhöhten Angebotspreisen, die die Vermarktung kaugummiartig in die Länge ziehen und am Ende sehr viel Geld kosten können, da der Verkaufspreis oftmals schmerzhaft gedrückt wird.

Der private Verkauf einer Immobilie wird oft wie der eines Gebrauchtwagens gehändelt: In der Regel setzt ein Verkäufer vorerst einen etwas höheren Preis auf Verhandlungsbasis an und denkt sich dabei: „So habe ich noch genügend Spielraum für spätere Verhandlungen" und „runtergehen kann ich doch immer noch". Am Ende wird sich auf einen Preis geeinigt, mit dem beide Parteien zufrieden sein können. So sind zumindest die Marktregeln zu verstehen.

Aber kann denn diese Strategie, welche für den Gebrauchtwagenkauf gültig ist, überhaupt auf dem Immobilienmarkt funktionieren?

Dieser Frage ist das *Institut Innovatives Bauen, Dr. Hettenbach GmbH* in Schwetzingen auf Grundlage einer empirischen Untersuchung der *Kreissparkasse Köln* nachgegangen und kam zu einem überraschenden Ergebnis:

Kapitel 4
Den richtigen Preis ermitteln
Marktwert und Angebotspreis ermitteln

Verglichen wurden jeweils
- der Angebotspreis einer Immobilie
- der intern ermittelte Marktwert
- sowie der später tatsächlich erzielte Verkaufspreis und die Vermarktungsdauer

Das Ergebnis sehen Sie in der Grafik weiter unten. Es verblüffte selbst die Experten.

Nur fünf Prozent

Wer bei einer Immobilie im Wert von 300.000 Euro mit einem geringen Verhandlungsspielraum von nur fünf Prozent – also bei 315.000 Euro – startet, der konnte sich schon im Durchschnitt nach zwei Monaten über einen Käufer freuen. Geeinigt hat man sich schließlich statistisch gesehen auf ca. 99 % des Wertes, sprich: auf 297.000 Euro.

Wird der „Verhandlungsspielraum" allerdings höher angesetzt, verlängert sich die Zeit bis zum Verkauf dramatisch. Bei rund zehn Prozent Aufschlag dauert es schon über 9 Monate. Bei zwanzig Prozent dehnt sich der Verkauf auf mehr als ein Jahr – ca. 13 Monate – aus, bei einem Erlös von nur noch 85 Prozent.

Das sind also erhebliche 15 Prozent unter dem Preis, der potenziell möglich gewesen wäre!

In Zahlen ausgedrückt: 360.000 Euro Angebotspreis statt 300.000 Euro eigentlicher Wert. Der Verkaufspreis beläuft sich auf 255.000 Euro, Sie verlieren 45.000 Euro des Wertes Ihrer Immobilie und haben einen längeren Vermarktungszeitraum. In dieser Studie sind die monatlichen Betriebs-, die Finanzierungskosten und eine eventuelle Doppelbelastung, sprich: durch Miete oder die Investition in eine neue Immobilie, während der Vermarktungszeit von 13 Monaten noch gar nicht mit aufgeführt bzw. ausgerechnet. Diese können unter Umständen zu einem weiteren, sehr hohen 5-stelligen Verlustbetrag führen ...

Kapitel 4
Den richtigen Preis ermitteln
Marktwert und Angebotspreis ermitteln

Quelle: Kreissparkasse Köln – aktuelle Facebook- sowie Expertenbefragung

Zusammengefasst: Welche Preisstrategien gibt es und was nützen Sie Ihnen?

Variante 1 – Sie setzen den Angebotspreis hoch an und alles auf eine Karte

Die Zockerstrategie „Es wird sich schon ein Dummer finden" bzw. „Runtergehen kann man noch immer", birgt ein sehr großes Risiko! Diese Herangehensweise kann dazu führen, dass Ihre Immobilie zum Ladenhüter wird.

Letzten Endes müssen Sie mit erheblichen Preisnachlässen rechnen und Ihre Immobilie womöglich unter Wert verkaufen, da Sie den eigentlich erzielbaren Verkaufspreis nicht mehr durchgesetzt bekommen.

Variante 2 – Sie bieten Ihre Immobilie zum Marktwert an

Das impliziert eine realistische und effektive Herangehensweise, die fair für beide Seiten ist und einen schnellen sowie sicheren Verkauf gewährleistet.

Kapitel 4
Den richtigen Preis ermitteln
Marktwert und Angebotspreis ermitteln

Variante 3 – Sie wählen bewusst den Mindestpreis unter dem Marktwert

Diese Herangehensweise bietet Ihnen Chancen, da sie die Nachfrage enorm steigert und der Preis dadurch nach oben verhandelt wird. Mit dieser Strategie sind Ihnen sogar 5 - 10 % Mehrerlös möglich.

Kurzum: Lassen Sie sich von den Medien und dem sogenannten „Immobilienboom" nicht blenden. Die Situation ist zwar durch die Niedrigzinsphase entspannt, aber nur, wenn Sie alles richtigmachen, erzielen Sie einen guten Preis. Wer aber über das Ziel hinausschießt und „zocken" möchte, der zieht zwangsläufig den Kürzeren.

Wie wollen Sie es angehen?

Kapitel 5
Planungsfehler
Immobilientyp und die richtige Zielgruppe

Kapitel 5

Planungsfehler

Immobilientyp und die richtige Zielgruppe

1. Zielgruppenorientierte Immobilienanzeigen

Früher, als teure Zeitungsinserate noch Standard waren, mussten kurz und knapp formulierte Texte ausreichen, um Geld zu sparen. Heute, wo das Internet als Portal für Immobilienanzeigen schon fast unumgänglich ist, sind Individualität und Kreativität gefragt, denn: Die Onlinebörsen ermöglichen es, Immobilien sehr ausführlich zu beschreiben und Annoncen mit aussagekräftigen Bildern, Grundrissen, Filmen sowie virtuellen 360°-Touren zu bestücken.

Doch bevor Sie anfangen, Ihre Immobilie anzupreisen, sollten Sie sich genaue Gedanken darüber machen, wer denn überhaupt als Interessent für Ihre Immobilie in Frage kommt.

Wer ist also Ihre Zielgruppe?

Jede Zielgruppe hat einen eigenen Raumbedarf, Anforderungen an die Immobilie sowie Lage und das Budget müssen mitspielen. Ein Single in jungen Jahren, der seine erste Eigentumswohnung erwerben möchte, hat einen anderen Anspruch als eine 5-köpfige Familie. Ihm reichen sicherlich zwei oder maximal drei Zimmer – eine Kita, Grundschule oder dergleichen in der Nähe sind nicht entscheidend. Gute Erreichbarkeit, Einkaufsmöglichkeiten und vielleicht nahe gelegene Restaurants hingegen sind sicher mehr von Interesse.

Auch ist eine Eigentumswohnung eher für solche Menschen geeignet, die mit der Verwaltung der Immobilie nichts am Hut haben wollen – je nach Eigentümergemein-

Kapitel 5
Planungsfehler
Immobilientyp und die richtige Zielgruppe

---

schaft gibt es nichts, um das sich gekümmert werden muss – weder um Gartenpflege, Reparaturarbeiten am Dach oder dergleichen. Der Eigentümer eines Einfamilienhauses jedoch trägt die Verantwortung für all diese Dinge.

Aus diesem Grund ist eine sorgfältige Planung so wichtig.

Denn: Je genauer Sie wissen, worauf es dem Interessenten ankommt, desto besser können Sie potenzielle Käufer finden, deren Vorstellungen möglichst genau mit Ihrem Angebot übereinstimmen. Lesen Sie im Folgenden, für wen welcher Immobilientyp in Frage kommt, um Ihr Hab und Gut der richtigen Zielgruppe besser zuordnen zu können:

➢ **Eigentumswohnung**

Bei einer Eigentumswohnung erwirbt der Käufer das *Sondereigentum* – also die Wohnung selbst – sowie einen Anteil am *Gemeinschaftseigentum*, z. B. das Treppenhaus, der Hausflur, die Gartenfläche und evtl. der Parkplatz etc. Die Bibel ist hierbei die *Teilungserklärung*, hieraus geht genau hervor, was wem zu welchen Anteilen gehört.

Diese Zielgruppen interessieren sich für Eigentumswohnungen:

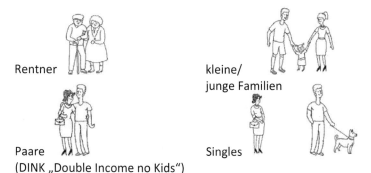

Rentner

kleine/
junge Familien

Paare
(DINK „Double Income no Kids")

Singles

Kapitel 5
Planungsfehler
Immobilientyp und die richtige Zielgruppe

Folgende Merkmale sind für Interessenten von Eigentumswohnungen wichtig:

- zentrale Lage: gute ÖPNV-Anbindung
- gute Einkaufsmöglichkeiten: fußläufig erreichbar
- weniger Wohnfläche: je nach Raumbedarf
- gute Nachbarschaft, Sicherheit vor Einbrüchen: direkte Nachbarn passen auch auf
- geringere Anschaffungskosten: günstigerer Kaufpreis gegenüber einem Reihenhaus
- niedrigere Betriebskosten: Kosten werden aufgeteilt
- kaum Verantwortung: WEG-Verwalter und Hausmeister kümmern sich
- keine Gartenarbeit

Je nach Zielgruppe und Wohnungsgröße gibt es dazu Unterschiede:

Je kleiner die Eigentumswohnung ist (z. B. ein bis zwei Zimmer), desto unwichtiger ist mit großer Wahrscheinlichkeit die Nähe zu Schulen oder Kitas. Wert wird aber sehr wohl auf die sehr gute Erreichbarkeit zu Lebensmittelketten, Restaurants, Cafés und Theater gelegt.

Für die Generation 60+ ist eine altersgerechte – barrierefreie – Immobilie besonders interessant. Die Wohnung sollte sich entweder im Erdgeschoss befinden oder über einen Fahrstuhl verfügen. Einfach zu erreichende Einkaufsstätten sowie die Nähe zu Ärzten und Apotheken sind für diese Zielgruppe äußerst wichtig.

> **Reihenhaus**

Wenn mindestens drei Häuser in einer Reihe stehen und eine Gruppe bilden, spricht man schon von Reihenhäusern.

Der Vorteil dieser Objektart liegt darin, dass die Energiekosten – bedingt durch die gemeinsamen Hauswände – deutlich geringer ausfallen, im Gegensatz zu Doppelhaushälften oder freistehenden Ein- bzw. Zweifamilienhäusern. Aufgrund des kleinen Grundstücks ist zudem die Gartenarbeit überschaubar.

Kapitel 5
Planungsfehler
Immobilientyp und die richtige Zielgruppe

Diese Zielgruppen interessieren sich für Reihenhäuser:

kleine/ große Familien
junge Familien

Paare
(DINK „Double Income no Kids")

Folgende Merkmale sind für Interessenten von Reihenhäusern wichtig:

- zentrale Lage: gute ÖPNV-Anbindung
- gute Einkaufsmöglichkeiten in der Nähe
- ressourcenschonendes Bauen: ökologischer Grundgedanke
- gute Nachbarschaft und Sicherheit vor Einbrüchen: direkte Nachbarn passen auch auf
- geringere Anschaffungskosten: günstigerer Kaufpreis gegenüber einem Einfamilienhaus
- niedrigere Betriebskosten im Gegensatz zu einem freistehenden Einfamilienhaus
- überschaubare Gartenarbeit: kleiner Garten = wenig Arbeit/großer Garten = viel Arbeit

Je nach Zielgruppe und Hausgröße gibt es auch hier Unterschiede. Junge Familien fühlen sich von praktischen Grundrissen mit großzügiger Raumaufteilung angesprochen. Ein Garten ist ihnen wichtig. Garage plus Kellerräume für Fahrräder haben genauso Priorität wie auch nahegelegene Kitas, Schulen und Sportvereine.

> **Doppelhaushälfte**

Unter einem Doppelhaus werden zwei aneinander gebaute Häuser verstanden. Diese können fast identisch sein, falls es sich um einen Neubau handelt.

Kapitel 5
Planungsfehler
Immobilientyp und die richtige Zielgruppe

Genau genommen ist eine Doppelhaushälfte ein halbes Einfamilienhaus mit einem kleineren Grundstück im Vergleich zu einem freistehenden Einfamilienhaus. Es ist in den meisten Fällen auch preislich attraktiver als ein freistehendes Haus auf größerem Grundstück.

Diese Zielgruppen interessieren sich für Doppelhaushälften:

kleine/
junge Familien

große Familien

Paare
(DINK „Double Income no Kids")

Folgende Merkmale sind für Interessenten von Doppelhaushälften wichtig:

- Relation von Vermögen und Verschuldung soll sich im Rahmen halten
- Unabhängigkeit dem Verwalter gegenüber, sie wollen alles selbst in die Hand nehmen
- Preis-Leistungsverhältnis muss stimmen
- Imagepflege, mitreden wollen: Ja, wir haben ein Haus.
- gute Nachbarschaft und Sicherheit vor Einbrüchen: direkter Nachbar passt auch auf
- geringere Anschaffungskosten: günstigerer Kaufpreis gegenüber einem Einfamilienhaus
- niedrigere Betriebskosten im Gegensatz zu einem freistehenden Einfamilienhaus
- relativ überschaubare Gartenarbeit: kleiner Garten = wenig Arbeit/großer Garten = viel Arbeit

Interessenten für Doppelhaushälften wollen sich ein bisschen besser fühlen als die anderen. Diese würden (fast) nie in ein Reihenhaus ziehen. Aber sie möchten bei ihren finanziellen Möglichkeiten auch nicht den Bogen überspannen. Gehobene Ausstattung sowie ein exklusiver Grundriss werden als sehr wichtig empfunden. Eine gute Anbindung an das Stadtzentrum und attraktive Freizeitmöglichkeiten im Umfeld wie z. B. Restaurants oder Theater sind Pflicht.

Kapitel 5
Planungsfehler
Immobilientyp und die richtige Zielgruppe

> Einfamilienhaus

Das freistehende Einfamilienhaus können sich nicht viele leisten, da es zu den teuersten Immobilientypen zählt. Mit dieser Art Eigenheim möchten die Besitzer zeigen, dass sie es zu etwas gebracht haben. Je größer und exklusiver das Haus ist, desto mehr Ansehen genießen die Eigentümer in der Nachbarschaft und der Gesellschaft. Hierbei muss allerdings unterschieden werden, in welchem Zustand sich das Einfamilienhaus befindet – ist es z. B. sanierungsbedürftig? – und in welcher Lage.

Diese Zielgruppen interessieren sich für Einfamilienhäuser:

kleine/ junge Familien

große Familien

Paare
(DINK „Double Income no Kids")

vermögende Singles

Folgende Merkmale sind für Interessenten von Einfamilienhäusern wichtig:

- keine direkte Nachbarschaft
- komplette Unabhängigkeit auf dem eigenen Grundstück
- Freiheitsbewusstsein und Individualität stehen im Vordergrund
- geben gerne viel Geld für die eigene Immobilie aus
- beauftragen gerne Gärtner

Interessenten für Einfamilienhäuser sehen sich oft als die Speerspitze der Gesellschaft an, ohne dies abwerten zu wollen. Es handelt sich hierbei sehr oft um Besserverdiener und zahlungskräftige Käufer, die einfach das Besondere lieben. Sie zeigen Freunden und Geschäftspartnern gerne Ihr Haus und die damit einhergehende gehobene, gar exklusive Ausstattung der eigenen Immobilie.

Kapitel 5
Planungsfehler
Immobilientyp und die richtige Zielgruppe

➢ **Mehrfamilienhaus**

Mehrfamilienhäuser sind vermietete Immobilien mit mehreren Einheiten, die sich als Geldanlage eignen. Der Investor bzw. Kapitalanleger erwirbt eine solche Immobilie, um sein Vermögen entweder zu mehren oder zumindest zu erhalten.

Diese Zielgruppen interessieren sich für Mehrfamilienhäuser:

Investoren   Kapitalanleger

Folgende Merkmale sind für Interessenten von Mehrfamilienhäusern wichtig:

- Zahlen, Daten und Fakten
- Preis-Leistungsverhältnis
- Ertrag muss stimmen
- gute Vermietbarkeit
- pünktliche Mietzahlungen seitens der Mieter
- Wertsteigerung bzw. Werterhalt

Interessenten für Mehrfamilienhäuser müssen ebenfalls unterschieden werden, da es zwei Kategorien von Zielgruppen gibt: Der Kapitalanleger ist meist ein gutverdienender Arzt, Rechtsanwalt, Unternehmer etc. Er will am liebsten Mehrfamilienhäuser erwerben, die relativ gut in Schuss und voll vermietet sind. Er möchte damit keine Arbeit haben, die Verwaltung überlässt er dem Miethausverwalter. Für ihn ist es lediglich wichtig, dass sein Geld geschützt ist und die Investition sich in ein paar Jahren durch Preissteigerungen rechnet. Im eigentlichen Sinne parkt er sein Geld.

Der Investor hingegen ist ein Vollprofi und der emotional am wenigsten beeinflussbare Interessententyp. Zudem kennt er das Geschäft in- und auswendig und hat die besten Kontakte zu Handwerkern und Immobilienmarktteilnehmern. Für seine Entscheidung, ob gekauft wird oder nicht, zählen nur die Zahlen, Daten und Fakten und ob er anhand dieser die Immobilie zu einem gewinnbringenden Geschäft macht – sich also die Anschaffungs-, Modernisierungs- und Entwicklungskosten rechnen. Er

Kapitel 5
Planungsfehler
Immobilientyp und die richtige Zielgruppe

---

geht daher eher ein Risiko ein, wenn es ums Investieren geht, betrachtet aber jede Immobilie wie ein Unternehmen, das einen lukrativen Profit abwerfen soll. Ein Amateur hat es in den Preisverhandlungen mit diesem Typ der Zielgruppe eher sehr schwer.

Kapitel 6
Vorbereitung der Immobilie
Vorbereitende Maßnahmen wie Home Staging, Fotos und Grundrisse

---

Kapitel 6

Vorbereitung der Immobilie

Vorbereitende Maßnahmen wie Home Staging, Fotos und Grundrisse

1. **Mit Home-Staging die eigene Immobilie bühnenreif präsentieren**

Wer sich mit dem Gedanken trägt, seine Immobilie zu verkaufen, hat nicht selten das Problem, erst nach dem Verkauf aus der eigenen Immobilie ausziehen zu können. Aber auch wenn Sie eine bereits leer stehende Immobilie vorweisen können: Es kommt in beiden Fällen darauf an, sie für die Interessenten so attraktiv wie möglich zu präsentieren.

Um Ihre Immobilie professionell zu verkaufen, ist es wichtig, den Blickwinkel des Käufers einzunehmen. Kommt es zu einer Besichtigung, bedenken Sie bitte, dass der Käufer versucht, sich sein zukünftiges Zuhause auszumalen – dabei möchte er nicht Ihre Gegenwart bzw. Vergangenheit sehen.

Die perfekte Inszenierung ist das A und O

Deshalb liegt das Hauptaugenmerk beim Home Staging genau darauf. Und hier wird es zuweilen etwas kompliziert, denn: Während eine bereits freie Immobilie relativ leicht durch Home Staging aufgewertet werden kann, ist es mit einer noch bewohnten manchmal schwieriger.

Der Interessent soll sich in sein zukünftiges neues Zuhause verlieben. Dazu sollten Sie z. B. Ihre geliebten Familien- und Urlaubsfotos abhängen oder die Kinderzimmer so in Ordnung bringen, dass die Besucher sich dort unfallfrei bewegen können.

Ganz nebenbei hat das Aufräumen aber auch den Vorteil, dass Sie Ihre Immobilie dabei auch für Ihren Auszug entrümpeln können. Zudem bietet Home Staging für Sie den Vorteil, dass Sie – inspiriert durch das Inszenieren Ihrer Immobilie – für Ihr späteres eigenes Zuhause selbst Ideen entwickeln.

Kapitel 6
Vorbereitung der Immobilie
Vorbereitende Maßnahmen wie Home Staging, Fotos und Grundrisse

Schon die Kleinigkeiten machen´s aus

Home Staging bedeutet also nichts anderes, als die Immobilie frei von Emotionen zu machen, sprich: Sie zu entpersonalisieren. Das klappt bei einer bewohnten Immobilie naturgemäß nicht immer vollends. Sie können dennoch sehr viel dafür tun, Ihr Noch-Hab-und-Gut in einen Anreiz für die Interessenten zu verwandeln. Das beginnt dabei, klar Schiff zu machen sowie auszurangieren und letztendlich sollten auch sauber geputzte Räumlichkeiten eine Selbstverständlichkeit sein.

Unter anderem ist es auch von Bedeutung, darauf zu achten, dass kurz vor einer Besichtigung keine Kochgerüche durch die Wohnung wabern. Da hilft auch ein frisch aufgesetzter Kaffee nicht viel weiter.

Vielleicht geht es Ihnen wie manch anderem unserer Kunden – und es wird Ihnen Spaß machen, Ihre Immobilie herauszuputzen wie eine Braut für die Hochzeit, denn: Letztlich ist der Immobilienkauf vor allem eine Entscheidung aus Liebe. Verführen Sie Ihre Käufer!

So gehen Sie am besten vor:

Schritt 1: Ausmisten
Sie werden hoffentlich ohnehin bald die Immobilie verlassen. Profitieren Sie davon, indem Sie alles Überflüssige aus dem Haushalt werfen. Wenn Sie sich von lieb gewonnenen Erinnerungsstücken nicht trennen können, lagern Sie diese in Kartons außerhalb des Grundstücks, zum Beispiel in einem Mietlager oder bei Freunden.

Faustregel:
Es darf nichts mehr auf Tischen, Anrichten, Schränken etc. stehen, auch nicht ganz obenauf. Regale und Vitrinen dürfen mit hübschen Dingen versehen bleiben, aber nicht überfüllt sein. Weg mit allem Nippes vor Bücherreihen, auf Fensterbänken und Sideboards!

Schritt 2: Neutralisieren
Der Interessent möchte sich in Ihrer Immobilie sein künftiges Zuhause vorstellen. Machen Sie es ihm nicht zu schwer und entfernen Sie alles, was deutlich auf Ihren persönlichen Geschmack hinweist. Trophäen, Pokale, Plakate, politische und religiöse Motive (auch das Kruzifix), Flaggen etc. gehören nicht in die Räume – dies gilt auch für das Jugendzimmer.

Kapitel 6
Vorbereitung der Immobilie
Vorbereitende Maßnahmen wie Home Staging, Fotos und Grundrisse

---

Hängen Sie alles von den Wänden, was nicht Kunst oder Kunstdruck ist: Teller, Häkeleien, Kalender, Familienfotos, Kinderzeichnungen etc. Befreien Sie das Badezimmer von allen Pflege- und Hygieneartikeln. Räumen Sie Kleidung weg: Schuhe, Mäntel etc. sollten nirgendwo stören.

Schritt 3: Verschönern
Manche Eigentümer verpassen ihren Räumen sogar einen frischen Anstrich, bevor es in die Vermarktung geht. Das ist jedoch nur nötig, wenn die Wände verschmutzt oder dunkel gestrichen sind. Was aber immer wichtig ist: Das Innere muss sauber und aufgeräumt sein. Machen Sie einen gründlichen Frühjahrsputz im Haus – oder beauftragen Sie eine Putzkraft dafür. Achten Sie auf Böden, Fenster inklusive Rahmen, Wände, Möbel, Lampen, Heizkörper, Fensterbänke und gerade auch auf die Bereiche, wo Hände und Blicke sich treffen: Türklinken, Lichtschalter, Griffe, Wasserhähne. Führen Sie ebenfalls alle Schönheitsreparaturen durch: Nageln Sie lockere Leisten fest, verstecken Sie lose Kabel, verspachteln Sie Bohrlöcher. Ihr Zuhause muss aussehen, als feierten Sie morgen Ihre eigene Hochzeit!

Schritt 4: Auffrischen
Sie brauchen Licht und Luft, wenn die Interessenten kommen. Öffnen Sie alles, was verschattet: Jalousien, Gardinen, Vorhänge. Machen Sie Licht im Haus, auch tagsüber. Knipsen Sie sämtliche Lampen an – Sie werden erstaunt sein, wie angenehm das wirkt. Entfernen Sie alles, was Geruch abgibt – vor allem Aschenbecher, Leergut, Lebensmittel. Widerstehen Sie andererseits der Versuchung, Parfüm oder Räucherstäbchen zu benutzen. Reißen Sie lieber die Fenster für eine Viertelstunde weit auf. Im Winter sollten Sie dabei die Heizungen anlassen, damit sich die Raumluft anschließend schnell wieder erwärmt. Schalten Sie alle lästigen Geräuschquellen ab. Ölen Sie die Türen, reparieren Sie tropfende Wasserhähne.

Schritt 5: Perfektionieren
Wenn Sie ein Haus verkaufen, denken Sie daran, dass der Käufer zuallererst die Außenanlagen sieht. Und weil es nur eine Chance für den ersten Eindruck gibt, sollten Sie alles dafür tun, dass er gut ausfällt. Je nach Jahreszeit mähen Sie also den Rasen, rechen Blätter zusammen oder befreien den Zugang von Schneeresten. Die Gehölze sollten einen ordentlich geschnittenen Eindruck machen. Sehr wichtig ist auch der Hauseingang. Säubern Sie das Vordach, fegen Sie Wege und Treppen – und investieren Sie vielleicht in eine neue Fußmatte.

Kapitel 6
Vorbereitung der Immobilie
Vorbereitende Maßnahmen wie Home Staging, Fotos und Grundrisse

Schritt 6: Besuchsatmosphäre schaffen

Wenn Sie alles erledigt haben, präsentieren Sie dem Käufer eine Immobilie, die strahlt und glänzt, die geräumig, sauber und hell wirkt. Nun kommt der letzte Schliff: Stellen Sie Blumen in die Vase, machen Sie frischen Kaffee und servieren Sie Gebäck oder Kuchen. Die Interessenten werden sich spontan wohlfühlen, einen positiven Eindruck gewinnen und die Immobilie mit Gastlichkeit verbinden.

Zu guter Letzt:

Wenn Sie unsere Tipps auch wirklich umsetzen, kann Home Staging den Wert Ihrer Immobilie steigern und somit letztendlich den Verkaufspreis maximieren. Auch wird die Verkaufszeit hierdurch deutlich verkürzt. Unsere Erfahrungswerte liegen bei ca. 5 bis 10 % Mehrerlös in durchschnittlich vier bis sechs Wochen Vermarktungszeit.

Unser Home-Staging-Ratgeber:

Optimale Präsentation Ihrer Immobilie für den Verkauf

Wenn Sie sich mit diesem Thema intensiver beschäftigen möchten, erhalten Sie als *Online-Akademie*-Mitglied ausführlichere Informationen in Form unseres Home-Staging-Ratgebers. Mit diesem wollen wir unseren Akademieschülern unterstützend unter die Arme greifen und ihnen mit unseren Erfahrungen helfen, um einen möglichst zeitnahen und guten Verkauf ihrer Immobilie zu erreichen. Daher umfasst unser Ratgeber die Variante für noch bewohnte Immobilien und solche, die bereits leer stehen.

Kapitel 6
Vorbereitung der Immobilie
Vorbereitende Maßnahmen wie Home Staging, Fotos und Grundrisse

---

2. 10 Fototipps - Aussagekräftige Fotos für die Vermarktung Ihrer Immobilie

Für den ersten Eindruck gibt es keine zweite Chance

Um eine Immobilie effizient und effektiv zu vermarkten, sollte sie in einem ausgesprochen aussagekräftigen und ansprechenden Exposé präsentiert werden. Hierzu gelten als eine der wichtigsten Zutaten die Immobilienfotos. Insbesondere diese sind das eigentliche Zugpferd, um bei der Online-Vermarktung mit Ihrem Immobilienangebot herauszustechen.

Interessenten schauen immer zuerst auf die Bilder und danach auf die technischen Daten wie Zahlen, Daten und Fakten. Deswegen sollten Sie Ihre Immobilie perfekt in Szene setzen.

Damit Sie das erreichen, stelle ich Ihnen nun einige Profitipps vor, die sich als sehr vorteilhaft erwiesen haben und immer wieder erweisen:

Tipp. Nr. 1 – Sommerfotos aus Großmutters Kiste sind schön, aber ...

Sie geben nicht den aktuellen Stand Ihrer Immobilie wieder – was einfach kontraproduktiv ist. Kramen Sie daher bitte keine alten Bilder aus der Schublade raus. Neue Bilder sind unumgänglich. Vor allem aber sind die Außenbilder immer der jeweiligen

Kapitel 6
Vorbereitung der Immobilie
Vorbereitende Maßnahmen wie Home Staging, Fotos und Grundrisse

---

Jahreszeit anzupassen. Wenn eine Vermarktung auch mal sechs, neun Monate oder gar länger dauert, erstellen wir immer spätestens beim Quartalswechsel neue Fotos.

Es macht keinen Sinn, wenn Sie etwa mit der Vermarktung im Winter angefangen haben und die Immobilie mit Schnee bedeckt auf kahlen Bilder zeigen, obwohl – sagen wir mal – schon Mai ist. Sie sollten dann neue Fotos schießen und gegen die alten auswechseln, wenn sich die Natur verändert, z. B. die Bäume wieder anfangen zu blühen.

Halten Sie die Immobilienfotos immer zeitgemäß, so wirkt Ihr Hab und Gut stets so, als sei es gerade frisch am Markt angeboten – wie Gemüse am Stand.

Tipp Nr. 2 – Here comes the sun ...

sangen damals schon die *Beatles*. Dementsprechend sollten Sie Ihre Fotos idealerweise an einem Sonnentag bei Kaiserwetter mit blauem Himmel machen. Haben Sie ein Auge auf bzw. berücksichtigen Sie das richtige Wetter.

Schreiben Sie sich für Ihre Außenaufnahmen genau auf, wann und wo die Sonne aufgeht und zu welcher Tageszeit die jeweilige Fassadenfront im Sonnenlicht erstrahlt.

Falls Sie Schwierigkeiten haben sollten, dies mit den herkömmlichen Orientierungen *Nord*, *Süd*, *Ost*, *West* selbst einzuschätzen, gibt es interessante Apps und Websites dafür. „SunCalc" ist z. B. so eine geniale Hilfe, mit dieser können Sie genau überprüfen, wo und wie die Sonne Ihre Immobilie ins rechte Licht rückt.

Wenn Sie die besten Uhrzeiten ermittelt haben, achten Sie beim Fotografieren darauf, dass Sie immer mit dem Rücken zur Sonne stehen.

Kapitel 6
Vorbereitung der Immobilie
Vorbereitende Maßnahmen wie Home Staging, Fotos und Grundrisse

Bei den Außenaufnahmen sollten Sie allerdings die Immobilie nie frontal fotografieren, das Bild wirkt dann platt. Ich bevorzuge hierbei immer eine Position von der Seite, sodass die Längsfassade sichtbar ist. Auch probiere ich – sofern es möglich ist – von der rechten Seite zu fotografieren. Dabei sollte die Fluchtlinie immer nach rechts aufsteigen, im Prinzip wie bei Aktien: Wenn es rechts nach oben geht, ist das vielversprechend. Dies löst unbewusst einen psychologisch positiveren Effekt beim Betrachter aus.

Im Dunkeln ist nicht immer gut munkeln

Bei den Innenfotos kommt es ebenfalls auf die richtigen Lichtverhältnisse an. Fotografieren Sie alle Innenräume ausschließlich bei Tageslicht, ziehen Sie – sofern vorhanden – sämtliche Rollläden hoch und öffnen alle Lichtquellen. Wenn möglich, fotografieren Sie mit einem Aufsteckblitz, der zur Decke hin ausgerichtet ist. Geben Sie aber auch Obacht, dass die pralle Sonne nicht durch das Fenster scheint, auch hier gilt das Prinzip: Die Sonne – auch wenn diese durch die Räume nicht zu sehen ist –

Kapitel 6
Vorbereitung der Immobilie
Vorbereitende Maßnahmen wie Home Staging, Fotos und Grundrisse

---

sollte sich immer im Rücken befinden.

Tipp Nr. 3 – Achten Sie auf die Liebe, die in den Details à la Home Staging steckt

Nachdem Sie unsere Home-Staging-Tipps umgesetzt haben, kann es im Prinzip auch direkt losgehen, oder? Jein. Sie sollten, bevor Sie drauflos fotografieren, nochmals die Details überprüfen, denn: Die Wahrnehmung jedes Menschen ist unterschiedlich und gewisse Feinheiten werden von dem einen als unwichtig und dem anderen als wichtig empfunden.

Dies ist auch der Grund, warum auf vielen Amateurfotos immer noch sehr häufig Mülleimer, herumliegende Zeitungen oder gar offene Klodeckel zu finden sind. Dies stört den Gesamteindruck gewaltig.

Also heißt es: Nach dem Home Staging ist vor dem Home Staging. Achten Sie auf jede Kleinigkeit und räumen auf, so zeigen Sie im Bild genau das, was wirklich zählt.

Kapitel 6
Vorbereitung der Immobilie
Vorbereitende Maßnahmen wie Home Staging, Fotos und Grundrisse

---

Tipp Nr. 4 – Gut Ding will Weile haben

Beim Fotografieren kommt es nicht auf die Schnelligkeit an, mal rasch geschossene Fotos bringen Sie nicht zum gewünschten Resultat. Denn diese sind dann oft verwackelt, aus dem falschen Blickwinkel geknipst oder zu dunkel. Nehmen Sie sich Zeit – auch und erst recht, wenn Ihre Immobilie derzeit bewohnt oder gar der Mieter noch drin ist. Bevor Sie einen Raum fotografieren, schauen Sie sich den bestmöglichen Bereich an und machen ein paar Testfotos, um die vorteilhafteste Perspektive und den ansprechendsten Ausschnitt zu wählen. Versuchen Sie, mit dem Bild eine Atmosphäre zu schaffen.

Tipp Nr. 5 – Probier's mal mit Gemütlichkeit

Die Fotos sollten immer ein Wohlgefühl beim Betrachter auslösen – nach dem Motto: „Ja, da möchte ich gerne und da sehe ich mich auch schon wohnen." Bei möblierten Immobilien gelingt dies oft besser, da Sie hier Emotionen besser transportieren können. Bei leer stehenden Immobilien sollten Sie mehr auf richtig gute Lichtverhältnisse setzen.

Kapitel 6
Vorbereitung der Immobilie
Vorbereitende Maßnahmen wie Home Staging, Fotos und Grundrisse

---

Tipp Nr. 6 – Auch ein Deko-Artikel kann entzücken

Die Detailaufnahme eines geschickt in Szene gesetzten Accessoires kann das Raum- und Wohlgefühl extrem positiv beeinflussen. Dies unterstützt die angenehme Atmosphäre. Hier sollten Sie allerdings bedenken, dass weniger oft mehr ist. Am besten gelingen Ihnen solche Fotos mit einem Festbrennweiten-Objektiv.

Tipp Nr. 7 – Gut gewählt: Ausrichtung, Ausschnitt und Motiv

Fotografieren Sie ausschließlich im Querformat, denn dieses kommt dem menschlichen Sehwinkel am nächsten und wird somit am angenehmsten empfunden.

Wenn möglich, verwenden Sie fürs Fotografieren ein Weitwinkelobjektiv. Behalten Sie bitte im Blick, dass Sie dabei nicht übertreiben, da der Raum dadurch verzerrt wirken und sich somit eine übertriebene Illusion von Raumgröße einschleichen kann.

Beim Motiv kommt es darauf an, dass die Zimmereinrichtung links oder rechts im Bild nicht angeschnitten wird. Sonst scheint der Raum unaufgeräumt und die Möbel deplatziert. Wenn nötig, verrücken Sie den Tisch, Stuhl etc. ein wenig bzw. wechseln Sie die Perspektive.

Manchmal müssen Sie auch gar nicht versuchen, das gesamte Zimmer auf dem Foto einzufangen, sondern wählen einfach einen Bereich aus, den Sie in Szene setzen können, um Atmosphäre zu schaffen.

Wenn Sie aber der Meinung sind, dass der komplette Raum abgebildet werden muss, empfehle ich Ihnen, sich immer in alle vier Ecken zu stellen und von dort aus zu fotografieren.

Später wählen Sie dann die besten Motive aus.

Kapitel 6
Vorbereitung der Immobilie
Vorbereitende Maßnahmen wie Home Staging, Fotos und Grundrisse

Tipp Nr. 8 – „Unter die Gürtellinie gehen" mal positiv betrachtet: Balance, Perspektive und einstürzende Wände

Auf den Blickwinkel kommt es an. Die Kamera sieht im Gegensatz zu unseren Augen anders. Unser menschliches Gehirn kompensiert die vertikalen Linien, sobald wir den Kopf nach oben oder unten neigen, die Kamera nicht. Wenn diese schräg gehalten wird, kippen alle vertikalen Linien entweder nach innen oder außen, die Perspektive verzerrt sich und der Raum wirkt schräg.

Ich persönlich gehe beim Fotografieren immer ein wenig in die Hocke oder auch in die Knie, sodass ich aus einer Augenhöhe von ca. 1,00 - 1,20 m die Bilder schieße. Warum? Weil die Deckenhöhe von Räumen meist um die 2,50 m beträgt. Schieße ich in einer normalen Augenhöhe von ca. 1,70 m und gerade ein Bild, bewege ich mich mehr im Deckenbereich. Die interessanteren Motive und Möbel befinden sich allerdings eher unterhalb meiner Gürtellinie.

Kapitel 6
Vorbereitung der Immobilie
Vorbereitende Maßnahmen wie Home Staging, Fotos und Grundrisse

Tipp Nr. 9 – Darf's ein bisschen besser sein?

Sofern die geschossenen Bilder noch nicht das gewünschte Ergebnis liefern, ist ein dezentes Optimieren mit Bildbearbeitungsprogrammen wie *Photoshop, Lightroom* etc. durchaus legitim. Alle Profis bearbeiten die geschossenen Bilder am Rechner noch nach.

Fotos, auf denen die Lichtverhältnisse nicht ideal sind, können Sie mit einer Software aufhellen, um dadurch eine freundlichere Raumatmosphäre zu schaffen. Auch ist es Ihnen damit möglich, den Bildausschnitt wunderbar zu korrigieren.

Vermeiden Sie bitte, die Bilder durch das Vervollkommnen zu sehr zu verfälschen, gar unrealistisch wirken zu lassen. Dies geht im echten Besichtigungstermin eher sogar nach hinten los. Sie möchten ja schließlich nicht von arg enttäuschten Interessenten hören „Auf den Bildern sieht die Immobilie ganz anders aus".

Kapitel 6
Vorbereitung der Immobilie
Vorbereitende Maßnahmen wie Home Staging, Fotos und Grundrisse

---

Tipp Nr. 10 – Die Qual der Wahl: Welche Kameras sind sinnvoll?

Es müssen nicht unbedingt **Vollformat**-Profi-Kameras wie **Canon EOS 5D Mark III** oder **Nikon D750** für mehrere Tausend Euro und auch keine semiprofessionellen DSLR-Kameras im mittleren Preissegment sein – außer Sie besitzen bereits eine davon.

Auch wenn viele aktuelle Smartphones mittlerweile gute Kameras integriert haben, würde ich diese definitiv nie für die Immobilienfotografie einsetzen.

Eine sehr gute Alternative sind z. B. spiegellose Systemkameras. Diese können zwar die digitale Spiegelreflexkamera (DSLR) nicht ersetzen, bieten aber einen echten Kompromiss mit austauschbaren Objektiven, die zudem handlich sind. Gängige Marken sind hier u. a. *Fujifilm, Sony, Olympus*.

Als Entscheidungshilfe empfehle ich Ihnen: Je teurer Ihre Immobilie ist, desto besser sollte die Kamera sein. Wenn Sie sich nicht zutrauen, selbst solche gekonnten Bilder zu schießen oder einfach keine Lust darauf haben, könnten Sie einen auf Immobilien- bzw. Architekturfotografie spezialisierten Profi-Fotografen beauftragen – eine gute Investition in die bessere Vermarktung Ihrer Immobilie.

Kapitel 6
Vorbereitung der Immobilie
Vorbereitende Maßnahmen wie Home Staging, Fotos und Grundrisse

---

3. Warum überhaupt virtuelle 360°-Rundgänge?
Keine Besichtigungstouristen mehr durch passwortgeschützte Panoramatouren

Virtuelle 360°-Rundgänge vermeiden uneffektive, strapaziöse Besichtigungstermine und verschaffen Ihnen deshalb ein großes Zeitfenster, in dem Sie sich den tatsächlich ernsthaften Interessenten widmen können.

Mit dieser innovativen 3D-Technik haben Sie die gute Möglichkeit, Ihre Immobilie noch detaillierter, professioneller und zielgerichteter zu präsentieren. Die Interessenten werden emotional inspiriert und erhalten bereits im Vorfeld einen besseren, weil realistischeren Eindruck. Außerdem trennen Sie damit bei der **Vermarktung** die Spreu vom Weizen und zeigen nur noch qualifizierten und somit ausgewählten Interessenten Ihre Immobilie vor Ort. Von diesen virtuellen Besichtigungen im World Wide Web profitieren nicht nur die Interessenten, sondern vor allem Sie als Eigentümer.

Der **Vorteil für die Interessenten** ist, dass sie – am Rechner zu Hause oder unterwegs

Kapitel 6
Vorbereitung der Immobilie
Vorbereitende Maßnahmen wie Home Staging, Fotos und Grundrisse

---

mit dem Smartphone – an sieben Tagen in der Woche und zu jeder Tageszeit Besichtigungen virtuell durchführen können. Der Besucher kann proaktiv agieren und sich in der Immobilie „frei" bewegen. Auch das Rein- und Rauszoomen von Detailansichten ist durchführbar. Diese Technik ermöglicht einen wesentlich umfassenderen Überblick über die Immobilie, als es reine 2D-Bilder leisten könnten.

Sollte der Interessent über eine VR-Brille verfügen, kann er den Rundgang in Verknüpfung mit seinem Smartphone zu einem richtig realen Erlebnis machen. Auch lange Anreisen und aufwendige Terminplanungen können somit entfallen.

Der **Vorteil für Sie als Eigentümer** ist, dass Sie die Interessenten genauer vorqualifizieren können. Durch die Vergabe eines passwortgesicherten Tour-Zugangs – welche ich definitiv als Einstellung empfehle – müssen sich Ihre Besucher zuerst mit den persönlichen Kontaktdaten registrieren.

Somit schützen Sie Ihre Privatsphäre und können zudem genau sehen, welcher Interessent wann, wie lange und wie oft Ihre Immobilie virtuell besichtigt hat. Und auch, ob er sich ein paar Tage später wieder eingeloggt hat, sprich: wie ernsthaft er sich mit Ihrer Immobilie beschäftigt.

Das können Sie als Eigentümer bei einer realen Besichtigung klar zu Ihrem Vorteil nutzen.

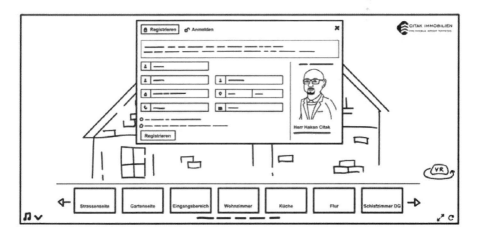

Kapitel 6
Vorbereitung der Immobilie
Vorbereitende Maßnahmen wie Home Staging, Fotos und Grundrisse

---

Durch den Einsatz von Statistiktools können Sie nachvollziehen, wie viel Zeit der jeweilige Interessent in die Panoramatour investiert hat.

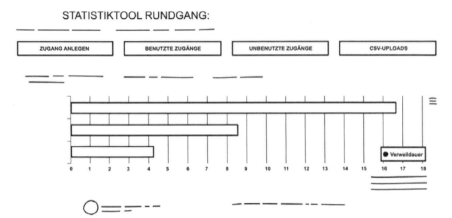

Mit diesem nützlichen Werkzeug können Sie auch separate Statistiken aufrufen: Wann, wie lange und wie oft hat sich dieser Interessent die einzelnen Räume angeschaut?

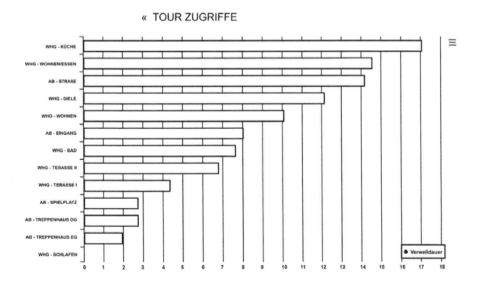

Kapitel 6
Vorbereitung der Immobilie
Vorbereitende Maßnahmen wie Home Staging, Fotos und Grundrisse

---

Vermarktungsprozesse klug organisiert

Sie sollten zunächst die Adresse Ihrer Immobilie – sofern bewohnt – online nicht veröffentlichen. Auf diese Art verhindern Sie, dass jeder Unbekannte Ihre Immobilie besichtigt und schieben auch der Einbruchsgefahr einen Riegel vor. So gesehen könnten bzw. sollten Sie nachstehendem Ablaufschema folgen:

Durch die Werbung in Immobilienportalen, Printanzeigen, auf Flyern und Co melden sich in einem ersten Schritt die Interessenten bei Ihnen, um weiterführende Informationen zu erhalten.

Nach einer kurzen Qualifikation:
1. Festhalten der vollständigen Kontaktdaten des Suchenden,
2. damit einhergehende Beantwortung seiner individuellen Fragen bzw. zusätzliche Auskünfte über Größe, Zimmeranzahl, Lage, Sonderwünsche und Möglichkeit der Erfüllung etc.
3. und nach Abwägung, ob Interessent und Immobilie zusammenpassen,

können Sie ihm das Exposé sowie den Link zum 360°-Rundgang mitsamt genauen Adressangaben zur Verfügung stellen. Sofern er die Außenbesichtigung – ohne bei Ihnen zu klingeln – durchgeführt, sich den virtuellen Rundgang nachweislich angeschaut hat und in der Lage ist, die Frage zum Finanzierungsbudget zu beantworten, können Sie mit ihm einen qualifizierten Besichtigungstermin vereinbaren. Durch dieses straff organisierte Procedere vermeiden Sie überflüssige Termine.

Wie groß ist der Arbeitsaufwand zur Erstellung des 360°-Rundgangs und welche Ausrüstung ist nötig?

Wenn Sie die höchste Bildqualität erhalten möchten, führt kein Weg daran vorbei, eine DSLR Kamera zu nutzen. Der Arbeitsaufwand bei den Fotos für die 360°-Touren ist für Anfänger mit ca. sechs bis acht Stunden überschaubar.

Die Ausrüstung, die Sie neben der o. g. Kamera benötigen, besteht aus:

- einem Stativ
- einem Nodalpunktadapter
- einem Fisheye-Objektiv
- einer 360°-Panorama-Software

Kapitel 6
Vorbereitung der Immobilie
Vorbereitende Maßnahmen wie Home Staging, Fotos und Grundrisse

In jedem Raum, den Sie darstellen möchten, werden von einem festen Standpunkt aus acht (bei HDR Funktion 24) Einzelbilder mit einem Fisheye-Objektiv geschossen.

Mithilfe der 360°-Panorama-Software stellen Sie den virtuellen Rundgang selbst zusammen. Des Weiteren müssen Sie sich Gedanken darüber machen, wo Sie die Touren speichern und wie diese den Interessenten zugänglich gemacht werden können.

An dieser diffizilen Stelle aber werden bei Ungeübten die Probleme losgehen. Für diese Variante müssen Sie sicherlich mindestens ein Budget von ca. 1.000 Euro einkalkulieren und natürlich die Zeit fürs Einarbeiten in die neue Materie.

Beispiel, wie die Bilder mit einer speziellen Software zu einer Raumblase gestitcht, also zusammengefügt werden:

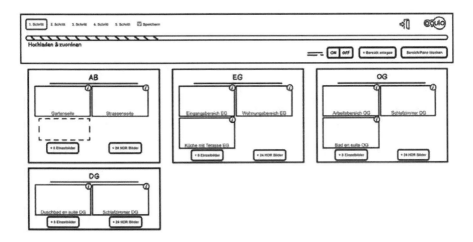

Um den Arbeitsaufwand geringer zu halten, können Sie die Räume auch mit einer One-Shot-Kamera aufnehmen. Mit diesem speziellen Apparat werden direkt 360°-Bilder gemacht. Aber: Für Mietimmobilien ist die Qualität der Auflösung noch akzeptabel. Geht es allerdings um den Verkauf, reicht sie nicht aus. Für das Equipment und die Software müssten Sie hier mit knapp 600 Euro Investition rechnen.

Kapitel 6
Vorbereitung der Immobilie
Vorbereitende Maßnahmen wie Home Staging, Fotos und Grundrisse

---

Resümee

Die Frage, ob sich die Ausgabe für das Zubehör, welches Sie vielleicht nur einmal nutzen werden, sowie der Zeitaufwand, um sich in die Thematik einzuarbeiten, für Sie rechnet, müssen Sie sich selbst beantworten.

Eine virtuelle Tour ist jedoch ein absolutes Muss, da die Konkurrenz nicht schläft und ein 360°-Rundgang äußerst effektiv ist, um die Nase beim Verkauf vorne zu haben. Wenn die Kosten für die nötige Ausstattung keinen Sinn für Sie ergeben, Sie sich selbst nicht zutrauen, solche Touren zu erstellen oder Sie einfach weder Zeit noch Nerven dafür haben, empfehle ich Ihnen diese Alternative: Sie könnten einen auf Immobilien- bzw. Architekturfotografie spezialisierten Profi-Fotografen, der auch virtuelle Touren erstellt, beauftragen. Dies ist eine gute Investition in die bessere Vermarktung Ihrer Immobilie.

Kapitel 6
Vorbereitung der Immobilie
Vorbereitende Maßnahmen wie Home Staging, Fotos und Grundrisse

---

4. Immobilienfilm - Macht diese Art der Präsentation Sinn?

Mit hochwertig produzierten Videos können Sie die Wertigkeit Ihrer Immobilie untermalen. Im Prinzip ist dies ein Werbefilm für Ihre Immobilie.

Augenfällig professionelle, bewegte Bilder – keine animierten Standbilder – und der richtige Schnitt in Kombination mit passender Musik hinterlassen einen nachhaltigen Eindruck bei Ihren Interessenten. Sie werden emotional inspiriert und erhalten eine Vision dessen, was sie erwartet.

Pro und Contra für Ihre Interessenten

Der **Vorteil** liegt darin, dass sie bereits im Vorfeld – zu Hause auf dem PC oder unterwegs mit ihrem Smartphone – an sieben Tagen in der Woche und zu jeder Tageszeit virtuelle Besichtigungen durchführen können. Ohne eine eventuell lange Anfahrtszeit einplanen zu müssen.

Der **Nachteil** ist, dass der Betrachter im Immobilienvideo eher durch Ihre Immobilie „geführt" wird – im Gegensatz zum 360°-Rundgang, bei dem er selbst entscheiden kann, wo er beginnt und was er sich anschaut etc. Das Medium Video wirkt vergleichsweise sehr autoritär: Der Interessent wird zum passiven Zuschauer und kann

Kapitel 6
Vorbereitung der Immobilie
Vorbereitende Maßnahmen wie Home Staging, Fotos und Grundrisse

---

den Film nur vor- bzw. zurückspulen, um sich bestimmte Sequenzen erneut anzusehen.

Pro und Contra für Sie als Immobilieneigentümer

Sie ziehen einen **Vorteil** daraus, dass Sie die Interessenten besser vorqualifizieren können. Und Sie fördern das Image Ihrer Immobilie, die es wert ist, gefilmt zu werden. Das kommt bei Interessenten gut an. Zudem werden Sie durch diese diskrete Art der Besichtigung nicht in Ihrer Privatsphäre gestört.

Der wesentliche **Nachteil** besteht allerdings darin, dass Sie keinen Passwortschutz auf *YouTube* und Co einrichten können. Wenn Sie die Immobilie öffentlich eingestellt haben, kann sich das Video auch jeder anschauen, selbst diejenigen, die es nicht sollen. Auch haben Sie keine Möglichkeit – wie beim Trackingcode der virtuellen Rundgänge – zu überprüfen, ob sich der Interessent das Video tatsächlich angeschaut hat. Dieser könnte ja auch flunkern und sagen: „Klar habe ich das."

Vermarktungsprozesse klug organisiert

Sie sollten zunächst die Adresse Ihrer Immobilie – sofern bewohnt – online nicht veröffentlichen. Auf diese Art verhindern Sie, dass jeder Unbekannte Ihre Immobilie besichtigt und schieben auch der Einbruchsgefahr einen Riegel vor. So gesehen könnten bzw. sollten Sie nachstehendem Ablaufschema folgen:

Durch die Werbung in Immobilienportalen, Printanzeigen, auf Flyern und Co melden sich in einem ersten Schritt die Interessenten bei Ihnen, um weiterführende Informationen zu erhalten.

Nach einer kurzen Qualifikation:
1. Festhalten der vollständigen Kontaktdaten des Suchenden,
2. damit einhergehende Beantwortung seiner individuellen Fragen bzw. zusätzliche Auskünfte über Größe, Zimmeranzahl, Lage, Sonderwünsche und Möglichkeit der Erfüllung etc.
3. und nach Abwägung, ob Interessent und Immobilie zusammenpassen,

können Sie ihm das Exposé sowie den Link zum Immobilienfilm mitsamt genauen Adressangaben zur Verfügung stellen. Achten Sie aber bitte darauf, dass Sie das Video, sofern Sie es auf z. B. *YouTube* hochgeladen haben, als **nicht öffentlich** einstellen. Dadurch kann es nur derjenige sehen, der über den Link verfügt.

Kapitel 6
Vorbereitung der Immobilie
Vorbereitende Maßnahmen wie Home Staging, Fotos und Grundrisse

---

Sofern er die Außenbesichtigung – ohne bei Ihnen zu klingeln – durchgeführt, sich das Video angeschaut hat – wobei sich der Nachweis hier als schwierig bis unmöglich erweist – und in der Lage ist, die Frage zum Finanzierungsbudget zu beantworten, können Sie mit ihm einen qualifizierten Besichtigungstermin vereinbaren. Durch dieses straff organisierte Procedere vermeiden Sie überflüssige Termine.

Wie groß ist der Arbeitsaufwand zur Erstellung eines Immobilienvideos?

Heutzutage können mit Smartphones auch schon sehr gute Videos gedreht werden, sofern Sie eine ruhige Hand haben und die Aufnahmen nicht verwackeln. Auch wird bereits integrierte Videoschnitt-Software als App angeboten. Für kleine Filme nutze ich selbst z. B. auf meinem iPhone die App iMovie. Hiermit kann ich innerhalb kurzer Zeit ein mit Musik untermaltes Video drehen und schneiden. Der Gesamtaufwand beläuft sich meiner Erfahrung nach auf maximal zwei Stunden.

Für einen mit normaler DSLR Kamera aufgenommenen Immobilienfilm – einfacher Standards ohne professionelle Ausleuchtung und Einsatz von Spezialeffekten wie Slider, Kamerakran und Festbrennweiten – benötigen Sie ca. zwei bis drei Stunden. Dieselbe Zeit kommt noch einmal für den Schnitt hinzu. Hier brauchen Sie neben der Kamera ein Stativ und eine Schnitt-Software für Ihren Rechner.

Möchten Sie allerdings ein Immobilienvideo im High-Class Standard
- inklusive professioneller Ausleuchtung
- sowie dem Einsatz von Spezialeffekten wie Slider, Dolly, Kamerakran
- und wollen Sie die Vorder- und Hintergrundschärfe durch den Einsatz von Festbrennweiten-Objektiven erstellen,

sollten Sie wie folgt kalkulieren: fünf bis zehn Stunden für die Filmaufnahmen und acht Stunden für den Schnitt, also ca. 13 - 18 Stunden Gesamtarbeitsaufwand.

Wie hoch ist das Investitionsvolumen für die Ausrüstung?

Es ist recht überschaubar – es sei denn, Sie möchten hochklassige HD-Videos mit Spezialeffekten drehen, um einem Imagefilm nahezukommen. Dann müssen Sie u. a. auch Geld ausgeben für
- Slider und Dollies, die gleitende Kamerafahrten ermöglichen,
- einen Kamerakran,
- starke Profi-Stative
- und unterschiedlich lichtstarke Objektive mit Weitwinkel, Festbrennweiten etc.

Kapitel 6
Vorbereitung der Immobilie
Vorbereitende Maßnahmen wie Home Staging, Fotos und Grundrisse

---

Für diese Art von Filmen beginnen die Investitionen bei ca. 5.000 Euro und sind nach hinten hin offen. Alternativ mieten Sie sich das Equipment bei einem Verleiher.

Als Grundausrüstung für den Standardfilm benötigen Sie
- eine digitale Spiegelreflexkamera mit Videofunktion,
- ein Stativ,
- ein Objektiv,
- Licht
- und eine Schnitt-Software.

Bei dieser Variante sind Sie nicht auf eine Vollformatkamera angewiesen und auch bei der Videoschnitt-Software reicht die Einsteigerversion völlig aus. Die Gesamtkosten können mit ungefähr 1.000 Euro recht schlank gehalten werden.

Die geringsten bzw. sogar keine Ausgaben hätten Sie natürlich mit Ihrem Smartphone, das bereits in Ihrem Besitz ist – mit zumeist integrierter Schnittsoftware.

Resümee

Ein normaler Standard- oder Smartphone-Film wird sicherlich nicht die imagefördernde Wirkung haben wie eine High-Class Produktion. Dennoch können Sie so auch einen bleibenden Eindruck beim Interessenten hinterlassen, sofern Sie die Schnitte und die Musik gut wählen.

Nichtsdestotrotz seien Sie sich bitte darüber im Klaren, dass nur Filme in einer gewissen Premiumqualität den gewünschten Effekt der Untermalung des Besonderen hervorrufen – unter Berücksichtigung des im Vergleich deutlich größeren Zeit- und Kostenaufwandes.

Die 360°-Rundgang-Lösung ist meiner Meinung nach die bessere Alternative. Die Vorteile hier überwiegen gegenüber dem Medium Video bei Weitem. Sie können für die Interessenten-Qualifikation allein aufgrund des Statistiktools viel besser einschätzen, inwieweit der Kunde den Kauf Ihrer Immobilie tatsächlich in Betracht zieht. Allein dieses Tool macht den Unterschied schon aus. Und auch in Hinsicht auf die Vermietung ist die 360°-Panoramatour m. E. aufgrund des Kosten-/Nutzenfaktors die bessere Wahl.

Immobilienfilme eignen sich in meinen Augen nur für Objekte ab einer gewissen

Kapitel 6
Vorbereitung der Immobilie
Vorbereitende Maßnahmen wie Home Staging, Fotos und Grundrisse

---

Preisklasse, um deren besonderes Image hervorzuheben.

Sie haben natürlich auch die Möglichkeit, externe Videodienstleister zu engagieren. Hier beginnen die Preise ab rund 500 Euro für einen normalen Film ohne besondere Spezialeffekte mit ein bis zwei Minuten Filmlänge. Sie steigen bis auf ca. 2.5 Euro für Premium-Filmproduktionen an.

Der Vorteil, einen Profi zu beauftragen, liegt klar auf der Hand: Zum einen verfügt dieser über das notwendige Know-how sowie eine stabile Erfahrungsbasis und produziert jährlich mehrfach qualitative Filme. Zum anderen sparen Sie selbst viel Zeit und Investitionsgeld für – meist nur einmalig genutztes – Equipment, die Sie sinnvoll anderweitig einsetzen können.

Kapitel 6
Vorbereitung der Immobilie
Vorbereitende Maßnahmen wie Home Staging, Fotos und Grundrisse

---

5. Eine Grundrisszeichnung ist nicht gleich eine Grundrisszeichnung

Ansprechende und übersichtliche Grundrisse sind ein Muss, sie sind eines der wichtigsten Kriterien für Interessenten bei der Suche nach der passenden Immobilie.

Alte Grundrisse sind in sehr vielen Fällen unleserlich, durch Umbauten nicht immer auf dem aktuellsten Stand bzw. direkte Nachbarwohnungen sind im Plan mit abgebildet und irritieren. Der eigentliche Immobiliengrundriss wird auf den ersten Blick nicht erkannt. Zudem sind diese optisch unschön und das Auge isst ja bekanntlich mit.

Für die optimale Vermarktung Ihrer Immobilie sollten Sie deshalb emotional ansprechende, farbige und möblierte Pläne entweder in 2D oder 3D erstellen lassen – und das up to date. Wie sagt man so schön? **„Mit Speck fängt man Mäuse"**. Im Zusammenhang mit ansehnlichen Fotos und einem aussagekräftigen Exposé sind diese Bausteine unabdingbar für eine moderne und gelungene Immobilienvermarktung.

Der wesentliche Hauptgrund für die Verwendung eines verkaufsoptimierten Grundrissplanes liegt darin, dass Sie Ihre Immobilie noch schneller und professioneller verkaufen oder vermieten können. Die Interessenten werden begeistert sein.

Zudem lassen sich 2D- oder 3D-Pläne hervorragend in die Navigation von virtuellen 360°-Rundgängen einbauen:

Kapitel 6
Vorbereitung der Immobilie
Vorbereitende Maßnahmen wie Home Staging, Fotos und Grundrisse

Lassen Sie die Unterschiede auf sich wirken:

Können Sie auf dem folgenden Grundriss etwas erkennen?

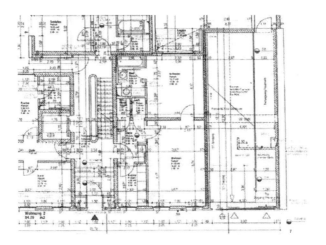

In 2D schon deutlich mehr, nicht wahr?

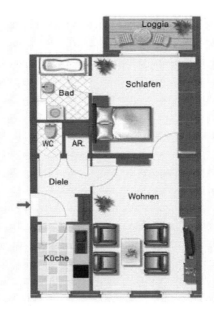

Kapitel 6
Vorbereitung der Immobilie
Vorbereitende Maßnahmen wie Home Staging, Fotos und Grundrisse

---

In 3D optimal, richtig?

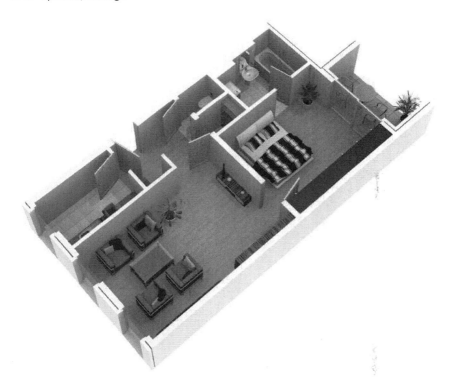

In 2D oder noch besser in 3D können sich Ihre Interessenten bereits gedanklich einrichten und sich in Ihrer Immobilie wohnen sehen – ein weiterer effektiver Schritt in die richtige Richtung Ihres erfolgreichen Verkaufs.

Kapitel 7
Exposé und Marketingunterlagen
Objekt- und Lagebeschreibung, Exposé

Kapitel 7

Exposé und Marketingunterlagen

Objekt- und Lagebeschreibung, Exposé

1. Immobilien- und Lagebeschreibung
Zielgruppenorientiert agieren und profitieren

In Kapitel 5 habe ich Ihnen bereits die unterschiedlichen Zielgruppen vorgestellt. Diese sollten sich auch von Ihrer Immobilienbeschreibung richtig angesprochen fühlen.

Wenn Sie Ihr Eigentum gelungen vermieten oder verkaufen möchten, sind Sie nicht nur auf gut gemachte Fotos angewiesen. Der zielgruppenorientierten Objekt- und Lagebeschreibung sollten Sie mindestens genauso viel Aufmerksamkeit widmen. Denn:

Die Interessenten werden es Ihnen danken, dass in Ihrer Darstellung bereits die wesentlichen Merkmale der Immobilie beschrieben sind. Aber auch Ihnen kommt

Kapitel 7
Exposé und Marketingunterlagen
Objekt- und Lagebeschreibung, Exposé

---

die richtige Skizzierung Ihrer Immobilie zugute, denn damit können Sie sich eine Menge an unnötigen Besichtigungen ersparen.

Was sollte Ihre Immobilien- bzw. Objektbeschreibung enthalten?

Primär sollte Erstere die Vorzüge Ihrer Immobilie deutlich machen. Die Nachteile sollten Sie allerdings auch nicht einfach weglassen, sonst werden die Interessenten beim Besichtigungstermin eher enttäuscht bzw. misstrauisch sein und überlegen es sich dann doch anders.

Erstellen Sie deshalb bitte Ihren Text ausgewogen und nennen Sie bitte sowohl das Positive als auch das Negative Ihrer Immobilie. Und natürlich dürfen Sie die dafür in Frage kommende Zielgruppe nicht vergessen.

Ihre Präsentation sollte so aufgebaut sein, dass sich diese bereits in der Immobilie wohnen sieht und sich selbst mit Ihrer Immobilie identifizieren kann.

Und wie sieht so eine Immobilienbeschreibung für Sie in der Praxis aus?

Als Beispiel nehmen wir hier eine Doppelhaushälfte:
Sie ist neueren Ursprungs und befindet sich in einer der äußeren Stadtteile von *Köln*.

Folgende Zielgruppen kommen bei der beschriebenen Immobilie in Frage:

kleine/ junge Familien   große Familien

Die adäquate Immobilienbeschreibung lautet in diesem Fall:

Neuer geht's kaum:
Wohnen im Familienträumchen von *Köln-Worringen*

Sie mögen es neu? Also so richtig neu? Fast so neu wie funkelnagelneu? Na, dann sollten Sie sich einmal unbedingt in *Köln-Worringen* umschauen. Denn hier, in einer

Kapitel 7
Exposé und Marketingunterlagen
Objekt- und Lagebeschreibung, Exposé

---

schönen und ruhigen Wohnlage zwischen *Chorbusch* und dem *Rhein*, wohnen Sie so taufrisch und aktuell, wie es für einen Neubau aus dem Jahre 2016 eben angemessen ist.

Brandneu und klassisch: Ihre Hand-in-Hand-Komposition

Während das frisch gesäte Gras Ihres Gartens der Sonne entgegensprießt, wächst Ihre Begeisterung für die 128 Quadratmeter Ihrer Doppelhaushälfte mindestens dreifach so schnell. Hier – auf zwei Etagen mit ausgebautem Dachgeschoss und Vollunterkellerung – gibt es alles, was Ihr Familienherz höherschlagen lässt: eine praktische Raumaufteilung, ein klassischer Grundriss und auch ein modernes Ambiente.

Skandi-Style in *Worringen*

Viel Licht und eine durchgängige Fußbodengestaltung in Holzoptik sorgen für ein beinahe skandinavisch anmutendes Design, das sich in wunderbarer Harmonie aus natürlichen Farben und hölzernen Elementen herrlich in Ihren neuen Lebensmittelpunkt integriert hat.

Im Erdgeschoss liegen Wohnbereich und Küche separiert voneinander und werden durch ein praktisches Gäste-WC direkt am Hauseingang ergänzt.
Besonders schön:

Beide Räume sind nicht nur großzügig, sondern über weite Terrassentüren auch von außen begehbar. Während sich Ihre Kinder im Sommer über den kurzen Weg in den Garten freuen, sind Sie spätestens im Winter dankbar, dass Sie Ihre Einkäufe direkt vom Parkplatz in den Kühlschrank bringen können.

Platz für Klein. Und Groß. Und Größer!

Im Obergeschoss träumen nicht nur Sie, sondern auch mindestens zwei Kinder ziemlich süß. Oder auch Ihr Arbeitsmaterial bzw. Ihre Bügelwäsche träumt davon, erledigt zu werden, falls Sie die zusätzlichen Schlafräume anders nutzen wollen. Hier kann alles und nichts muss.

Ihr gut dimensioniertes Schlafgemach mit seiner urigen Schräge und den darin hübsch eingelassenen Fenstern liegt zur Straße; die zwei anderen länglichen Schlaf-

Kapitel 7
Exposé und Marketingunterlagen
Objekt- und Lagebeschreibung, Exposé

---

räume bieten Ihnen beide identische Quadratmeter, die zu Ihrem Garten hin ausgerichtet sind. Ein geräumiges Bad mit Dusche und Wanne komplettiert Ihre Wohnetage, die im darüberliegenden, offen gestalteten Dachstudio eine perfekte Symbiose findet. Hier haben Sie zusätzliche ideale Gestaltungsmöglichkeiten – z. B. als konzentriertes Arbeits- oder einladendes Gästezimmer. Vielleicht freuen sich aber auch Ihre Kids über noch mehr Raum zum Lümmeln ... ähm: Lernen?

Ihr Doppelplus: Keller und Garten

Na bitteschön: Mehr Entfaltungsmöglichkeiten haben Sie zudem noch in Ihrem Keller, den Sie mit zwei Räumen und einem wohnartig anmutenden Zimmer sogar für Ihre zusätzliche Bequemlichkeit nutzen könnten.

Doch zugegeben: Draußen ist es heller! Wenn es Sie also eher in die Sonne zieht, finden Sie auf Ihrem sage und schreibe 337 Quadratmeter-währenden, großen Grundstück ausreichend Gelegenheit dazu. Ihr eingezäunter Garten inklusive Terrasse und Sichtschutz zum Nachbarn können Sie gerne ganz nach Ihren Wünschen bepflanzen und gestalten. Spielen können Ihre Sprösslinge übrigens nicht nur hier, sondern auch auf dem kleinen Spielplatz gegenüber Ihrer Straße. Praktischer für die Kleinen geht es kaum. Und für Sie erst recht, nicht wahr?

Ausstattung:

Doppelhaushälfte: KFW-Effizienzhaus 55
✓ Baujahr 2016
✓ 128 m² Gesamtwohnfläche
✓ 337 m² Grundstücksgröße
✓ Grundstück ist bereits eingezäunt
✓ Garten mit Terrasse
✓ 2 Gartenhäuschen
✓ 5 Zimmer
✓ Gäste-WC im EG
✓ Einbauküche im EG
✓ Wannenbad mit Dusche im OG
✓ 2 Stellplätze
✓ Keller
✓ Wärmepumpe & Solaranlage
✓ Videoüberwachung

Kapitel 7
Exposé und Marketingunterlagen
Objekt- und Lagebeschreibung, Exposé

Vergleichen Sie nun bitte meine Beschreibung dieser Immobilie mit der eines anderen Maklers:

„Diese neuwertige Doppelhaushälfte wurde erst im Jahre 2016 fertiggestellt und ist nun auf der Suche nach neuen Eigentümern.

Mit ihren ca. 130 m² Wohnfläche, verteilt auf 2 Geschosse + Dachgeschoss, ist sie ein echtes Raumwunder und bietet durch die durchdachte Raumaufteilung viel Platz zum Wohlfühlen.

Im Erdgeschoss befinden sich ein Windfang, ein Wohnzimmer mit Ausgang auf die Terrasse und in den pflegeleichten Garten, eine Diele, eine Küche mit Essplatz und ein Gäste-WC.

Das Obergeschoss ist aufgeteilt in zwei Kinderzimmer, einen Flurbereich sowie ein Bad mit Dusche + Wanne + WC. Des Weiteren steht Ihnen im Dachgeschoss der Immobilie ein großes Studio zur Verfügung, welches als Schlafzimmer genutzt werden kann.

Ein Stellplatz vor dem Haus und ein Carport bieten Ihnen ausreichend Stellfläche für Ihren PKW.

Ausstattung:

Die Immobilie wird mittels einer Wärmepumpen-Heizanlage als Splitgerät inkl. Warmwassertank beheizt. Im Erdgeschoss, Obergeschoss und Dachgeschoss befindet sich eine Fußbodenheizung. Auf dem Dach erfolgte die Installation einer Photovoltaik-Anlage zur Stromerzeugung inkl. Strommengen-Zähler.

Die weißen Kunststofffenster sind isolierverglast und die Böden mit Fliesen und Laminat ausgelegt.

DSL-Anschluss ist vorhanden."

Was meinen Sie, von welcher Beschreibung fühlt sich die Zielgruppe eher angesprochen?

Kapitel 7
Exposé und Marketingunterlagen
Objekt- und Lagebeschreibung, Exposé

Und wie sieht nun eine zielgruppenorientierte Lagebeschreibung aus?

Im Prinzip gehen Sie genauso vor, nennen Sie die Lagemerkmale, die Ihre Zielgruppe wirklich interessiert.

Hier unser Text für die gleiche Immobilie:

Idylle in Fülle: Das bedeutet für Sie Ihr Leben in *Köln-Worringen*

In diesem ansprechenden Neubaugebiet wohnen Sie im nördlichsten Stadtteil von *Köln* in direkter Nähe zu *Dormagen* – umrahmt vom malerischen *Rhein* und dem schönen Altwaldareal *Chorbusch*. Hier grüßt man sich morgens auf der Straße. Man kennt sich. Man mag sich. Der Postbote klingelt gerne zweimal und die Kinder spielen miteinander. Familien- und Lebensidylle pur, die durch die moderne Ein- und Zweifamilienhausbebauung symbiotisch ergänzt wird.

Wie früher: sorglos spielen

Besonders schön für Sie: Die XY-Straße ist eine von drei Stichstraßen des Neubaugebietes und endet in einer kleinen Grünfläche. Ihre Kinder können hier noch unberührt, verkehrsfrei und sorglos spielen – nicht nur dank des kleinen Spielplatzes in direkter Nähe. Noch mehr Spiel, Spaß und Grün gibt es dann übrigens im Naturschutzgebiet *Worringer Bruch*, das schnell für Sie erreichbar ist und Ihnen plus Ihrem Nachwuchs trotz urbaner Lage eine lebensechte Atmosphäre garantiert.

Für die Betreuung und Bildung Ihrer Jüngsten ist ebenfalls gesorgt

Mit sieben Kindergärten, zwei Grundschulen und einer weiterführenden Schule sind Sie mit Ihren Kindern in diesem Ort gut aufgehoben.

Kurze Wege, viele Möglichkeiten

Wollen Sie sich auch noch sportlich betätigen, können Sie das nicht nur in den grünen Lungen der Stadt, sondern auch auf dem Golfplatz und der Tennisanlage, die sich beide in direkter Nähe befinden.

Einkäufe können Sie – statt mit dem Auto – ebenfalls bequem mit Ihrem Fahrrad

Kapitel 7
Exposé und Marketingunterlagen
Objekt- und Lagebeschreibung, Exposé

---

erledigen. Auch die S-Bahn-Station *Worringen* erreichen Sie zügig. Und wenn Sie Ihren Pkw ausgiebig nutzen möchten: Über die Autobahnauffahrt zur A57, die Sie in nur rund fünf Minuten Fahrzeit erreichen, geht es von *Worringen* in die weite Welt hinaus. Aber dann bitte auch schnell wieder zurück!

Vergleichen Sie nun erneut: Es geht um die identische Immobilie, die gleiche Lage:

Das Objekt befindet sich in Ortsrandlage von Köln-Worringen. Die Busverbindung (5 Minuten) und die S-Bahnanbindung (10 Minuten) sind beide fußläufig zu erreichen. Des Weiteren liegen eine Grundschule sowie ein Kindergarten in unmittelbarer Nähe. Auch die Autobahn A57 ist in nur 3 km zu erreichen.

Sämtliche Einkaufsmöglichkeiten wie z. B. Edeka, Aldi, Penny sind ebenfalls vorhanden.

Das war's? Was meinen Sie, welche Lagebeschreibung erfüllt die Kriterien der Zielgruppe?

Resümee

Sie werden es spürbar merken, dass eine zielgruppenorientierte Beschreibung einiges an Vorteilen für Sie und auch Ihre Interessenten mit sich bringt. Es melden sich überwiegend die Kandidaten, die für Ihre Immobilie gedacht sind. Auch werden diese durch so einen Text ein genaueres Bild von Ihrer Immobilie bekommen und sich bereits darin wohnen – wenn nicht sogar die eigene Zukunft im Objekt ihrer Begierde sehen.

Für Sie bedeutet das: Sie werden weniger Interessenten haben, die nur mal schauen möchten oder sich unmittelbar nach der Besichtigung gegen Ihre Immobilie aussprechen. Genau das ist es ja, was wir bezwecken wollen. Denn wir möchten uns die Besichtigungstouristen vom Halse halten und uns den qualifizierten Anwärtern widmen.

Ihre Beschreibungen sollten – wenn möglich – bildlich verfasst werden und so die Emotionen Ihrer Interessenten wecken. Auch der Titel/die Überschrift Ihrer Immobilienanzeige sollte locker, aber seriös und Neugierde erweckend verfasst sein. So sorgen Sie dafür, dass Ihr Inserat nicht in der Masse der anderen Immobilienanzeigen untergeht.

Kapitel 7
Exposé und Marketingunterlagen
Objekt- und Lagebeschreibung, Exposé

Wenn Sie jetzt mit Ihrem Latein am Ende sein sollten oder nicht genau wissen, wie Sie zielgruppenorientiert formulieren sollen, ist das kein Beinbruch. Dafür gibt es Profis, die dies jeden Tag machen. Manchmal komme ich auch nicht weiter und lasse von Experten wie *Susanne Purol*, *Jennifer Ingmann* oder *Martin Henseler* für mich schreiben.

Kapitel 7
Exposé und Marketingunterlagen
Objekt- und Lagebeschreibung, Exposé

2. Exposé
Was ein verkaufsförderndes Exposé auszeichnet

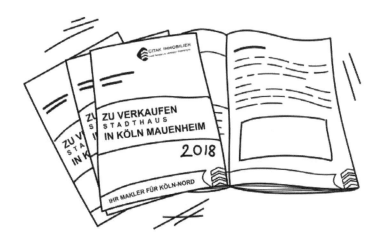

Wofür ist ein Exposé gedacht?

Das Exposé ist eines der Filter, mit denen Sie die tatsächlichen Interessenten von denen unterscheiden können, die an einem Samstag mal eben eine weitere Immobilie anschauen möchten. Nach dem ersten Inserat, einer Flyer-Aktion oder auch dem Aufstellen eines Verkaufsschildes und anderen Werbemaßnahmen werden sich die ersten Interessenten bei Ihnen melden. Dies kann telefonisch oder per E-Mail geschehen.

Im Anschluss an die einleitende Interaktion sollten Sie sich die genauen Kontaktdaten wie die Telefonnummer, den vollständigen Namen, die postalische und die E-Mail-Adresse notieren. Falls die Frage auftaucht, ob dies wirklich notwendig sei, können Sie es damit begründen, dass Sie einerseits ja auch private und sensible Informationen wie Ihre Anschrift etc. preisgeben und Sie andererseits dem Interessenten gerne weitere Informationen vorab zukommen lassen möchten, damit sich dieser einen besseren Eindruck verschaffen kann.

Somit ersparen Sie sich unnötige Besichtigungstermine, denn: Diejenigen, welche einfach nur mal gucken möchten, werden so abgeschreckt und melden sich dann nicht mehr, was gut für Ihre Zeit und Nerven ist.

Kapitel 7
Exposé und Marketingunterlagen
Objekt- und Lagebeschreibung, Exposé

Was muss ein Exposé alles enthalten und wie sollte es aussehen?

Natürlich ist das Exposé nicht nur Filter, um sich Besichtigungstouristen vom Halse zu halten. Es ist ebenfalls die eigentliche Visitenkarte Ihrer Immobilie. Deswegen sollten Sie immer ein besonderes Augenmerk darauf legen.

Denn alle Vorarbeiten, die Sie bereits durchgeführt haben, wie die Grundrisserstellung, Lage- und Immobilienbeschreibung, das Home Staging und die damit verbundenen hochwertigen Fotos münden nun im Exposé, der Krönung des Ganzen.

Dieses soll natürlich auch einen ersten seriösen Eindruck von Ihrer Immobilie vermitteln, anfängliche Informationen liefern und sich beim Interessenten einprägen.

Vor allem ...

soll es aber Lust auf mehr machen, denn dies ist entscheidend für alle weiteren Verkaufsschritte: Das Exposé ist ein ausschlaggebendes Marketingwerkzeug für Ihre Immobilie.

Ein gewinnbringender und ungewöhnlicher Titel ist Pflicht

Dieser hebt das Spezielle Ihres Hab und Guts hervor und muss in jedem Fall zielgruppenbezogen sowie passend zur Art Ihrer Immobilie eingesetzt werden. Wie z. B.:

- ✓ „Wohnen am Waldrand – für das Erholungspark-Gefühl vor Ihrer eigenen Tür"
- ✓ „Viel Raum für die ganze Familie – Lachen und Toben ausdrücklich erwünscht"
  etc.

Bitte verzichten Sie auf fantasielose, nichtssagende Überschriften wie:

- „Haus sucht Familie"
- „Ihr Einfamilienhaus am XY-Park"
- „Einziehen und Wohlfühlen"

Diese werden zuhauf verwendet, erzielen deshalb einen „Gähn-Effekt" und animieren nicht zum Weiterlesen.

Für die zielgruppenorientierte Lage- und Immobilienbeschreibung sowie die Immo-

Kapitel 7
Exposé und Marketingunterlagen
Objekt- und Lagebeschreibung, Exposé

---

bilienfotos arbeiten Sie bitte die Unterkapitel der Kapitel 6 & 7 durch und setzen alles in Ihrem Exposé um.

Papier oder E-Mail?

Im Zeitalter des Internets ist es üblich, dass die Exposés vorab in digitaler Form versendet werden. Dies ist kein Nachteil, sondern eher sogar produktiv, da umweltschonend und portosparend. Eine ausgedruckte Version können Sie Ihren Interessenten beim Besichtigungstermin bereithalten.

Am gebräuchlichsten ist das DIN-A4-Format. Das Exposé sollte farbig sein, so wirkt es im Gegensatz zu einem Schwarz-Weiß-Ausdruck hochwertiger. Auch können Sie es im Copyshop mit einer Spiral- oder Klebebindung versehen lassen – wie es Ihnen besser gefällt.

Denken Sie dabei bitte auf jeden Fall an:

- ✓ das Deckblatt – am besten auf Fotopapier – mit einem ansprechenden, großen Bild vom Objekt der Begierde
- ✓ eine Klarsichthülle über dem Deckblatt
- ✓ ein festes Kartonblatt für die Rückseite

So wirken auch schon einfache Exposés deutlich professioneller.

Kapitel 7
Exposé und Marketingunterlagen
Objekt- und Lagebeschreibung, Exposé

Eine klare Gliederung für die Nachvollziehbarkeit

Ihre Leser sollen sich gut zurechtfinden. Im Internet wird bei Websites dazu das Wort „benutzerfreundlich" verwendet. Das gilt auch für Ihr Exposé. Der gängigste und gebräuchlichste Aufbau ordnet sich wie folgt an:

1. ein Deckblatt, das ein ansehnliches Bild Ihrer Immobilie zeigt
2. das Deckblatt 2 mit den wichtigsten Kerndaten, dieses können Sie auch als Kurzexposé nutzen
3. die Lagebeschreibung
4. die Immobilienbeschreibung
5. die Eckdaten mit allen wesentlichen Informationen zu Ihrer Immobilie, denken Sie bitte auch an die Energiekennzahlen
6. Lagekarten bzw. -pläne
7. Außenbilder
8. Innenbilder: am besten Geschoss für Geschoss
9. Grundrisse

Diese Struktur ist für Ihren potenziellen Käufer eingängig. Er muss nicht lange nach Informationen suchen, was ermüdend wäre und das Interesse an Ihrer Immobilie schnell verfliegen lassen würde.

Sofern Ihr Haus bzw. Ihre Wohnung Mängel aufweist, sollten Sie diese ebenfalls aufführen. Das schafft Vertrauen. Und vor dem Notartermin müssen Sie sowieso auf alle vorhandenen Mankos hinweisen.

Kreativität kann nie schaden

Wenn Sie versiert in Layout-Programmen wie *Adobe InDesign* oder *Coral Draw* sind, können Sie natürlich selbst ein richtig schickes Exposé entwerfen und es in einem Copyshop mit Drahtheftung drucken lassen. Oder Sie beauftragen spezielle Grafiker, die Ihnen diese Arbeit abnehmen. Hierbei lohnt sich allerdings ein Preisvergleich.

Auch die Internetportale, in denen Sie vermutlich Ihre Immobilie inserieren werden, bieten Ihnen mittlerweile die Möglichkeit, sich aus den Daten, die Sie eingegeben und den Bildern, die Sie hochgeladen haben, ein PDF-Exposé erstellen zu lassen. Dies hat allerdings den Nachteil, dass gewisse Informationen wie Ihre Adresse und be-

Kapitel 7
Exposé und Marketingunterlagen
Objekt- und Lagebeschreibung, Exposé

---

stimmte persönliche Innenbilder, die eigentlich im ersten Schritt nicht für die Öffentlichkeit gedacht sind, nur schwer aus solch vorgefertigten PDF-Exposés herauszuhalten sind.

Aus diesem Grund ist es wahrscheinlich am simpelsten, wenn Sie Ihr Exposé mit dem gängigen *Word* von *Microsoft Office* erstellen. Ich gebe zu, es ist zwar für einen Einsteiger etwas aufwändiger, dies am heimischen PC zu bewerkstelligen, aber es lohnt sich. Damit Ihnen dieser Schritt erleichtert wird, habe ich Ihnen bereits eine Mustervorlage in der *Online Akademie* als *Word*-Dokument und auch für die versierten Layouter unter Ihnen in *Adobe InDesign* und auch *Coral Draw* vorbereitet, die in dieser Form nicht bindend sind. Sie können sich exakt an die Vorgabe halten, diese aber auch nur als Anregung verstehen.

Kapitel 8
Erreichbarkeit und Terminplanung
Erreichbarkeit sicherstellen & Terminplanung

Kapitel 8

Erreichbarkeit und Terminplanung

Erreichbarkeit sicherstellen & Terminplanung

1. <u>Erreichbarkeit</u>
   <u>Kein Anschluss unter diesem Verkäufer?</u>

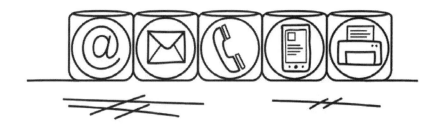

Für das Gelingen Ihres Verkaufs sollten Sie dafür sorgen, dass Sie erreichbar sind. Natürlich gestaltet sich dies vor allem für Berufstätige manchmal schwierig. Aber:

Ein Interessent wird Sie nicht x-mal anrufen, sondern schnell aufgeben und sich höchstwahrscheinlich anderen Immobilienanbietern zuwenden, wenn er immerzu ein Freizeichen oder den Piepton Ihres Anrufbeantworters hört – von dem ich im Übrigen nur abraten kann, da viele eh nicht darauf sprechen.

Wie verhalten Sie sich, wenn am Ende der anderen Leitung nur die Maschine anspringt?

Am besten wäre es, Sie nehmen die Anrufe höchstpersönlich entgegen, das wirkt am seriösesten. Da die Vermarktungsphase selbst ca. zwei bis drei Monate Zeit in Anspruch nimmt, sollten Sie sich Alternativen einfallen lassen, wie Sie Ihre Erreichbarkeit sicherstellen.

Suchen Sie das Gespräch mit Ihrem Chef

Holen Sie sich eine Erlaubnis von Ihrem/Ihrer Vorgesetzten ein, indem Sie offen

Kapitel 8
Erreichbarkeit und Terminplanung
Erreichbarkeit sicherstellen & Terminplanung

darüber reden, dass Sie Ihre Immobilie verkaufen möchten und für einen Zeitraum von etwa 8 bis 12 Wochen telefonisch erreichbar sein müssen. Als Wiedergutmachung könnten Sie ihm/ihr anbieten, die verlorene Arbeitszeit nachzuholen. Damit das Gespräch zu Ihren Gunsten verläuft, laden Sie ihn/sie doch einfach zum Mittagessen ein - sofern Ihr Verhältnis das zulässt.

Delegieren Sie die Erreichbarkeit

Eine andere Alternative wäre, dass Sie eine Anrufweiterleitung zu einer Vertrauensperson z. B. aus Ihrer Familie oder Ihrem Freundeskreis schalten, die dann die Anrufe entgegennimmt, die Daten des Interessenten notiert und einen Rückruftermin für Sie vereinbart.

Oder Sie buchen eine Service-Hotline, die für Sie einspringt. Es gibt auch für Privatpersonen zahlreiche Anbieter.

Legen Sie sich ein preiswertes Zweit-Handy zu.

Kaufen Sie sich eine Prepaid-Karte und geben Sie die neue Telefonnummer in der Immobilienanzeige an. So wissen Sie genau, dass es nur ein Interessent sein kann, wenn dieses Handy klingelt. Können Sie einmal keine Anrufe entgegennehmen, übergeben Sie den Apparat an Ihren Partner oder eine andere Vertrauensperson für die Annahme der Gespräche. Sollte Ihr Vertreter dann mal keine Zeit haben, tauschen Sie einfach wieder.

Im Zweifelsfalle besprechen Sie die Mailbox mit einem Ansagetext, der Ihre Anrufer darum bittet, über das Formular der Onlineanzeige Kontakt aufzunehmen oder Ihnen eine E-Mail zu schreiben – bitte mit vollständigen Kontaktdaten wie Name, Anschrift, Telefonnummer und E-Mail-Adresse. Versichern Sie, dass Sie sich umgehend zurückmelden und tun Sie dies in Ihrem eigenen Interesse bitte auch.

Die stille Lösung: elektronische Post

Sofern Sie Ihre Immobilie online inserieren und nicht ständig angerufen werden möchten, können Sie in der Anzeige auch nur Ihre E-Mail-Adresse öffentlich zur Kontaktaufnahme angeben. Hierzu sollten Sie eine Neue wie z. B. Hausverkauf-xxx@gmx.de anlegen, damit sich Ihre privaten, geschäftlichen und Immobilien-Mails nicht vermischen.

Kapitel 8
Erreichbarkeit und Terminplanung
Erreichbarkeit sicherstellen & Terminplanung

Für mehr Professionalität und Überschaubarkeit verknüpfen Sie die Adresse mit *Outlook* oder einem anderen E-Mail-Programm. So haben Sie alle Termine, Kontaktdaten der Interessenten und den gesamten Schriftverkehr nachweislich gespeichert und im Blick. Sie haben auch die Möglichkeit, einen neuen Ordner mit weiteren Unterordnern anzulegen. Dies könnte wie folgt sein:

- Ordner Immobilie XYZ
  - Interessenten A
  - Interessenten B
  - Interessenten C

Jetzt fragen Sie sich bestimmt: Warum soll ich das machen? Hierzu mehr in Kapitel 10 „Erstkontakt mit Interessenten: Gesprächsvorbereitung und Mindset".

Kapitel 8
Erreichbarkeit und Terminplanung
Erreichbarkeit sicherstellen & Terminplanung

---

2. **Terminplanung – Wer? Wann? Wie lange?**
   Effektives Timing anhand von Zeitfenstern

Verschaffen Sie sich einen gut durchorganisierten Überblick: Legen Sie für sich selbst von Anfang an Besichtigungszeiträume fest. Sie wissen selbst, ob sich Ihre Immobilie z. B. morgens, mittags, nachmittags von ihrer besten Seite zeigt. Berücksichtigen Sie dabei aber, dass viele Berufstätige nicht unter der Woche kommen können. Halten Sie daher insbesondere Termine am Wochenende bereit, Samstag ist der beliebteste Tag und da haben die meisten frei. Versuchen Sie, Terminzeitblöcke im Rhythmus von 45 bis max. 60 Minuten für Häuser und 30 bis max. 45 Minuten für Wohnungen festzulegen.

Wenn Sie eine Stunde pro Termin bei Häusern einplanen, dann gehören die ersten 30 Minuten dem Rundgang selbst. Die folgenden 15 Minuten verbleiben, um offene Fragen zu klären und eventuell Ihrem Interessenten noch einmal die Möglichkeit zu geben, sich die relevanten Räume und Details in Eigenregie anzuschauen. Die restlichen Minuten nutzen Sie für eine Nachbereitung.

An einem Samstag beginnen Sie z. B. um 11.00 Uhr mit dem ersten Termin und enden um 17.00 Uhr mit dem letzten. So hätten Sie an einem Tag sechs bis acht Besichtigungen durchgeführt. Ein Vorteil von Terminblöcken liegt darin, dass Sie Ihre Immobilie nur einmal pro Woche nach dem Home-Staging-Prinzip vorbereiten müssen.

Kapitel 8
Erreichbarkeit und Terminplanung
Erreichbarkeit sicherstellen & Terminplanung

Vorteil 2: zu Ihrem eigenen Schutz

Wenn Sie auf diese Weise vorgehen, vermeiden Sie es, erst am Telefon laut überlegen zu müssen, wann Sie nicht zu Hause sind. So bekommt ein Anrufer mit unlauteren Absichten keinen Hinweis darauf, dass Ihre Immobilie dann und dann leer steht.

Überlegen Sie sich also bereits vor dem ersten Telefonat, wann Sie Besichtigungen durchführen können und dies auch sinnvoll ist:

- Zu welchen Tageszeiten zeigt sich Ihre Immobilie von der besten Seite? Zum Beispiel, wenn die Sonne am Nachmittag schön auf die Terrasse scheint?
- Gibt es ungünstige Zeiten? Vielleicht wegen des starken Berufsverkehrs?

Lassen Sie sich immer Namen, Adresse und Telefonnummer geben und überprüfen Sie diese Angaben nach Möglichkeit.

Gutes Timing ist alles

Damit Sie ein Gefühl dafür bekommen, wie lange Sie tatsächlich für eine Besichtigungstour benötigen, empfehle ich Ihnen, einen Probelauf durchzuführen. Dies können Sie anhand eines imaginären Interessenten durchführen, so als ob Sie jemandem Ihre Immobilie zeigen. Oder mit einer echten Person aus Ihrem Bekannten- bzw. Familienkreis, der die Rolle des Besichtigenden einnimmt.

Legen Sie eine Besichtigungsroute fest. Machen Sie sich Gedanken darüber, wo Sie beginnen und enden werden. Der Abschluss der Führung sollte immer im schönsten Raum stattfinden.

Bei den Besichtigungsterminen kommt es auf eine kluge Zeitabstimmung an. Durch den Probelauf haben Sie ja bereits ein Gefühl dafür erhalten, wie lange der Besichtigungstermin dauern kann. Legen Sie die Termine – wenn möglich – nicht zu dicht aneinander, denn: Manchmal dauert ein Termin doch mal etwas länger. Wenn dann auch noch der nächste Interessent etwas früher erscheint, kann es durchaus passieren, dass dieser genervt ist,

Kapitel 8
Erreichbarkeit und Terminplanung
Erreichbarkeit sicherstellen & Terminplanung

---

weil er länger warten muss – eine schlechte Voraussetzung, um ihn für die Immobilie zu gewinnen – oder im schlimmsten Falle auf dem Absatz wieder kehrtmacht.

Das perfekte Timing haben Sie gefunden, wenn sich die Interessenten am Eingang die Klinke in die Hand geben, das gilt es zu realisieren. Dies hat – neben dem entspannten Ablauf – natürlich einen wunderbaren psychologischen Effekt:

Die Interessenten bemerken, dass sie nicht die einzigen sind.

Das untermalt unter anderem die Wertigkeit Ihrer Immobilie. Wenn Sie dieses Ziel erreichen möchten und Sie über ein sehr gutes Gedächtnis verfügen, sollten Sie die Nachbereitung ganz am Schluss des letzten Termins einplanen.

Was Sie auf jeden Fall vermeiden sollten, sind:

Sammeltermine mit mehreren Interessenten. Einerseits werden Sie hier erhebliche Koordinationsprobleme bekommen, da z. B. ein Interessent sich in der Küche aufhalten möchte, der nächste sich die Garage anschaut und wieder ein anderer sich in Ihrem Schlafzimmer tummelt. Sie können sich auf einen Besichtigenden konzentrieren, aber nicht auf drei oder mehr. Auch bei Fragen aus drei unterschiedlichen Richtungen würden Sie sicherlich schnell ins Schwitzen kommen. Und wenn ein einziger, negativ eingestellter Interessent dabei ist, der auf Mängel hier plus Mängel dort hinweist und generell ein miesepetriger Zeitgenosse ist – der vielleicht nur den Preis runter drücken möchte – kann das negative Auswirkungen auf Ihre anderen Kaufinteressenten haben. Dann war dieser Termin für die Katz.

Kapitel 9
Vermarktungsbeginn & mögliche Vertriebskanäle
Wie können Privatverkäufer ihre Immobilie inserieren?

Kapitel 9

Vermarktungsbeginn & mögliche Vertriebskanäle

Wie können Privatverkäufer ihre Immobilie inserieren?

1. **Offline-Marketing: Nachbarschaftsmarketing**
   Warum Sie Ihr direktes Umfeld mit in die Werbekampagne einbeziehen sollten

Warum in die Ferne schweifen, wenn das Gute so naheliegt?

Manche Menschen, die planen, ihre Immobilie zu verkaufen, möchten nicht, dass ihre Nachbarn davon Wind bekommen. Aber warum eigentlich nicht? Wenn es erst mal losgeht, werden sie eh innerhalb der nächsten ein bis zwei Wochen etwas merken und dann fängt eventuell, weil sie nicht eingeweiht wurden, erst recht die Gerüchteküche an zu brodeln. Außerdem – und das ist das Entscheidende: Die Anwohner rechts und links von Ihnen werden sogar zu Ihren eigenen Werbebotschaftern für Ihre Immobilie. Das bedeutet für Sie: kostenloses Marketing.

Kapitel 9
Vermarktungsbeginn & mögliche Vertriebskanäle
Wie können Privatverkäufer ihre Immobilie inserieren?

Also, keine falsche Scheu: Setzen Sie Ihre Nachbarn – erst nachdem die Vorbereitungen abgeschlossen sind – auf jeden Fall frühzeitig in Kenntnis von Ihrem Vorhaben. Das potenziert den Erfolg Ihres Verkaufs.

Aber warum ist das so und wie betreiben Sie Ihr Nachbarschaftsmarketing effektiv?

Internetportale wie *Immobilienscout24* oder *Immowelt* sind längst nicht mehr der einzige Weg, Ihr Haus oder Ihre Wohnung zum besten Preis zu verkaufen. Sie eignen sich eh besser für das „Entfernungsmarketing": Also für jeden, der weiter weg wohnt und in Ihre Gegend ziehen will.

Profimakler nutzen diese Onlinebörsen eher als flankierende Werbemaßnahmen und mobilisieren Interessenten insbesondere über das Nachbarschaftsmarketing, denn:

80 % der Käufer kommen aus einem 15-Minuten-Radius der zum Verkauf stehenden Immobilie.

Und so erreichen Sie diese Interessenten am besten:

Verkaufsschild & Maklernasen

Das Verkaufsschild ist Ihr 24-Stunden-Marketinghelfer und immer präsent, auch bei schlechtem Wetter.

Für Häuser mit einem Vorgarten eignen sich vor allem Maklergalgen (nein, nicht der Makler wird aufgehängt, auch wenn sich das manche vielleicht wünschen ☺). Es handelt sich dabei um eine Querlatte mit einem Aufsatzschild und dem Schriftzug „ZU VERKAUFEN" unter Angabe Ihrer Telefonnummer.
Die Kosten hierfür liegen je nach Qualität und Ausstattung zwischen ca. 140 - 300 Euro.

Kapitel 9
Vermarktungsbeginn & mögliche Vertriebskanäle
Wie können Privatverkäufer ihre Immobilie inserieren?

Für Eigentumswohnungen oder Mietimmobilien gibt es die sogenannte „Maklernase". Sie besteht in der Regel aus einem ca. 50 cm hohen und 140 cm breiten Kunststoffschild, das durch einen Knick in der Mitte und seitlichen Klebestreifen an einem Fenster angebracht wird.

Weil es wie eine Nase aus der Fassadenfront herausragt, trägt es diesen Namen. Sie können solch einen Verkaufsförderer schon für ca. 30 - 50 Euro erwerben.

Beiden Reklametafeln haben den Vorteil, dass vorbeigehende Passanten und der Besuch der Nachbarn direkt auf die Immobilie aufmerksam gemacht werden. Es kommt recht häufig vor, dass jene auch gerne genau in diesem Wohngebiet wohnen würden. Wir erreichen mit Verkaufsschildern 30 % der potenziellen Käufer.

Flyer

Sie sind ein Zaubermittel, was das Nachbarschaftsmarketing betrifft. So machen Sie Interessenten aufmerksam, die eine Immobilie in der Nähe suchen. Es kommt auch des Öfteren vor, dass Nachbarn den Flyer an Familienangehörige, Freunde und Bekannte weitergeben. In diesem sollten lediglich die allerwichtigsten Daten stehen: Zimmeranzahl, Wohnfläche, Grundstücksgröße, Baujahr, Kaufpreis und Energiedaten.

Natürlich sollten diese auch ein bis zwei ansprechende Bilder sowie einen Grundriss enthalten – nicht zu vergessen: Ihre Telefonnummer und Ihre E-Mail-Adresse, allerdings nicht die Anschrift der Immobilie. In der Regel bringen wir etwa 5.000 Flyer im direkten Umfeld unter die Leute.

In innerstädtischen Lagen benötigen Sie für 1.000 Flyer ca. zwei bis drei Stunden Zeit zum Verteilen, in Einfamilienhaussiedlungen sind es ca. 7 Stunden. Wenn Sie diese

Kapitel 9
Vermarktungsbeginn & mögliche Vertriebskanäle
Wie können Privatverkäufer ihre Immobilie inserieren?

Arbeit nicht selbst verrichten möchten, können Sie Schüler für ein gutes Taschengeld engagieren. Oder Sie wenden sich an professionelle Dienstleister. Beachten Sie bitte: Wo „Keine Werbung erwünscht" dransteht, sollte auch nichts eingeworfen werden. Mit Flyern erreichen wir um die 30 % der potenziellen Kaufinteressenten.

Supermärkte und Co

Sie können auch ein Kurzexposé anfertigen und dieses an die Infotafeln „Von Kunde an Kunde" pinnen. Genauso gut können Sie natürlich auch Ihre Flyer dort auslegen.

Personalabteilungen von größeren Unternehmen im Umfeld

Wenn Sie diese kontaktieren, besteht die Möglichkeit, dass Ihre Flyer oder Kurzexposés an den firmeninternen Mitteilungsbrettern zu sehen sein werden. Vielleicht existiert sogar ein Intranet genau für solche Fälle, in denen Mitarbeiter auf Immobiliensuche in Betriebsnähe sind.

Infoblatt am Pkw

Manche Besitzer eines zum Verkauf stehenden Autos befestigen an dessen Seitenscheibe ein Hinweisschild mit dem Vermerk „ZU VERKAUFEN". Wieso soll das nicht auch bei Immobilien funktionieren? Bringen Sie doch z. B. ein einseitiges Kurzexposé an Ihrem Wagen an und stellen ihn am nächsten Kindergarten oder an einer im Umkreis liegenden Schule ab. Was meinen Sie, könnte passieren?

Vormerkte Kaufinteressenten

In dieser Hinsicht stehen Sie leider auf verlorenem Posten. Eine solche Liste können Sie nicht so einfach aus dem Ärmel schütteln. Diese haben nur richtige Immobilienprofis, da sie sich aus dem Tagesgeschäft peu á peu aufgebaut hat.

Resümee

Konzentrieren Sie sich nicht nur auf eine Marketingmaßnahme, die schnell verpuffen kann und kein richtiges Resultat erzielt. Schalten Sie lieber den Marketingturbo ein und geben Sie Stoff, was das Zeug hält.

Kapitel 9
Vermarktungsbeginn & mögliche Vertriebskanäle
Wie können Privatverkäufer ihre Immobilie inserieren?

Denn nur in Kombination mit zusätzlicher Reklame wird so ein wahres Werbe-Feuerwerk abgefeuert, um die höchstmögliche Aufmerksamkeit zu erheischen. Das ist es doch was wir erreichen wollen, oder?

Wir geben mit unseren breit gefächerten Marketingkampagnen Futter und nur so können wir vielen Appetit machen: Das sind – je nach Lage – in der Regel rund 100 bis 700 potenzielle Interessenten inklusive unserer vorgemerkten. Daraus filtern wir ca. 2 - 3 %, um mit den wenigen Richtigen effiziente und effektive Besichtigungstermine zu vereinbaren.

Kapitel 9
Vermarktungsbeginn & mögliche Vertriebskanäle
Wie können Privatverkäufer ihre Immobilie inserieren?

2. Offline-Marketing: Zeitungsanzeigen
Sind solche Inserate noch zeitgemäß und sinnvoll?

Im Prinzip sind Zeitungsanzeigen tot. Haben Sie schon bemerkt, dass es immer weniger Immobilienannoncen in der Tages- und Regionalpresse gibt?

Warum? Weil

- diese meist oft teurer sind als Onlineanzeigen
- vor allem aber die größte und wichtigste Käufergruppe der 30- bis 50-jährigen sich eher im Internet bewegt.

Es gibt zwei Kategorien von Zeitungsanzeigen: zum einen die preiswerte im Fließtext, zum anderen die teurere, gestaltete. Wenn Sie sich dazu entscheiden, Ihre Immobilie auch über diesen Kanal bewerben zu wollen, können Sie sich an diese Grundregel halten:

Die Art des Inserates sollte sich nach dem Wert Ihrer Immobilie richten.

1. Für eine kleine Eigentumswohnung etwa ist ein Vierzeiler ausreichend, in dem Sie die Zielgruppe ansprechen. Z. B. springen Eltern, die für Ihren akademischen Sprössling eine Studentenwohnung suchen, auf die Schlagworte „Wohnen im Univiertel" an. Ich empfehle Ihnen, sich die Makleranzeigen zu Ihrer Immobilie ähnlichen Objekten genauer anzuschauen, um in Erfahrung zu bringen, wie sie gekonnt formuliert werden.

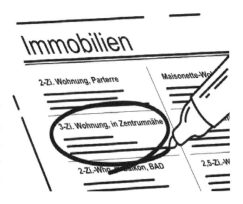

Auch diese Anzeigen müssen Minimalangaben enthalten wie *Ort, Lage, Zimmeranzahl* und *Quadratmeter, Grundstücksgröße bei Häusern, Garage/Stellplatz, Energiedaten, Preis* und *Telefonnummer* bzw. *E-Mail-Adresse*.

Kapitel 9
Vermarktungsbeginn & mögliche Vertriebskanäle
Wie können Privatverkäufer ihre Immobilie inserieren?

2. Für ein freistehendes Haus oder eine Villa eignet sich eine gestaltete Anzeige, da ein großzügiges Design mit Umrahmung und einem ansprechenden Foto der Immobilie eher auffällt als die Inserate im Fließtext. Hier haben Sie die Wahl zwischen einer Schwarz-weiß- und eine Farbannonce. Die Preise unterscheiden sich drastisch, dies wird mit Sicherheit ein teures Unterfangen. Am besten kontaktieren Sie die Zeitung, in der Sie inserieren möchten und erkundigen sich nach den Kosten.

Auch sollte Ihnen bewusst sein, dass die Zeitungen Immobilienanzeigen oft nur an bestimmten Tagen veröffentlichen, häufig mittwochs und samstags. Fragen Sie bitte auch das ab. Meine Empfehlung: Entscheiden Sie sich für einen Samstag, da hier meist der umfangreichste Immobilienteil der Woche herausgegeben wird. Bitte vergessen Sie dabei nicht, dass Sie am Veröffentlichungstag auch telefonisch erreichbar sein müssen, weil es sonst keinen Sinn macht und zudem unklug, nicht seriös sowie wenig vertrauenserweckend ist. Und nicht zuletzt hätten Sie viel Geld dafür ausgegeben, dass Anrufe von Interessenten ins Leere laufen.

Kapitel 9
Vermarktungsbeginn & mögliche Vertriebskanäle
Wie können Privatverkäufer ihre Immobilie inserieren?

3. Online-Marketing - Wo Sie im Internet inserieren können

➢ **In Immobilienportalen**

Ihre Vorbereitungen sind nun abgeschlossen, der Wert Ihrer Immobilie ist ermittelt und der Angebotspreis festgelegt. Sie haben die Lage- und Immobilienbeschreibung, Bilder und evtl. einen 360°-Rundgang erstellt bzw. anfertigen lassen. Die Vermarktungsunterlagen wie Exposé, Verkaufsunterlagen, Flyer und Verkaufsschild stehen bereit.

Ihr Ziel steht jetzt fest: „VERKAUFEN" und es gibt keinen Weg mehr zurück! So sind Sie nun gut gerüstet und können damit beginnen, Ihre Immobilie zu bewerben.

Das Internet hat im Zusammenhang mit den Immobilienportalen in den letzten Jahren enorm an Wichtigkeit zugelegt. Es bietet eine schnelle und umfassende Einsicht in Ihr Immobilienangebot.

So erreichen Sie im Zuge des Entfernungsmarketings u. a. auch Interessenten aus der ganzen Welt, die vielleicht genau an Ihrem Ort eine Immobilie suchen, natürlich keinen Zugriff auf regionale Zeitungen und Ihre Flyeraktion nicht mitbekommen sowie das Verkaufsschild nicht gesehen haben.

Auf Online-Anzeigen sollten Sie als Privatanbieter nicht verzichten.

Sie sollten sich aber auch nicht nur darauf verlassen. Die Kombination aus allen Marketingmaßnahmen bringt Sie sicher ans Ziel. Das Internet ist eine der exzellenten Werbemöglichkeiten, da sich hier vermutlich die größte und bedeutendste Käufergruppe der 30- bis 50-jährigen bewegt. Diese nutzt für die Immobiliensuche als erstes *Google*, danach die bekanntesten Immobilienportale. Auf *Google* und die eigene Website werden wir weiter unten eingehen.

Welches Immobilienportal Sie nun einsetzen möchten, bleibt Ihnen selbst überlassen. Jedoch würde ich mich an Ihrer Stelle klar für die großen, sogenannten Marktführer wie *Immobilienscout24* oder *Immowelt* sowie ebenfalls für *eBay-Kleinanzeigen* entscheiden. Es gibt auch Zwergen-Portale und regionale Plattformen, die Sie aber leider vermutlich nicht zum Ziel bringen werden. Deren Angebote, die eigene Immobilie kostenlos inserieren zu können, ist zwar verlockend, aber was nichts kostet ...

Kapitel 9
Vermarktungsbeginn & mögliche Vertriebskanäle
Wie können Privatverkäufer ihre Immobilie inserieren?

Nase vorn mit den vermeintlichen Marktführern

Über die genannten Portale werden Sie die meisten Online-Anfragen generieren, da sich hier die Mehrheit an Interessenten tummelt. Auch bieten diese Börsen Ihnen den Vorteil, dass alles für Ihre Online-Anzeige anhand von vorgefertigten Seiten vorbereitet ist. Sie können hier die textlichen Beschreibungen eintragen, Bilder hochladen und Formulare für die Eckdaten wie *Baujahr, Zustand, Wohnfläche, Zimmeranzahl* etc. ausfüllen. Bitte denken Sie auch an die Energiekenndaten und Art des Energieausweises. Diese Plattformen sind ähnlich aufgebaut und intuitiv nutzbar, also fast kinderleicht zu bedienen.

Mein Tipp

Vermeiden Sie es bitte, die komplette Adresse Ihrer Immobilie freizugeben. Sonst weiß jeder genau, wo sie sich befindet, wie es drinnen ausschaut und welche Einstiegsmöglichkeiten es für Personen mit unlauteren Absichten gibt. Auch möchten Sie sicherlich nicht, dass ein Unbekannter ohne seine Kontaktdaten unangemeldet bei Ihnen klingelt, um Ihre Immobilie direkt zu besichtigen.

Zudem sollten Sie nicht gleich alle Bilder und bemaßten Grundrisse ins Netz stellen. Ihre Online-Anzeige soll das Interesse wecken, neugierig machen und zur Interaktion führen. Erst das Exposé, welches Sie den Interessenten nach der Kontaktaufnahme zur Verfügung stellen, leistet die Überzeugungsarbeit.

Diese Anzeigen kosten natürlich Geld. Preise für Privatinserate kann ich Ihnen leider nicht nennen, da sich diese jährlich nach oben hin ändern und zudem abhängig sind von der
- gewählten Rubrik: Miete, Kauf, Kapitalanlage
- vorgesehenen Laufzeit: 14 Tage, ein Monat, drei Monate
- Region

Die jeweils gültigen Preise werden Ihnen immer im Buchungsdialog vor dem Abschluss des Bestellvorganges angezeigt.

Kapitel 9
Vermarktungsbeginn & mögliche Vertriebskanäle
Wie können Privatverkäufer ihre Immobilie inserieren?

➢ **Auf der eigenen Website**

Falls Sie die Möglichkeit haben und über das Know-how verfügen, einen persönlichen Internetauftritt erstellen zu können, präsentieren Sie Ihre Immobilie ruhig auf diese Weise. Der Inhalt und Aufbau könnte ähnlich dem des Exposés sein. Allerdings müssen Sie auf eine klare Gliederung und Bedienerfreundlichkeit achten. Wer sich nicht zurechtfindet, klickt schnell weg.

Die Kosten für das Erstellen und Betreiben einer solchen Seite sind überschaubar. Unter *Google* können Sie nach dem Suchbegriff „Webhosting" suchen, so finden Sie einen Anbieter, der Ihnen die Domain inklusive Speicherplatz und E-Mail-Adressen gegen monatliche Grundgebühr zur Verfügung stellt.

Mit dem nötigen Hintergrundwissen können Sie Ihre Homepage über eine kostenlose Software selbst konfigurieren. Aber auch Webdesigner bauen Ihnen für ca. 250 € schnell eine kleine Seite. Achten Sie dabei bitte auf den richtigen Domainnamen: Dieser sollte im Optimalfall zu Ihrem Angebot passen, z. B. bei einer Kölner Eigentumswohnung mit Blick auf den Dom:
www.eigentumswohnung-mit-domblick-koeln.de.

Sollte der gewünschte Name bereits vergeben sein, können Sie auch eine andere Endung versuchen, wie
www.eigentumswohnung-mit-domblick.koeln oder mit .com

Bedenken Sie bitte, dass Sie Ihre Website bewerben müssen, um viele Interessenten darauf zu lotsen. Das kann Sie richtig Geld kosten, aber: Es nützt Ihnen nichts, wenn Sie zwar über eine schöne Immobilienseite verfügen, aber niemand weiß, dass hier Ihre Immobilie angeboten wird. Um dies zu ändern, müssen Sie Werbeanzeigen bei *Google* oder alternativ *Facebook* buchen.

Falls Sie Zeitungsanzeigen schalten möchten, lohnt sich die Erstellung Ihres eigenen Internetauftrittes, denn in diesen können Sie unter Angabe der www-Adresse auf Ihre Homepage verweisen.

Kapitel 10
Erstkontakt mit Interessenten und Terminvereinbarung
Mindset, Fragen am Telefon, E-Mail-Kontakt, Interessenten filtern und Termine vereinbaren

---

Kapitel 10

Erstkontakt mit Interessenten und Terminvereinbarung

Mindset, Fragen am Telefon, E-Mail-Kontakt, Interessenten filtern und Termine vereinbaren

1. **Erstkontakt mit Interessenten und wie Sie sich gut dafür rüsten Gesprächsvorbereitung und Mindset**

Ihre endgültigen Vorbereitungen sind nun abgeschlossen und Ihr hochwertiges Exposé, sowie die nötigen Verkaufsunterlagen stehen bereit. Flyer wurden verteilt und das Verkaufsschild steht. Ihre Immobilienanzeige ist jetzt auch online.

Alles, was Sie geplant und umgesetzt haben – inklusive der damit einhergehenden Werbemaßnahmen – zeigt schnell den gewünschten Erfolg. Schon nach kurzer Zeit melden sich die ersten Interessenten per E-Mail oder Telefon und klingeln sogar an Ihrer Tür aufgrund des Verkaufsschildes. Vielleicht wird es Ihnen so erscheinen, dass alle Welt genau auf Ihre Immobilie gewartet hätte und Sie Ihr Noch-Eigentum möglicherweise zum Spottpreis angeboten haben.

In den ersten 14 Tagen gibt es stets solch einen Lauf – unter anderem auch, weil die Immobilienbörsen den Suchenden die Möglichkeit bieten, ihre Suchkriterien zu speichern. So werden diese per E-Mail über neue, passende Immobilienangebote informiert. Zu Beginn sind Interessenten immer neugierig auf das frische Objekt am Markt – egal ob sie über die Flyer, das Verkaufsschild oder die Onlineanzeige etc. aufmerksam gemacht worden sind. Innerhalb der nächsten vier Wochen nimmt die Nachfrage jedoch rapide ab und nun stellen Sie sich umgekehrt eventuell die Frage: „Habe ich vielleicht den Preis doch zu hoch angesetzt?"

Fakt ist, Sie müssen das Eisen schmieden, solange es heiß ist. Dies bedeutet für Sie, dass Sie die anfänglichen zwei Wochen sehr gut erreichbar sein müssen, um die Interessenten zu qualifizieren bzw. zu disqualifizieren.

Sind Sie denn schon auf die Fragen und Gesprächsverläufe, die jetzt kommen werden, vorbereitet?

Wenn die Suchenden den Kontakt zu Ihnen per elektronischer Post oder meist eher

Kapitel 10
Erstkontakt mit Interessenten und Terminvereinbarung
Mindset, Fragen am Telefon, E-Mail-Kontakt, Interessenten filtern und Termine vereinbaren

---

über das Telefon aufnehmen, lautet eine der ersten Fragen, wo sich denn Ihre Immobilie genau befinde. Als Verkäufer geben Sie vielleicht selbstverständlich bereitwillig Auskunft?

Nun wird sich nach weiteren Details erkundigt wie z. B. dem *Baujahr*, der *Wohnfläche*, *Grundstücksgröße*. Sind die *Stromleitungen* zwei- oder dreiadrig und aus welchem Jahr? Ist die *Fassade* gedämmt? Aus welchem Material bestehen die *Fenster* und verfügen sie über Isolier- oder Doppelverglasung? Woraus bestehen die *Wasserleitungen*? Welches Fabrikat und Alter hat Ihre *Heizung*? Ist der *Keller* trocken? Wie verhält es sich mit dem *Energieverbrauch*? Und so weiter und so fort …

In der Lektion 3 der *Online Akademie* finden Sie zusätzlich unterstützendes Material: Aufnahmebogen, Baubeschreibung, eine Checkliste „Ermittlung Immobilienzustand" sowie den Flächen- und Kubatur-Berechnungen, um sich gut vorzubereiten.

Schließlich wollen die Anrufer definitiv wissen, wann Sie denn einen Besichtigungstermin vereinbaren können. Wenn Sie das Unterkapitel „Terminplanung" des Kapitels 8 nicht durchgearbeitet haben, werden Sie vermutlich überlegen, wann es bei Ihnen am besten passt. In dieser Abstimmung werden Sie womöglich erwähnen, wann Sie keine Zeit haben, da Sie auf der Arbeit, im Urlaub, beim Sport oder auf einer Familienfeier etc. sind.

VORSICHT:

So hätten Sie einem fremden Menschen Ihre Immobilie beschrieben, die Adresse genannt und auch noch mitgeteilt, wann Sie nicht zu Hause sind! Sie sollen natürlich nicht ängstlich sein, sondern nur Obacht geben. Geben Sie bitte keinem unbekannten Interessenten die Adresse, bevor Sie nicht wissen, mit wem Sie es zu tun haben und dies möglichst evtl. mithilfe von *Google* oder dem Telefonbuch kontrollieren konnten.

Sicherlich haben die wenigsten Anrufer negative Absichten. Das Beispiel soll Sie lediglich darauf aufmerksam machen, dass eine gewisse Skepsis geboten ist und Sie sich darauf vorbereiten müssen, wie Sie die Fragen beantworten, die man Ihnen stellen wird.

Kapitel 10
Erstkontakt mit Interessenten und Terminvereinbarung
Mindset, Fragen am Telefon, E-Mail-Kontakt, Interessenten filtern und Termine vereinbaren

---

Haben Sie in Kapitel 2 den Punkt „Planungspunkte" schon durchgelesen?

95 % der Kaufinteressenten fragen diese beliebte Frage: „Warum verkaufen Sie denn Ihre Immobilie?" Sie sollten sich darüber im Klaren sein, warum Sie das tun wollen und sich eine Strategie überlegen, um so positiv wie möglich zu wirken, ohne lügen zu müssen – auch wenn der Immobilienverkauf negativen Ursprungs ist wie etwa Scheidung, Tod, finanzielle Engpässe etc. Achten Sie bitte sorgfältig darauf, nicht den Eindruck zu erwecken, Ihre Immobilie schnellstmöglich an den Nächstbesten verkaufen zu müssen, denn: Dies wirkt sich mit größter Wahrscheinlichkeit auf den Verkaufspreis aus.

Es wird sicher auch vorkommen, dass der ein oder andere Anrufer – ohne die Immobilie gesehen und weiterführende Informationen erhalten zu haben – die folgende Auskunft bereits am Telefon einholen wird: „Ist denn am Kaufpreis noch etwas zu machen?" Ehrlich gesagt, sind mir das „die Liebsten", mit solchen Kandidaten werden Sie nur Probleme haben. Hier bietet sich folgende Antwort in einem netten Ton an: „Ob am Preis noch etwas zu machen ist? Ja, natürlich ist es Ihnen freigestellt, mehr zu bezahlen!" Oder anders ausgedrückt: „Nach oben hin ist alles möglich."

Die Guten ins Töpfchen, die Schlechten ins Kröpfchen

Für das, was jetzt kommt, sollten Sie wirklich sehr gut gerüstet sein, denn ab hier entscheidet sich, ob Sie Ihre wertvolle Zeit mit aussichtslosen Interessenten oder gar Immobilientouristen vergeuden oder sich den kaufwilligen und kaufkräftigen widmen. Es gibt dazu zwei Strategien, die Sie anwenden können: die Qualifizierung und die Disqualifizierung.

Leider verfolgen sehr wenige diesen cleveren Schachzug. Sogar viele Vertriebler und auch Verkaufsleiter tun sich schwer, diese Kategorisierung genau zu definieren bzw. zu unterscheiden. Der Grund liegt darin, dass sie sich nicht die Zeit nehmen, im Zusammenhang mit ihren Produkten oder Dienstleistungen intensiv darüber nachzudenken.

Deswegen verbringen 80 % der Verkäufer ihre Zeit mit unqualifizierten Interessenten und hoffen darauf, irgendwann einen Auftrag zu ergattern oder ihr Produkt zu verkaufen. Dagegen konzentrieren sich die Top-20 der Verkäufer auf ihre echten Interessenten. Diese Profis machen bereits im Vorfeld ihre Hausaufgaben und setzen die Disqualifizierung erfolgreich ein. Bevor diese also in den Verkaufsprozess einsteigen, gehen sie sicher, dass der Interessent und das Produkt zueinander passen.

Kapitel 10
Erstkontakt mit Interessenten und Terminvereinbarung
Mindset, Fragen am Telefon, E-Mail-Kontakt, Interessenten filtern und Termine vereinbaren

Auch von den Maklern wurde bei der Trennung der Spreu vom Weizen das Prinzip der Disqualifizierung jahrelang vernachlässigt. So bemühten sie sich, während des klassischen Verkaufs in jedem Anwärter „das Gute zu sehen", nämlich mögliche Kaufsignale zu orten und dem Gegenüber sehr oft ein „Ja" zu entlocken. Wie z. B.:

„Ja, die Zimmeranzahl passt."
„Ja, die Grundstückausrichtung ist ok."
„Ja, ein Wintergarten könnte eventuell angebaut werden."
„Ja, ja, ja ..." etc.

Wenn ein Interessent am Telefon schon sagt, Ihre Immobilie habe ja keinen Wintergarten und für ihn sei das wichtig, so macht es keinen Sinn, ihn auf Linie bringen zu wollen, nach dem Motto: „Den Wintergarten werde ich Dir im Besichtigungstermin schon ausreden". Mit so einem Termin kommen Sie nicht ans Ziel.

Ich persönlich bevorzuge die Disqualifizierungsstrategie nach dem *Paretoprinzip* – auch als *Pareto-Effekt* oder *80-zu-20-Regel* bekannt – das nach Vilfredo Pareto benannt ist:

80 % der Ergebnisse können mit 20 % des Gesamtaufwandes erreicht werden.
Die verbleibenden 20 % der Ergebnisse benötigen mit 80 % die meiste Arbeit.

Ich drücke es in Zahlen aus: Wenn sich 50 Interessenten bei Ihnen melden, sind 80 % davon, sprich: 40 keine wirklichen: Sie wollen nur mal schauen oder die Rahmenkriterien der Suche stimmen mit dem, was Ihre Immobilie zu bieten hat, nicht überein oder auch die Finanzierung ist nicht sichergestellt etc. Mit diesen werden Sie 80 % der Gesamtarbeit haben. Wenn Sie trotzdem Termine mit ihnen vereinbaren, vergeuden Sie ca. 40 und mehr Stunden mit sinnlosen Besichtigungen und unnötigem Aufwand. Alle haben Ihre Immobilie zwar gesehen, aber niemand kauft. Von den anderen 20 %, also 10 Interessenten werden vermutlich 80 % echtes Kaufinteresse haben. Denen sollten Sie sich auch widmen.

Der Grundsatz der Disqualifizierung ist simpel, aber sehr effektiv: indem Sie aufs „Nein" pochen, wenn es notwendig ist. Nehmen wir an, ein Anrufer teilt Ihnen mit, dass aus seiner vierköpfigen Familie neben den Eltern beide Kinder jeweils ein eigenes Zimmer benötigen, deshalb insgesamt drei Schlafzimmer vorhanden sein müssen. Ihre Immobilie verfügt jedoch lediglich über zwei Schlafzimmer und auch ein Umbau könnte keine drei generieren. Dann sollten Sie diesen Fakt am Telefon auch

Kapitel 10
Erstkontakt mit Interessenten und Terminvereinbarung
Mindset, Fragen am Telefon, E-Mail-Kontakt, Interessenten filtern und Termine vereinbaren

---

klar und deutlich auf den Tisch bringen: Sie sehen Ihre Immobilie für den Raumbedarf der Familie als nicht ausreichend an. Der Anrufer wird Ihnen vielleicht entgegnen, dass er selbst gerne begutachten würde, ob es doch nicht irgendwie möglich sei.

Meine Empfehlung an Sie: Sagen Sie „Nein" und bleiben Sie auch dabei. Mit der Disqualifizierungsstrategie sortieren Sie ungeeignete Kandidaten schnell aus, um mehr Zeit für die echten Kaufinteressenten zu gewinnen. So lautet schließlich das Prinzip der Disqualifizierung. Auch im Kapitel 11 „Besichtigungstermin" werden Sie dieser Methode begegnen.

Die Kategorien der potenziellen Käufer

Interessanterweise durchlaufen alle in der Zeit zwischen dem ersten Wunschgedanken, eine Immobilie zu erwerben, bis zur tatsächlichen Umsetzung des Vorhabens eine Entwicklung, die mehrere Wochen, wenn nicht sogar mehrere Monate dauert. Dies geschieht wie folgt stufenweise:

Die Träumer sind diejenigen, welche gerade ganz am Anfang ihrer Findungsphase stehen und das Bedürfnis verspüren, die erste Immobilie zu kaufen. Sie sind noch nicht richtig am Immobilienmarkt aktiv, schauen aber fleißig, was der Markt so hergibt. Diese tummeln sich sehr oft in den Portalen wie *Immobilienscout24* und *Immowelt*, um Objekte zu recherchieren. Ab und an schicken sie auch mal eine Anfrage, um ein Exposé zu bestellen. Und manchmal rufen sie auch an, um sich zu informieren und Erfahrungen zu sammeln. Kaufen werden diese allerdings noch nicht.

Die Sucher sind die sich aus den Träumern entwickelten Interessenten. Diese werden nun langsam aktiv und möchten nicht nur Exposés betrachten oder ein paar Telefonate führen. Das Internet reicht hier nicht mehr aus, ab jetzt müssen Immobilien real besichtigt werden, am besten so viele wie möglich. Jetzt werden die Anbieter konsequent angerufen, um Besichtigungstermine zu vereinbaren. Eine Kaufentscheidung werden diese allerdings immer noch nicht treffen, da sie sich in vielen Fällen mit der Materie „Immobilie" nicht wirklich auskennen und die Finanzierung noch nicht geklärt ist. Die daraus resultierende Unsicherheit ist oft auch ein Grund für ein gewisses arrogantes Auftreten. Beweggründe oder Motive werden Sie bei Personen dieser Kategorie womöglich noch nicht in Erfahrung bringen können.

Die Frustrierten sind mit Vorsicht zu genießen. Denn solche Kandidaten sind nun mit der tatsächlichen Wirklichkeit konfrontiert und erkennen dabei, dass das Traumhaus

Kapitel 10
Erstkontakt mit Interessenten und Terminvereinbarung
Mindset, Fragen am Telefon, E-Mail-Kontakt, Interessenten filtern und Termine vereinbaren

---

auch ein solches bleiben wird. Einige wohnen weiterhin, wo sie sind und geben auf. Andere mieten sich nun rein um der Veränderung willen etwas Neues. Wieder andere möchten den Tatsachen nicht ins Auge blicken und weigern sich, die Realität anzuerkennen. Diese suchen immer noch weiter nach der Immobilie, die es nicht gibt und machen damit Privatverkäufern und Maklern das Leben schwer.

Die Kompromissbereiten sind diejenigen, welche die wahren Begebenheiten akzeptiert haben und ihre Ansprüche an die Traumimmobilie modifiziert bzw. angepasst haben. Diese wollen nun abschließend aus der unendlichen Geschichte ein Happy End machen. Sie kennen mittlerweile den Immobilienmarkt aus ihrer intensiven Suchzeit, die oft ein bis drei Jahre dauern kann. Sie haben dazugelernt, sind gereift und haben sich gründlich vorbereitet. Zudem wissen sie unterdessen um ihr tatsächliches Budget und warten auf die passende Immobilie, um innerhalb der kürzesten Zeit zuschlagen zu können. Meiner Meinung nach sind das die echten Käufer, denen Sie Ihre Aufmerksamkeit widmen sollten. Obwohl auch hier sehr wenige Ausnahmen die Regel bestätigen.

Verteilen wir mal rein interessehalber die zuvor genannten 50 Suchenden, die zu Ihnen Kontakt aufgenommen haben, nach dem *Paretoprinzip* auf die oben genannten Kategorien auf.

So ergibt sich folgendes Bild:

50 %	25 Interessenten sind noch nicht reif	„Träumer" und „Sucher"
30 %	15 Interessenten sind ernüchtert oder blind für die Wahrheit	„Frustrierte"
20 %	10 Interessenten sind kaufbereit	„Kompromissbereite"

Geschätzte zehn Personen haben sich demnach nicht nur für Ihre Immobilie erwärmt, sondern sind auch kaufbereit. Da das *Paretoprinzip* weiter herunterskaliert werden kann, bleiben Ihnen höchstwahrscheinlich zwei tatsächlich ernsthafte potenzielle Käufer übrig. Und einen brauchen Sie ja zu guter Letzt nur.

Macht die Disqualifizierung der Interessenten nach dem *Paretoprinzip* nun Sinn in Ihren Augen?

Kapitel 10
Erstkontakt mit Interessenten und Terminvereinbarung
Mindset, Fragen am Telefon, E-Mail-Kontakt, Interessenten filtern und Termine vereinbaren

---

2. Erstkontakt mit Interessenten am Telefon
Interessenten filtern mit der richtigen Vorgehensweise

Ihre Marketingmaßnahmen waren ein voller Erfolg und das Telefon steht kaum still. Jetzt kommt es darauf an, ob Sie viele sinnlose oder richtig gut vorqualifizierte Termine vereinbaren möchten. Haben Sie noch das *Paretoprinzip* im Gedächtnis?

Sie sollten sich bereits Gedanken dazu gemacht haben, welche Informationen Sie am Telefon ausplaudern und welche Sie vom Interessenten haben möchten, bevor Sie diesem Ihr Exposé anbieten und anschließend einen Besichtigungstermin vereinbaren.

Das Telefon klingelt! Sie antworten mit einer freundlichen Begrüßung unter Nennung Ihres Namens wie im Geschäftsleben auch – denn das hier ist ein Geschäft – eines, bei dem der Interessent eine höhere Summe in Ihrer Immobilie anlegen möchte.

Das Telefon ist Ihr wichtigstes Filter-Werkzeug

Versuchen Sie bitte schon beim Anruf so viele Informationen wie möglich über den Interessenten und seine Beweggründe zu erhalten. Fragen Sie ihn ruhig nach seinem Namen, seiner Anschrift, Telefonnummer und E-Mail-Adresse, bevor Sie mit dem Versand des Exposés den Standort Ihrer Immobilie preisgeben. Mit diesen Informationen können Sie beispielsweise die Person *googeln* oder einfach im Telefonbuch nachschauen, ob die gemachten Angaben korrekt sind und die genannte Anschrift auch tatsächlich existiert.

Ein seriöser Kaufinteressent wird Ihnen gerne seine Daten nennen, schließlich möchte er eine Immobilie kaufen und sollte nichts zu verbergen haben. Falls Sie gefragt werden: „Ist dies denn wirklich notwendig? Ich möchte doch nur mal sehen, ob die Lage und Immobilie passt", bejahen Sie, dass es auf jeden Fall unerlässlich ist, denn: Der Interessent wird von Ihnen ausführliche Auskünfte über Ihre Immobilie und zugleich über Ihre Privatsphäre erhalten. Er wird dann genau wissen, wer Sie sind, wo und wie Sie wohnen. Deshalb ist es nur fair, dass dieser Ihnen im Gegenzug seine vollständigen Kontaktdaten nennt, um Ihr ausführliches Exposé zu erhalten.

Kapitel 10
Erstkontakt mit Interessenten und Terminvereinbarung
Mindset, Fragen am Telefon, E-Mail-Kontakt, Interessenten filtern und Termine vereinbaren

Fragen Sie Ihren Gesprächspartner auch, wie lange er schon sucht.

Sie erinnern sich noch an die Kategorien der Interessenten? Diese Einordnung muss natürlich nicht immer zutreffen, da es auch schnell entschlossene Leute gibt, die nach ein bis drei Monaten Immobiliensuche gleich zugreifen können, weil sie exakt wissen, was sie wollen und ihr Budget genaustens kennen. Das ist allerdings eher die berühmte Ausnahme, die die Regel bestätigt. Hier ist Ihre Menschenkenntnis gefragt.

Bringen Sie bitte ebenfalls in Erfahrung, was die Wunschimmobilie alles bieten und welche Anforderungen sie erfüllen muss:

- Für wie viele Personen ist die Immobilie gedacht?
- Gibt es KO-Kriterien?
- Bis wann soll der Umzug stattfinden?
- etc.?

Lassen Sie den Interessenten einfach reden, so werden Sie eine Menge an Informationen erhalten, aus denen Sie ableiten können, ob die Rahmenbedingungen Ihrer Immobilie zu den Suchkriterien des Anrufers passen.

Ernsthaft Kaufinteressierte werden schon am Telefon viele detaillierte Informationen zu Ihrer Immobilie haben wollen, die Sie ihnen bitte auch ausführlich genug geben, ohne die Adresse zu verraten. Sie können diese auch gerne dazu auffordern, weitere Fragen zu stellen. Auf diese Weise werden Sie für sich selbst auskundschaften können, ob sich der Versand des Exposés und die damit später einhergehende Vereinbarung eines Besichtigungstermins mit diesem Bewerber lohnen, denn: Wer sehr klare Fragen stellt, weiß auch klar, was er sucht und ist somit als seriös einzustufen.

Erkundigen Sie sich bitte auch, ob bereits Gespräche mit der eigenen Hausbank oder einem Finanzierungsberater über die persönlichen finanziellen Möglichkeiten stattgefunden haben.

Hat die Bank bereits grünes Licht in Höhe des von Ihnen aufgerufenen Kaufpreises gegeben? Oder: Wie soll die Finanzierung sichergestellt werden?

Kapitel 10
Erstkontakt mit Interessenten und Terminvereinbarung
Mindset, Fragen am Telefon, E-Mail-Kontakt, Interessenten filtern und Termine vereinbaren

---

Es gibt auch geschicktere, rhetorische Fragetechniken, die Sie dem Leitfaden „Disqualifizierung und Vereinbarungen-Besichtigungstermine" entnehmen können. Allerdings bevorzugen Profimakler mittlerweile die direkte und klare Fragestellung. Denn wer unmissverständliche Fragen stellt, erhält auch ebensolche Antworten.

Ein gut vorbereiteter und glaubhafter Kaufinteressent wird Ihnen bereitwillig Auskunft geben. Wer bei solchen Erkundigungen ins Stottern gerät, verfolgt möglicherweise andere Ziele als den Erwerb Ihrer Immobilie. Sie sollten natürlich – wie gesagt – nicht ängstlich sein, sondern nur vorsichtig agieren.

Der Exposé-Versand - Stellen Sie Informationen stufenweise zur Verfügung

Sie konnten durch das ausführliche Telefonat bereits einen sehr guten Eindruck davon gewinnen, ob der Kaufinteressent und Ihre Immobilie zusammenpassen. Zudem haben Sie die kompletten Kontaktdaten erhalten und können ihm nun per E-Mail oder auf dem Postweg Ihr Exposé inklusive Standortangabe Ihrer Immobilie zusenden – mit dem Hinweis, er solle sich nach dem Studieren des Exposés bitte auch das Umfeld genauer anschauen und im besten Fall auch schon seine Finanzierungsmöglichkeiten geklärt haben. Falls alle Rahmenbedingungen stimmen und Ihre Immobilie in Betracht kommt, darf dieser gerne zwecks Vereinbarung eines Besichtigungstermins erneuten Kontakt zu Ihnen aufnehmen.

Sehr oft passiert es, dass sich die Interessenten gar nicht mehr an Sie wenden. Erfolgt fünf bis sieben Tage nach Lieferung des Exposés keine Reaktion, besteht in der Regel mit sehr großer Wahrscheinlichkeit doch kein Bedarf an Ihrem Haus/Ihrer Wohnung. Je nach Lage und Immobilientyp melden sich ca. 20 % der Angeschriebenen, um sich näher mit Ihrer Immobilie zu beschäftigen. Hier haben wir es wieder, das *Paretoprinzip!*

Ihr Telefon klingelt wieder!

Sie gehen – wie gehabt – mit einer freundlichen Begrüßung unter Nennung Ihres Namens ran. Ist es ein Interessent, der Ihr Exposé erhalten, es intensiv gelesen hat und Ihnen mitteilt, dass ihm Ihre Immobilie zusagt und er sie gerne besichtigen möchte? Dann kommt es jetzt auf Ihr Fingerspitzengefühl an. Geben Sie ihm direkt einen Termin?

Kapitel 10
Erstkontakt mit Interessenten und Terminvereinbarung
Mindset, Fragen am Telefon, E-Mail-Kontakt, Interessenten filtern und Termine vereinbaren

Überprüfen Sie sich bitte selbst:

- ✓ Sind die Gespräche gut verlaufen?
- ✓ Stimmen die Anforderungen des potenziellen Käufers mit dem, was Ihre Immobilie bietet, überein?
- ✓ Wurden zudem alle Fragen für Sie zufriedenstellend beantwortet?

Wenn Sie alles bejahen können, versuchen Sie bitte nicht, Ihr Haus/Ihre Wohnung am Telefon zu verkaufen, sondern vereinbaren Sie jetzt einen Besichtigungstermin.

Damit Ihnen das gut gelingt, arbeiten Sie bitte – sofern noch nicht geschehen – aus Kapitel 8 die „Terminplanung" durch und nennen Sie entsprechend Ihrer Planung den Tag und die Uhrzeit. Es kann natürlich durchaus auch vorkommen, dass ein Interessent partout nicht kann, z. B. an einem Samstag, den sie aufgrund seiner Beliebtheit für mehrere Besichtigungen reserviert haben. Grundsätzlich ist an diesem Sonderwunsch nichts verkehrt, schließlich wollen Sie ja Ihre Immobilie verkaufen. Allerdings empfehle ich Ihnen, sich von niemandem einen Termin aufzwingen zu lassen, sofern er für Sie tatsächlich nicht passt.

Für die Telefonate zwecks Einschätzung und Disqualifizierung habe ich Ihnen bereits eine Arbeitsvorlage vorbereitet, die Sie als Akademie-Mitglied gerne nutzen können.

Kapitel 10
Erstkontakt mit Interessenten und Terminvereinbarung
Mindset, Fragen am Telefon, E-Mail-Kontakt, Interessenten filtern und Termine vereinbaren

---

3. Erstkontakt mit Interessenten über das Verkaufsschild
Interessenten filtern mit der richtigen Vorgehensweise

Nicht selten kommt es vor, dass auch einfach an Ihrer Tür geklingelt und um Einlass gebeten wird, um Ihre Immobilie zu begutachten, es steht ja ein Schild „ZU VERKAUFEN" davor. Diese Überraschungsbesuche können Sie vollkommen unerwartet treffen - und das in den ungünstigsten Momenten.

Wie verhalten Sie sich dann?

Folgender Ablauf ist denkbar: Ein Interessent betätigt die Klingel und Sie öffnen die Tür. Er möchte direkt besichtigen. Sie entgegnen ihm, dies sei jetzt leider ein sehr unpassender Zeitpunkt. Sie notieren sich aber gerne seine Kontaktdaten oder nehmen auch gerne seine Visitenkarte entgegen, um ihm dann Ihr ausführliches Exposé zu senden. Falls Ihre Immobilie nach dem Studieren des Exposés für ihn in Frage komme, solle er Sie zwecks eines Besichtigungstermins anrufen.

Dann können Sie ihn am Telefon nach der Disqualifikationsmethode genauer unter die Lupe nehmen.

Kapitel 10
Erstkontakt mit Interessenten und Terminvereinbarung
Mindset, Fragen am Telefon, E-Mail-Kontakt, Interessenten filtern und Termine vereinbaren

---

4. Erstkontakt mit Interessenten per E-Mail
Interessenten filtern mit der richtigen Vorgehensweise

Es werden sich auch einige Interessenten per E-Mail oder direkt über die Immobilienbörse bei Ihnen melden. Die elektronische Post bietet Ihnen natürlich erst mal bedingt die Möglichkeit, diesen auf den Zahn zu fühlen, sofern keine oder nur unvollständige Kontaktdaten genannt werden. Hat der Anfragende seine Telefonnummer angegeben und um Rückruf gebeten, melden Sie sich bei ihm, um ihn einschätzen zu können und eventuell zu disqualifizieren. Dieses Procedere kennen Sie ja bereits.

Bei der Immobilienanzeige achten Sie bitte darauf, die Einstellung so vorzunehmen, dass der Interessent gezwungen wird, all diese Informationen zu seiner Person einzutragen: Name, Anschrift, Telefonnummer und E-Mail-Adresse. Das erspart Ihnen eine Menge an Arbeit und Nerven. Diese Interessenten sollten Sie *googeln* oder im Telefonbuch recherchieren, Sie können sie aber genauso gut auch auf *Facebook* oder der Businessplattform *XING* suchen.

Sofern Sie doch vergessen haben, die o. g. Einstellungen vorzunehmen und es flattert Ihnen eine Anfrage nur mit E-Mail-Adresse herein, schreiben Sie an diese mit der Bitte um Übermittlung der kompletten Kontaktdaten. Hierzu können Sie gerne meine dementsprechende Vorlage verwenden, siehe am Ende dieses Textes.

Wenn der Interessent darauf reagiert: gut.
Tut er es nicht, auch gut – denn dann ist er (noch) nicht ernst zu nehmen.

Ich würde diese E-Mails allerdings nicht löschen. Sofern Sie mit *Outlook* oder einem anderen E-Mail-Programm arbeiten, verschieben sie diese in den bereits vorbereiteten Ordner C. Sie erinnern sich an Kapitel 8 „Erreichbarkeit"?

- Ordner Immobilie XYZ
    - Interessenten A: *Kompromissbereite*
    - Interessenten B: *Frustrierte*
    - Interessenten C: *Träumer und Sucher*

Um eine E-Mail zwecks Kontaktdatenvervollständigung zu senden, können Sie als Akademie-Mitglied die von mir bereits vorbereitete Arbeitsvorlage gerne nutzen.

Kapitel 10
Erstkontakt mit Interessenten und Terminvereinbarung
Mindset, Fragen am Telefon, E-Mail-Kontakt, Interessenten filtern und Termine vereinbaren

---

5. Exposé-Versand
Ready for Take-off

Gut. Sie haben die kompletten Kontaktdaten und können dem Interessenten nun per E-Mail Ihr Exposé zusenden – mit dem Hinweis, er solle sich nach dem Studieren des Exposés bitte auch das Umfeld genauer anschauen und im besten Fall auch schon seine Finanzierungsmöglichkeiten geklärt haben. Falls alle Rahmenbedingungen stimmen und Ihre Immobilie in Betracht kommt, darf dieser sich gerne zwecks Vereinbarung eines Besichtigungstermins für ein telefonisches Kennenlerngespräch melden. Dann können Sie ihn am Telefon nach der Disqualifikationsmethode genauer unter die Lupe nehmen.

Die E-Mail würde ich immer mit einer Sendebestätigung verschicken.

Sehr oft passiert es, dass sich die Interessenten gar nicht mehr an Sie wenden. Erfolgt fünf bis sieben Tage nach Lieferung des Exposés keine Reaktion, besteht in der Regel mit sehr großer Wahrscheinlichkeit doch kein Bedarf an Ihrem Haus/Ihrer Wohnung. Sie könnten solch einen Schweigsamen natürlich auch anrufen, sich auf seine Immobilienanfrage und Ihr Angebot beziehen und nach den Gründen fragen, warum er sich denn nicht gemeldet habe. Meine Empfehlung ist da definitiv: Lassen Sie das bitte sein. Geben Sie Ihrer Immobilie ein sexy Image, dem die Interessenten hinterherlaufen und nicht umgekehrt Sie. Sonst kommen Sie wie ein Bittsteller rüber.

Für den Exposé-Versand per E-Mail habe ich Ihnen bereits drei Arbeitsvorlagen vorbereitet, die Sie als Akademie-Mitglied gerne nutzen können.

Kapitel 11
Die Besichtigung
Termin, Unterlagen und Nachfassen

Kapitel 11

Die Besichtigung

Termin, Unterlagen und Nachfassen

1. Der Besichtigungstermin
Regeln, Fragen von und Umgang mit Interessenten

Jetzt geht es endlich los. Ihre gesamten Vorbereitungen sind nun endgültig abgeschlossen und sowohl Ihre Offline- als auch Online-Marketing-Aktivitäten waren ein echter Erfolg: Das Telefon hat andauernd geklingelt, Ihr E-Mail-Postfach ist voller Anfragen und alle sorgfältig gefilterten Interessenten halten Ihr Exposé in den Händen. Sie haben nach dem *Paretoprinzip* die Kandidaten auserkoren, welche für einen erfolgversprechenden Besichtigungstermin in Frage kommen. Auch haben Sie – wie Sie in Kapitel 8 bereits gelernt haben – für Ihren souveränen Auftritt eine Generalprobe des Besichtigungsablaufs durchgeführt und das Timing für die Einzeltermine fest im Griff.

Nun können die Interessenten kommen, oder muss hier noch etwas beachtet werden? Ja, denn:

Auf die Präsentation kommt es an

Sie haben Ihre Immobilie bereits für die Fotos durch das Home Staging auf Vordermann gebracht. Genau das gleiche Bild gilt es aufrechtzuerhalten, um ideale Voraussetzungen für die Besichtigung zu schaffen. Ihre ganze Mühe, die Sie in die Vorbereitung gesteckt haben, war vergebens, wenn Sie während des Termins Kommentare hören wie: „Auf den Bildern sieht die Immobilie aber anders aus!"

Um diesen fatalen Fehler zu vermeiden – den Sie sich nicht leisten können – sollten Sie vor der Besichtigung noch einen Kontrollgang durch das Haus bzw. die Wohnung machen, denn: Die persönliche Inaugenscheinnahme vor Ort ist entscheidend, um den positiven ersten Eindruck aus dem Exposé oder auch der virtuellen 3D-Tour in der Realität zu bestätigen.

Sorgen Sie also dafür, dass der Kaufinteressent sich bei Ihnen wohlfühlt!

Kapitel 11
Die Besichtigung
Termin, Unterlagen und Nachfassen

Innerhalb kurzer Zeit wird sich Ihr Gast ein rechtes Bild von Ihrem Zuhause machen und sich die gute Figur, welche Ihre Immobilie bisher gemacht hat, entweder bestätigen oder sie zunichtemachen – ein Kopfkino, das später kaum mehr zu korrigieren ist. Nur wenn Sie jetzt wahres Interesse wecken können, wird sich der potenzielle Käufer überhaupt weiter mit Ihrer Immobilie befassen. Es wäre sehr schade, den enormen Aufwand, den Sie bisher betrieben haben, aufs Spiel zu setzen und die gefilterten echten Kaufinteressenten zu vergraulen. Auf die anderen, die nur mal schauen wollen, haben Sie bestimmt keine Lust, oder?

Beherzigen Sie deshalb diese wichtigen Punkte nochmals:

- Sind alle Böden geputzt bzw. staubgesaugt?
- Glänzen alle Fliesen und Armaturen?
- Rasen gemäht, Wege gefegt?
- Sind alle Vorhänge zurück- und sämtliche Rollläden hochgezogen?
- Ist gut gelüftet worden? Riecht es noch irgendwo unangenehm? Schließen Sie zehn Minuten vor dem Termin die Fenster wieder.
- Sind die gesamten Lampen im Haus angeschaltet? Leuchten sie stark genug?
- Sind alle Zimmertüren offen?
- Sind Müll, Aschenbecher, Leergutkisten etc. aus dem Weg geräumt?
- Liegt wirklich nirgendwo mehr etwas herum?
- Können alle Türen geräuschlos geöffnet und geschlossen werden?
- Gibt es noch Stolperfallen?
- Funktioniert die Türklingel?
- Ist frischer Kaffee für einen heimischen Duft aufgebrüht?
- Bei leer stehenden Immobilien:
Sorgen Sie im Winter für eine angenehme Temperatur und ausreichende Beleuchtung.

Vor allem aber schaffen Sie eine ruhige Atmosphäre. Die Interessenten möchten sich Ihre Immobilie ansehen, ohne abgelenkt zu werden, auch nicht von Haustieren. Die Anwesenheit von vielen Personen bzw. vielleicht hibbeligen Jugendlichen kann dabei ebenfalls störend sein.

Deswegen meine Empfehlung: Alle Personen in Ihrem Haushalt, die nicht direkt an dem Verkaufsprozess beteiligt sind, sollten kurzzeitig außer Haus verweilen bzw. anderswo untergebracht werden. Hierzu gehören auch Ihre Sprösslinge.

Kapitel 11
Die Besichtigung
Termin, Unterlagen und Nachfassen

Wertsachen sicherstellen

„Gelegenheit macht Diebe", dieses Sprichwort kennen Sie bestimmt. Und auch dieses: „Vorsicht ist die Mutter der Porzellankiste." Ohne irgendjemandem etwas unterstellen zu wollen, sollten Sie also niemanden aus Unachtsamkeit in Versuchung bringen. Verstauen Sie Ihre persönlichen Wertsachen und wichtigen Dokumente deshalb an einem sicheren Ort.

Seien Sie anwesend!

Überlassen Sie die Besichtigung nicht anderen Personen! Auch wenn Sie der Meinung sind, nicht viel Zeit zu haben, den Verkauf Ihrer Immobilie können Sie nicht Ihren erwachsenen Kindern, dem hilfsbereiten Nachbarn oder gar Ihrem Gärtner überlassen.

Ein ernsthafter Kaufinteressent möchte mit Informationen aus erster Hand versorgt werden. Auch wollen Sie Ihre Immobilie ja so vorteilhaft wie möglich präsentieren. Und Sie haben sich dahingehend gründlich vorbereitet. Zudem kennen Sie sich hier am besten aus und haben alle notwendigen Informationen mittlerweile sehr gut im Gedächtnis abgespeichert. Nichts wirkt abschreckender als Falschaussagen – auch wenn diese nicht von Ihnen kommen – die später zurückgenommen werden müssen.

Kümmern Sie sich persönlich um Ihre Interessenten, denn Sie wollen ja verkaufen. Das mag zeitaufwendig sein, ist für den Erfolg aber unabdingbar.

Legen Sie eine Route fest

Die Generalprobe für das Timing haben Sie ja bereits bestanden. Haben Sie sich auch schon darüber Gedanken gemacht, wo Sie mit der Besichtigung anfangen und enden wollen?

Generell werden Interessenten im Eingangsbereich empfangen. Bei einem Haus würde ich anschließend im Keller beginnen und weiter über die ebenerdige Etage in die oberen Stockwerke führen. Von dort aus ginge es dann wieder zurück ins Erdgeschoss, um die Highlights des Wohnzimmers, der Küche und des Gartens zu betonen.

Ab hier müssen Sie entscheiden, wo es am schönsten in Ihrem Haus ist: im Wohnzimmer? In der Küche? Auf der Terrasse? Oder gar im Wintergarten?

Diese Vorgehensweise macht Sinn, da Interessenten zwar sehr viel an Eindrücken

Kapitel 11
Die Besichtigung
Termin, Unterlagen und Nachfassen

während der Besichtigung gewinnen, aber das Letzte, was Sie sehen, besonders im Gedächtnis speichern: Und das sollte der eindrucksvollste, angenehmste, komfortabelste etc. Raum oder Ort Ihrer Immobilie sein.

Unterlagen griffbereit?

Haben Sie bereits Ihr tolles Exposé auch in der Druckversion für die Interessenten vorbereitet? Und auch einen Ordner mit allen Dokumenten zur Einsichtnahme parat?

Dies empfehle ich Ihnen definitiv, denn: Ein Hochglanzexposé in Printversion beeindruckt. Wenn ein Interessent dieses im Anschluss an den Besichtigungstermin dann auch gerne mitnehmen möchte, können Sie davon ausgehen, dass dieser sich auch weiterhin näher mit Ihrer Immobilie beschäftigen will. Zudem schafft der vorbereitete Objektordner eine weitere Vertrauensbasis, da der Interessent merkt, dass Sie ausgesprochen transparent und penibel alle Unterlagen für seine Finanzierung bereithalten.

Deswegen meine Empfehlung an Sie, folgende Unterlagen immer zur Hand zu haben:

- Exposé zur Mitnahme für Interessenten
- Objektordner zur Einsichtnahme
- Datenschutzvereinbarung bei Aushändigung von Immobilienunterlagen an den Interessenten
- Vorlage Besichtigungsprotokoll: Bewertung Ihrer Immobilie seitens des Interessenten

Sofern dieser nach der Einsichtnahme in den Objektordner sämtliche Unterlagen für die Überprüfung haben möchte – auch unter dem Gesichtspunkt der Finanzierungsgespräche mit seinem Kreditinstitut – können Sie ihn die Datenschutzvereinbarung unterzeichnen lassen und ihm dann den Versand der Unterlagen spätestens am gleichen Tag zusichern.

Zu guter Letzt ist das Besichtigungsprotokoll ein hervorragendes Werkzeug, um einschätzen zu können, was gut gefallen hat und was nicht, sprich: im Endeffekt, wie groß das Interesse an Ihrer Immobilie ist. Bitten Sie den Interessenten, diesen Bogen

Kapitel 11
Die Besichtigung
Termin, Unterlagen und Nachfassen

so auszufüllen, als ob Sie nicht da wären und um wahrheitsgemäße Angaben. Versichern Sie ihm Ihre Neutralität gegenüber seiner Beurteilung, selbst wenn diese (teilweise) negativ ausfallen sollte.

Der Umgang mit Interessenten

Als guter Gastgeber sind Sie es sicherlich gewohnt, Ihrem Besuch nach der Begrüßung einen Sitzplatz sowie etwas zu trinken anzubieten und einen Small Talk zu starten. Hierfür sind die Kaufinteressenten allerdings nicht gekommen. Diese möchten nur Ihre Immobilie besichtigen. Aus diesem Grund sollten Sie sich nicht mit langen Reden und dem Austausch von Höflichkeiten aufhalten.

Begrüßen Sie die Interessenten deshalb freundlich und starten Sie gleich mit der Besichtigung, ohne Zeit zu vergeuden. Denken Sie an Ihr Timing und an die folgenden Interessenten, die nicht lange vor der Türe auf Sie warten wollen.

Während Sie Ihre Immobilie zeigen, versuchen Sie bitte nicht, diese anzupreisen. Sie möchten ja sicherlich nicht, dass der Kaufinteressent sich bedrängt fühlt. Sie bieten ihm lediglich Einblick in alle Räume, wie Sie es bereits anhand Ihrer Routenplanung eingeprobt haben – bei Häusern auch auf das Grundstück. Der Keller, Dach- oder Spitzboden und alle An- bzw. Ausbauten dürfen natürlich nicht fehlen.

Halten Sie sich, soweit es geht, im Hintergrund und beantworten Sie die Fragen, die Ihnen gestellt werden, vollständig und wahrheitsgemäß. Positive Eigenschaften oder mögliche, praktische bzw. attraktive Umbauten können Sie natürlich ansprechen, aber vermeiden Sie zu blumige Ausführungen.

Mängel, die vorhanden sind, sollten Sie auf jeden Fall erwähnen – ohne Ihre Immobilie dabei kaputt zu reden – dies schafft Vertrauen.

Spätestens beim Notar müssen Sie eh auf gravierende Defizite hinweisen und Sie möchten sicherlich nicht, dass dann der irritierte oder sich veräppelt fühlende Interessent beim Notartermin aufsteht und geht.

Nachdem Sie in den vermeintlich weniger attraktiven Räumen, wie z. B. dem Keller, begonnen haben, haben Sie sich ja das Beste zum Schluss aufgehoben. Zum Beispiel das großzügig dimensionierte, helle Wohnzimmer. Hier klären Sie am besten alle weiteren Fragen, die vielleicht noch offen sind. Dabei können Sie nun den Interes-

Kapitel 11
Die Besichtigung
Termin, Unterlagen und Nachfassen

---

senten vielleicht auch einen Kaffee oder ein Glas Wasser anbieten.

Fragen beim Besichtigungstermin

Sie können sich bestimmt sehr gut vorstellen, dass ein Besichtigender naturgemäß viele Fragen zu Ihrer Immobilie hat, denn dieser möchte ja nicht die Katze im Sack kaufen. Freuen Sie sich darüber, denn dies ist ein Indiz dafür, dass ein echtes Kaufinteresse besteht. Antworten Sie auf jeden Fall wahrheitsgemäß, um sich vor negativen Folgen zu schützen.

Auch wenn später im Kaufvertrag der Passus „Mängelhaftung" aufgeführt wird und Ansprüche des Käufers aufgrund von Sachmängeln ausgeschlossen werden, sollten Sie sich nicht zu sicher fühlen: Wenn Sie Mängel verheimlichen, kann das durchaus zu einer Schadenersatzklage gegen Sie führen.

Ich empfehle Ihnen, neben dem Exposé und dem Immobilienordner auch ein Beiblatt mit allen wichtigen Zahlen, Daten und Fakten sowie den monatlichen und jährlichen Betriebskosten zusammenzufassen, also den:

- Energiekosten wie Strom, Wasser, Gas
- Grundbesitzabgaben wie Grundsteuer, Müll, Abwasser
- notwendigen Versicherungen wie die Wohngebäudeversicherung

So haben Sie alles sehr übersichtlich beisammen. Um den Zustand Ihrer Immobilie zu protokollieren, können Sie auch eine von Ihnen ausgefüllte „Checkliste Ermittlung Immobilienzustand" zur Verfügung stellen, das müssen Sie selbst entscheiden.

So werden Sie in der Lage sein, auf alle Fragen souverän zu antworten.

Auch können Sie solche zu technischen Details sehr gut mit Rechnungen der durchgeführten Erneuerungen oder mit Messprotokollen der letzten Wartung untermauern.

Gerade bei älteren Objekten haben Sie aber häufig keine genauen Informationen über Bauart und Ausführung. Wenn Sie unsicher sind und – wie im Kapitel 3 gelernt – die Akten im Bauarchiv zum Sichten bestellt haben, ohne etwas zu finden, dann machen Sie auch keine Aussagen darüber.

Kapitel 11
Die Besichtigung
Termin, Unterlagen und Nachfassen

Ihre persönlichen Gründe für den Verkauf...

gehen eigentlich niemanden etwas an, dies ist Ihre Privatangelegenheit. Sie müssen also dem Interessenten nicht offenlegen: warum, wieso, weshalb? Allerdings gewinnt dieser dann leicht den Eindruck, dass nicht alles mit rechten Dingen zugeht, sofern ihm Antworten verweigert werden. Wägen Sie daher ab, ob Sie nicht mit offenen Karten spielen wollen, auch was Ihre persönlichen Motive angeht. Wie bereits in Kapitel 10 erläutert, sollten Sie sich hierfür eine Strategie überlegen.

Informationsbedürfnis über die Umgebung und Nachbarschaft wird sicherlich ebenfalls vorhanden sein. Auf das Umfeld können Sie bedenkenlos eingehen, indem Sie z. B. erzählen, ob Einkaufsmöglichkeiten fußläufig zu erreichen sind, wie viele Kitas und Schulen es in der Nähe gibt etc. – natürlich nur, soweit es auch der Wahrheit entspricht.

Fragen zur Nachbarschaft sind etwas heikel, weil es hier um Ihre subjektiven Beziehungen geht.

Beschränken Sie deshalb Ihre Aussagen am besten darauf, dass sie neutral klingen, z. B.: „Im Nachbarhaus links wohnt eine junge Familie mit zwei Kindern." Wenn Sie ein gutes Verhältnis zu Ihren Nachbarn haben, können Sie dies ruhig erzählen, etwa: „Im Nachbarhaus rechts wohnt ein netter Unternehmer."

Erwecken Sie aber bitte nicht den Eindruck, die ganze Nachbarschaft sei „eine große Familie" und die Nachbarin möchte immer gern zum Kuchen vorbeikommen. Oder jedes Wochenende lädt man sich in der gesamten Nachbarschaft gegenseitig zum Essen ein. Das kann schnell nach hinten losgehen, wenn der Kaufinteressent vielleicht eher doch auf Abstand bedacht ist. Hier müssen Sie selbst abwägen, welche Antworten Sie auf welche Weise geben möchten.

Wenn Interessenten zum Problem werden

Es ist legitim, wenn tatsächliche Mängel Ablehnung hervorrufen. Da Sie Ihre Immobilie kennen, fertigen Sie im Vorfeld einfach eine Liste mit allen Vor- und Nachteilen an. Auf der Contra-Seite können Sie alles aufführen, über das sich beschwert werden könnte. Dann sind Sie für kommende Einwände präpariert. Aber manchmal können doch unbequemere Kandidaten auftauchen. Das geschieht zum Glück nicht häufig, kann aber leider vorkommen:

Kapitel 11
Die Besichtigung
Termin, Unterlagen und Nachfassen

- Über Geschmack lässt sich bekanntlicherweise nicht streiten. Wenn Ihre persönliche Lebensart und Ihr eigener Stil zu Kritik anregt, kann dies sehr schnell beleidigend wirken. Hier würde ich den Besichtigungstermin mit Ankündigung abbrechen und den Missbilligenden bitten zu gehen.
- Der Interessent möchte Ihre Immobilie natürlich genauer unter die Lupe nehmen und alles detailliert begutachten. Wenn dieser allerdings anfängt, Tapeten abzuziehen, den Putz abzuklopfen oder eine Paneele demontieren möchte, um mal dahinter zu schauen, müssen Sie sich das definitiv nicht gefallen lassen. Auch hier würde ich einen solchen Menschen bitten zu gehen.
- Sie tun immer gut daran, Einzeltermine zu vergeben. Es kann jedoch passieren, dass auf einmal die gesamte Familie des Interessenten inklusive Schwestern, Brüder, Cousins u. s. w. vor der Türe steht. Auf einmal haben Sie so z. B. acht fremde Personen in Ihrer Immobilie. Dies würde ich mit Vorsicht genießen. Auch hier möchte ich nicht den Teufel an die Wand malen. Aber was, wenn es sich um Trickdiebe handelt, die den Besichtigungstermin als Vorwand nutzen, um Ihre Immobilie genauer auszukundschaften? Dann unterhalten Sie sich mit den vermeintlichen Kaufinteressenten aus dieser Besuchergruppe – während die anderen eigenmächtig erforschen, was denn bei Ihnen so alles mitgenommen werden könnte. Oder es wechselt gar Ihre kostbare Uhr, die Sie unachtsam auf Ihrem Nachttisch liegengelassen haben, auf einmal den Besitzer.

Deswegen planen Sie die Besichtigung bitte sehr gut im Voraus, so sind Sie auch gegen alle erdenklichen Situationen gewappnet.

Abschluss der Besichtigung

Im Anschluss an den erfolgten Besichtigungstermin empfehle ich Ihnen, den Interessenten anzubieten, sich gerne noch ein wenig umzuschauen. Erlauben Sie ihnen, sich frei durch die Räume zu bewegen, welche sie noch mal genauer betrachten wollen – natürlich nur, wenn Sie dabei ein gutes Gefühl haben. Ziehen Sie sich ein wenig zurück, ohne etwas zu sagen. Bleiben Sie aber für weitere Fragen – und auch aus reiner Vorsicht – in der Nähe. Beobachten Sie die Interessenten: Sind diese schon dabei, sich gedanklich einzurichten und stellen sich gerade vor, wie sie hier leben würden?

Ich könnte hier jetzt auf Themen wie *Kaufpsychologie*, *Bedarfsanalyse* und *Deutungen der Körpersprache* eingehen, warum jedoch sollen wir das so kompliziert angehen? Machen wir es uns doch einfach und stellen Sie dem Interessenten eine offene Frage: „Was hat Ihnen bisher gefallen?" Dann wird er die vorteilhaften Eigenschaften Ihrer

Kapitel 11
Die Besichtigung
Termin, Unterlagen und Nachfassen

Immobilie aufzählen und sich diese somit automatisch nochmals ins Gedächtnis rufen.

Vermeiden Sie bitte geschlossenen Fragen, z. B.: „Wie hat es Ihnen denn gefallen?" Hier bekommen Sie nur eine Antwort wie „gut", „so lala" oder auch „gar nicht". Das hilft Ihnen nicht wirklich weiter und prägt sich dem Interessenten auch nicht positiv ein.

Zum Abschluss können Sie noch zusätzlich gewünschte Auskünfte erteilen und dem Interessenten die Möglichkeit eines zweiten Termins geben – z. B. in Begleitung eines Architekten oder Ingenieurs seines Vertrauens. So merkt dieser erneut, dass er auf Sie zählen kann.

Bei erkennbarer Kaufabsicht können Sie anbieten, die für die Finanzierung bereits vorbereiteten Unterlagen zu versenden. Hier ist die Frage: „Benötigen Sie die ausführlichen Unterlagen für Ihre Bank?" zielführender als: „Soll ich Ihnen die Unterlagen zusenden?"

Erkundigen Sie sich nun, wie sie beide verbleiben wollen. Wer noch Bedenkzeit benötigt, den fragen Sie, wann er sich verbindlich wieder bei Ihnen meldet. In der Regel halte ich ca. fünf Tage für angemessen. Sollte der Interessent sich am vereinbarten Datum nicht melden, können Sie davon ausgehen, dass kein weiteres Interesse besteht. Eine echte Kaufintention hat meist derjenige, der innerhalb der abgemachten Zeit einen zweiten Termin festklopft oder die Unterlagen anfordert, falls diese noch nicht versendet worden sind.

Gerne können Sie sich am Ende das Besichtigungsprotokoll von den Interessenten ausfüllen lassen.

Mit dieser Vorgehensweise signalisieren Sie Transparenz, was das Vertrauen in Ihre Person noch einmal enorm erhöht.

Die Nachbereitung

Nach der Besichtigung ist vor der Besichtigung. Wenn möglich, sollten Sie die Zeit im Anschluss nutzen, um Revue passieren zu lassen und die Gesamtsituation nochmals zu rekapitulieren. So sind Sie für die nächsten Besichtigungstermine besser gewappnet. Notieren Sie sich am besten auf dem Besichtigungsprotokoll, was gut und was

Kapitel 11
Die Besichtigung
Termin, Unterlagen und Nachfassen

---

nicht so gut lief. Was waren die positiven Aspekte, die Sie beim nächsten Mal verstärken? Welche negativen Dinge könnten Sie verbessern, welche vermeiden?

„Wer schreibt, der bleibt"

Deswegen sollten Sie die Themen und Fragen, die während des Termins besprochen worden sind, dokumentieren. Konnten Sie gewisse Fragen nicht beantworten – was unwahrscheinlich sein sollte, da Sie sich ja bereits bestens vorbereitet haben – notieren Sie sich alles, was offen und noch nicht geklärt ist. Dabei bieten Sie dem Interessenten an, ihm spätestens am Folgetermin diesbezüglich Rede und Antwort zu stehen. Wenn Sie hier jetzt irgendwas erzählen, bei dem Sie sich absolut unsicher sind oder gar mit Falschaussagen anfangen, werden Sie das Vertrauen des Bewerbers verlieren. Haben Sie die Nachbereitung sorgfältig absolviert, sind Sie für die nächste Begegnung mit diesem und weiteren Interessenten noch besser gerüstet.

Ausflug Verkaufspsychologie - wer entscheidet über den Kauf?

Liebe Männer,

nehmen Sie es mir bitte nicht übel, aber darauf sollten Sie definitiv vorbereitet sein: Aus Erfahrung ist es meistens die Frau, welche in diesem Falle die Hosen anhat und entscheidet, ob eine Immobilie gekauft wird oder nicht – der Mann stimmt dem dann nur noch zu. Beide sind sich natürlich einig, dass eine gemeinsame Immobilie gekauft wird. Aber welche es werden soll, da kann die Schere sehr weit auseinandergehen. Deswegen sind die Vorbereitungen, wie wir sie durch Home Staging empfehlen und eine zielgruppenorientierte Immobilienbeschreibung mit geschickt eingesetzten Adjektiven wie *schnell, sauber, kurze Wege, im Handumdrehen erledigt* etc. so äußerst wichtig.

Frauen haben oft doch mehr mit Themen wie „Kindererziehung", „Familienleben", „Hausputz" und so weiter und so fort zu tun, ohne den Männern hier auf den Schlips treten zu wollen.

Dies ändert sich ja zum Glück mit der heutigen Zeit zunehmend: Männer übernehmen immer mehr solcher Aufgaben, um die Frau zu entlasten. Dennoch gilt: Männer sind eher die technik-affinen und lieben harte Zahlen, Daten und Fakten, die aufgelistet werden müssen. Hier kommt es auf ein ausgewogenes Zusammenspiel der Vorlieben und Bedürfnisse beider an. Sowohl sie als auch er muss sich angesprochen

Kapitel 11
Die Besichtigung
Termin, Unterlagen und Nachfassen

---

fühlen, dennoch trifft im Prinzip fast immer die Frau die Entscheidung.

Deswegen sollten Sie sich als Verkäufer – insbesondere beim Besichtigungstermin – ein wenig mehr auf die Frau konzentrieren, ohne dabei den Mann zu übergehen und damit zu verärgern. Er entscheidet schließlich mit, wenn auch eher im Hintergrund – hier ist Ihr Fingerspitzengefühl gefragt.

Kapitel 11
Die Besichtigung
Termin, Unterlagen und Nachfassen

---

2. Unterlagenversand
Wann ja, wann nein und wie?

Es kann durchaus vorkommen, dass ein Interessent die Unterlagen bereits am Telefon zur Überprüfung verlangt, meist handelt es sich dabei um routinierte Kapitalanleger und Investoren. Diese entscheiden erst anhand der Papiere, ob sich die Immobilie als ein gutes Investment erweist oder nicht. Ein Profi-Makler ist sich darüber auch im Klaren, da er seine Pappenheimer kennt, und kommt dem Ansinnen nach.

Beim Verkauf Ihrer privat genutzten Immobilie hingegen ist Ihnen der Anrufer unbekannt. Es gibt auch im Geschäftsleben keine Berührungspunkte. Wenn dem so ist, rate ich Ihnen davon ab. Versenden Sie deshalb die Unterlagen bitte erst
- im Anschluss an die erste Besichtigung **und**
- nachdem ernsthaftes Kaufinteresse ersichtlich ist **und**
- sofern diese für die Finanzierung gewünscht werden.

Sonst nicht!

Sicherlich hat der Anrufer auch hier keine negativen Absichten, vielleicht hat er auch nur nach den weiterführenden Unterlagen gefragt, um dann schnell zugreifen zu können. Aber dennoch ist – wie gehabt – eine gewisse Vorsicht geboten.

Warum einfach, wenn's kompliziert geht?

Sie könnten natürlich den Interessenten im Anschluss an den Besichtigungstermin alle Unterlagen in Kopie mitgeben. Was aber wäre, wenn gleich zehn genau diese Dokumente haben möchten? Als erstes haben Sie sehr viel Zeit im Copyshop verbracht, zudem haben Sie Geld dafür ausgegeben und der Umwelt tut dies auch nicht sonderlich gut. Oder der Interessent fragt z. B. zwei Tage später nach den Unterlagen und Sie müssen eventuell mehrere DIN-A4-Ordner auf dem Postweg senden. D. h. Karton besorgen, mühselig verpacken, zur Post schleppen, in der Schlange stehen, Porto bezahlen.

Warum kompliziert, wenn's einfach geht?

Wie Sie in Kapitel 3 bereits gelernt haben, stellen Sie sämtliche Papiere anhand der Checkliste „Benötigte Unterlagen" als PDF-Dateien zusammen. Benennen Sie jede einzelne entsprechend der Liste, denn: Diese Begriffe sind Usus in der Immobilien-

Kapitel 11
Die Besichtigung
Termin, Unterlagen und Nachfassen

---

wirtschaft und jeder Bänker kann die Dokumente auf diese Weise sofort inhaltlich zuordnen.

Ein großer Vorteil von PDF-Dateien ist zudem, dass sie
- kostenlos sowie sekundenschnell per E-Mail versendet,
- direkt auf dem Heimrechner abgespeichert und
- zudem mühelos direkt an den zuständigen Bankberater weitergeleitet werden können.

Sofern nun nach dem Termin Kaufinteresse besteht und sämtliche Unterlagen für die Überprüfung und Finanzierung erbeten werden, können Sie die Datenschutzvereinbarung unterzeichnen lassen. Sie müssen aber nicht. Es bleibt Ihnen überlassen, ob Sie alles penibel dokumentiert haben möchten.

Um sich an Ihre Vereinbarung, diese relevanten Unterlagen zuzusenden, leicht halten zu können, habe ich Ihnen bereits eine E-Mail-Vorlage erstellt, die Sie gerne als *Online-Akademie*-Mitglied nutzen können.

Kapitel 11
Die Besichtigung
Termin, Unterlagen und Nachfassen

---

3. Nachfassen
Machen Sie sich und Ihre Immobilie sexy

Laufen Sie den Interessenten hinterher? Wenn ja, warum eigentlich? Denn: Wer tatsächlich kaufen möchte, wird Sie schon sehr bald wieder anrufen. Mein Prinzip lautet: Ist ein verbindlicher Termin für eine Rückmeldung bzw. Rücksprache vereinbart worden und der Interessent hält sich nicht daran, dann gehe ich immer davon aus, dass er kein ernsthaftes Kaufinteresse hat. Somit hat er sich selbst disqualifiziert.

Wie gehen Sie nun damit um?

Sie hatten im Besichtigungstermin das Gefühl: „Ja, diese Interessenten wollen kaufen, weil sie sich in meiner Immobilie schon gedanklich eingerichtet haben. Zudem haben sie auch schon die Unterlagen für die Finanzierungsgespräche angefordert."

Mittlerweile sind zwei Wochen vergangen und trotzdem melden sie sich noch immer nicht.

Dies kann im Prinzip mehrere Ursachen haben. Die vier Wesentlichen führe ich Ihnen gerne auf:

1. Ihre Anwärter haben ganz einfach von der Bank erfahren, dass sie für Ihre Immobilie in der Kaufpreishöhe keinen Kredit bekommen. Das werden sie Ihnen höchstwahrscheinlich nicht mitteilen, sondern Ihnen bei Ihrer telefonischen Nachfrage vermutlich mitteilen, sie hätten sich für eine andere Immobilie entschieden.
2. *Zocken bzw. der Beginn eines Pokerspiels*: Es kann durchaus auch möglich sein, dass der Interessent sich nicht meldet, da er folgender Meinung ist: Wenn Sie ihn anrufen, ist er in einer besseren Verhandlungsposition. Schließlich haben Sie ihn ja erneut kontaktiert und laufen ihm seines Erachtens nach hinterher. So werden Sie bei Ihrer Nachfrage vermutlich diese Antwort erhalten: „Jaaa, Ihre Immobilie hat uns schon sehr gut gefallen, aber der Preis ... Uuund das Haus, welches um die Straßenecke aktuell angeboten wird, gefällt uns auch ganz gut und es ist um 50.000 € günstiger ..."
3. Es ist jedoch ebenfalls denkbar, dass gerade wichtigere – vielleicht familiäre – Ereignisse geschehen sind, welche die Interessenten davon abgehalten haben, Sie zu kontaktieren. Diese hatten gerade den Kopf voll und sahen sich außer Stande, an Sie und Ihre Immobilie zu denken. Dafür kann es viele Gründe geben.
4. Es kann aber auch nur an einer Kleinigkeit liegen und die Kaufinteressenten

Kapitel 11
Die Besichtigung
Termin, Unterlagen und Nachfassen

trauen sich nicht, Ihnen z. B. zu sagen, dass sie Ihre Einbauküche nicht übernehmen wollen, da sie sich gerade erst vor kurzer Zeit eine neue gekauft haben. Die auch sehr gut in Ihre Immobilie passen würde.

Ob Sie dennoch anrufen, bleibt Ihnen überlassen. Auch hier können Sie zwei Wege gehen:

1. Die **Disqualifikationsstrategie** könnte wie folgt ablaufen:

Sie rufen den Interessenten an: „Guten Tag, Frau/Herr…, wir hatten ja am Tag XY meine Immobilie besichtigt. Ich glaube, die Immobilie ist doch nichts für Sie, da Sie sich nicht mehr gemeldet haben."

Und hier achten Sie auf die Reaktion. Wenn ein: „Oh, äh, also doch …ja, ich wollte Sie auch schon anrufen!" kommt, dann haben Sie hier die Oberhand.

Andererseits kann der vermeintliche Kaufinteressent hier auch ehrlich antworten. Dass er im Prinzip schon Interesse habe, aber gerade so vieles bedenken müsse und sicher sein wolle, da es ja die erste Immobilie ist, die er kaufen möchte und nichts falsch machen wolle … So oder so ähnlich können die Gespräche ablaufen.

2. Sie haben natürlich auch die Möglichkeit, die **Qualifizierungsstrategie** anzuwenden.

Wenn Sie anrufen, um genau nachzuhaken, warum der Interessent sich nicht gemeldet hat, könnten Sie nochmals Details in Erfahrung bringen, die ihn vom Kauf abhalten wie z. B. die Einbauküche, die für Sie als Verhandlungsmasse im Prinzip kein Problem darstellt. So sind Sie in der Lage, auch Kleinigkeiten aus dem Weg zu räumen und die Kaufverhandlung wieder ins Rollen bringen.

Hier liegt die Entscheidung bei Ihnen: Wollen Sie die Interessenten selbst anrufen, um nachzuhaken?

Kapitel 12
Verkaufs- und Preisverhandlung & Bieterverfahren
Kaufverhandlung ergebnisorientiert führen & Verhandlungsspielraum

---

Kapitel 12

Verkaufs- und Preisverhandlung & Bieterverfahren

Kaufverhandlung ergebnisorientiert führen & Verhandlungsspielraum

1. **Preisverhandlung und Dreingabe**
   Wie Sie die Verkaufs- und Kostendebatte zielorientiert führen

Es kommt sehr häufig vor, dass Interessenten sich schon beim ersten Besichtigungstermin bei Ihnen erkundigen: „Was kann man denn am Preis noch machen?" Seien Sie sich sicher, diese Frage signalisiert noch lange kein echtes Kaufinteresse, sondern ist nur dazu gedacht, Ihre Verhandlungsbereitschaft zu testen und Ihre Reaktion darauf zu lesen. Meiner Meinung nach sind Kaufpreisverhandlungen bei der ersten Begehung unangebracht. Ich entgegne darauf immer sehr selbstbewusst – fast schon autoritär wirkend, aber denn dennoch sehr höflich – mit folgender Antwort:

„**Beim Preis gibt es keine Grenzen nach oben!**"

Das soll jetzt nicht heißen, dass Sie meine Antwort eins zu eins übernehmen und als Ihren Standard bei allen Erörterungen der zu zahlenden Summe einsetzen sollen. Verweisen Sie bitte einfach selbstbewusst auf den Angebotspreis und dass es darüber beim ersten Besichtigungstermin keine Debatte gibt. Sie wissen zu diesem Zeitpunkt ja noch nicht einmal, ob der Kaufinteressent bereits über eine gesicherte Finanzierung verfügt. Um diese Situation ein wenig aufzulockern, könnten Sie es scherzhaft und mit einem Zwinkern formulieren: „Nach oben geht noch sehr viel am Preis."

Kapitel 12
Verkaufs- und Preisverhandlung & Bieterverfahren
Kaufverhandlung ergebnisorientiert führen & Verhandlungsspielraum

---

Gehen Sie also bitte nicht zu schnell auf den Wunsch des Feilschens ein. Wenn Sie hier zu rasch einknicken, entsteht bei Ihrem Gegenüber recht zügig der Eindruck: „Hier geht noch mehr." Nachverhandlungen sind dann vorprogrammiert.

Sie können sich sogar fast sicher sein: Haben Sie Ihre Immobilie z. B. für 300.000 Euro angeboten und bereits signalisiert, dass Ihre Schmerzgrenze vielleicht bei 280.000 Euro liegt, werden Sie definitiv kein Angebot in der Höhe Ihres absoluten Limits erhalten. Stattdessen wird das Gebot mit sehr großer Wahrscheinlichkeit bei 260.000 Euro liegen – oder sogar noch weiter darunter. Glauben Sie dann noch, dass Sie Ihren ursprünglichen Preis erzielen werden?

Herzlichen Glückwunsch!

Die ersten Besichtigungstermine waren ein voller Erfolg! Sie haben keine Zugeständnisse beim Preis gemacht und bereits einen ernsthaften Interessenten gefunden, der sich nun nähergehend mit dem Erwerb Ihrer Immobilie beschäftigen möchte.

Ab hier kommt es darauf an, aus dem potenziellen einen tatsächlichen Käufer zu machen und in den nun eventuell folgenden Kaufpreisverhandlungen Ihre Zahlungsziele zu erreichen.

Deswegen sollten Sie diese bereits vorher schon festgelegt haben, damit Sie keine spontanen und unvorbereiteten Zugeständnisse machen müssen, die Sie später bitter bereuen. Ihre Strategie sollte dabei sein, nicht so schnell wie möglich zu verkaufen, sondern zu dem bestmöglichen Preis, den Sie aktuell am Markt durchsetzen können. Natürlich haben Sie das Ziel „den Verkauf" vor Augen, bedenken Sie aber dabei bitte:

Auch der Kaufinteressent hat eines bzw. einen Wunsch – nämlich den Erwerb Ihrer Immobilie zu einem für ihn optimalen Preis. Je nachdem, wie es um Ihre Immobilie bestellt ist, haben Sie unterschiedliche Möglichkeiten:

Kapitel 12
Verkaufs- und Preisverhandlung & Bieterverfahren
Kaufverhandlung ergebnisorientiert führen & Verhandlungsspielraum

---

- Bei einer sehr beliebten Lage und einem gefragten Immobilientyp werden Sie vermutlich zeitgleich mehrere Kaufinteressenten haben. Dann könnten Sie sogar ein Bieterverfahren einleiten, aber bitte nur gekonnt und nur so, dass es nicht nach hinten losgeht.
- Wenn sich allerdings Ihre Immobilie in einer weniger begehrten Gegend befindet oder die Wesensmerkmale Ihrer Immobilie eher spärlich nachgefragt sind, freuen Sie sich über jeden Kaufinteressenten. Dann ist es sicherlich klug, einen Kurs zu nehmen, bei dem sich beide Parteien aufeinander zubewegen müssen. Ein solcher Kompromiss ist aber nicht immer gleichbedeutend mit einer Preisverhandlung, er kann sich auch in Dreingaben wie Einbauküche und Zubehör etc. ausdrücken, aber auch im Übergabezeitpunkt, Zahlungstermin oder in Anzahlungsmöglichkeiten.

Vorbereitung auf die Verhandlung

In vielen Fällen ist es unwahrscheinlich, dass Sie direkt beim ersten Besichtigungstermin eine Kaufzusage erhalten. Es sei denn, Ihre Immobilie befindet sich in einer extrem gesuchten Umgebung wie z. B. einem Ballungsraum. Ich gehe hier aber vom Normalfall aus. Die meisten Kaufentscheidungen werden meist erst nach dem zweiten Termin getroffen. Hierbei werden die Interessenten sicherlich auch einen Gutachter, einen nahestehenden Angehörigen, Freund, Bekannten oder dergleichen mitbringen, der sich gut mit Immobilien auskennt.

Das ist nichts, wovor Sie sich fürchten müssten.

Ganz im Gegenteil, wenn ein Interessent einen zweiten oder gar dritten Besichtigungstermin wünscht, signalisiert dies sein echtes Kaufinteresse, da er so weitere Informationen sammeln und Details der Verhandlung klären kann. Auch die Anwesenheit einer Begleitperson zeigt Ihnen, dass er die Gewissheit haben möchte, was denn noch eventuell an Reparaturen auf ihn zukommen könnte und sich vergewissern will, ob er nicht doch etwas übersehen hat. Warum sollte er dies tun, wenn Ihre Immobilie nicht wirklich für ihn in Betracht kommt?

Zugegebenermaßen, niemand wird zum Verkäufer geboren und Verhandlungen sind nicht jedermanns Sache. Doch wenn Sie sich bewusst machen, dass Sie mit einer schlechten Vorbereitung und der falschen Einstellung sehr schnell überfordert sein könnten, wird Ihnen der Verkaufsprozess mit der richtigen Strategie leichter fallen:

Ihr erster Schritt der Vorbereitung – die Preisstrategie: Gehen Sie noch mal in sich.

Kapitel 12
Verkaufs- und Preisverhandlung & Bieterverfahren
Kaufverhandlung ergebnisorientiert führen & Verhandlungsspielraum

Jeder Käufer ist bestrebt, seine Traumimmobilie zu einem möglichst günstigen Preis zu erwerben. Aus diesem Grund wird es in den meisten Fällen zu zähen Kaufpreisverhandlungen kommen. Damit Sie hier gut präpariert sind und eine sichere Ausgangsposition einnehmen können, haben Sie sich ja schon über den Wert Ihrer Immobilie informiert bzw. diesen bereits ermittelt. Sie sind im Bilde über die aktuellen Angebote am Markt und wissen auch, welche Preise in der Vergangenheit für vergleichbare Immobilien erzielt worden sind. Da Ihre Immobilie für den Käufer sicherlich nicht die erste ist, welche er sich angeschaut hat, können Sie fast sichergehen: Auch er wird darüber informiert sein.

Die Frage ist nur, welche Preisstrategie Sie laut Kapitel 4 „Welcher Angebots- und Verkaufspreis?" angewandt haben? Hier sollten Sie noch mal in sich gehen und sich einen Überblick über die Vergleichsangebote verschaffen. Wenn Sie eine professionelle Marktwertermittlung in Auftrag gegeben haben, können Sie diese für die Untermauerung Ihrer Kaufpreisvorstellung sehr gut einsetzen. Planen Sie auch von vornherein einen Verhandlungsspielraum ein, sodass Sie immer noch ein gutes Gefühl haben und nicht an Ihre absolute Schmerzgrenze gehen müssen. Bleiben Sie dabei aber bitte bei den Fakten. Wenn der Preis, den Sie aufgerufen haben, sich im realistischen Rahmen bewegt, haben Sie sehr gute Argumente.

Ihr zweiter Schritt der Vorbereitung – das Umfeld

Sie haben mit dem Home Staging ganze Arbeit geleistet und die Bilder Ihrer Immobilie sowie Ihr Exposé kamen bei den Interessenten richtig gut an. Auch bei den ersten Besichtigungsterminen haben Sie äußerst penibel darauf geachtet, dass weiterhin der gleiche Eindruck wie auf den Fotos besteht. Machen Sie jetzt bitte nicht den Fehler, nachzulassen und unaufgeräumt zum zweiten Besichtigungstermin einzuladen. Das Gleiche gilt natürlich für Sie als Person auch: Treten Sie immer sehr gepflegt auf. Die gesamte Arbeit, die Sie vorher reingesteckt haben, könnte sonst im Nu für die Katz gewesen sein.

Jeder Besichtigungstermin, und zwar jeder – egal ob zweiter oder gar dritter – ist äußerst wichtig.

Gehen Sie deshalb vor allen vereinbarten Terminen die Checkliste aus der Home-Staging-Broschüre aufs Neue durch. Achten Sie hierbei auch darauf, dass keine Geräuschkulisse stört wie z. B. ein laufender Fernseher. Schenken Sie jedem einzelnen Interessenten Ihre volle Aufmerksamkeit und vermeiden Sie in weiteren Gesprächen

Kapitel 12
Verkaufs- und Preisverhandlung & Bieterverfahren
Kaufverhandlung ergebnisorientiert führen & Verhandlungsspielraum

---

unbedachte Äußerungen hinsichtlich etwaiger Problematiken bzgl. Ihrer Immobilie oder wie lange nun die Vermarktung gedauert hätte und wie froh Sie nun endlich seien, dass mal einer kaufen möchte oder dergleichen. Auch sollten Sie an dem schönsten Platz in Ihrer Immobilie, den Sie am Ende des Rundgangs präsentieren, etwas zu trinken bereithalten und sich dort für eine Verhandlung gemeinsam hinsetzen.

Ihr dritter Schritt der Vorbereitung – die geistige Grundhaltung

Das Umfeld stimmt, wie ist es mit Ihrer mentalen Einstellung? Gedanklich sollten Sie sich auf jeden Fall auf Aussagen wie: „Die Immobilie ist zu teuer!" einstellen.

Sie haben sicherlich schon mal Poker gespielt, nichts anderes ist auch eine Preisverhandlung. Es geht hier nicht darum, die besten Karten in den Händen zu halten, sondern vielmehr darum, wer am cleversten bluffen kann. Um ein sehr guter Pokerspieler zu werden, müssen Sie sich auch hierauf vorbereiten. Deswegen sollten Sie sich überlegen, welche negativen Argumente von der Käuferseite kommen könnten – seien Sie hierbei ehrlich mit sich selbst. Sie kennen Ihre Immobilie zu gut und wissen, wo es Knackpunkte geben könnte.

Nehmen Sie hierbei die Rolle bzw. Sichtweise des Käufers ein und vermeiden Sie Ihre eigene subjektive Wahrnehmung à la „meine Immobilie ist die Schönste und Beste". Eine solche Haltung hilft Ihnen hier eher weniger. Auch sollten Sie sich Gedanken machen, wie Sie auf negative Kommentare reagieren möchten. Nehmen Sie diese auf jeden Fall nie persönlich. Sie gehören nun mal zu einer Verhandlungstaktik dazu. Wie würden Sie sich verhalten, wenn Sie selbst eine Immobilie erwerben möchten?

Auch wenn es Sie kränkt, dass jemand Fremdes Ihre Immobilie kritisiert, sollten Sie dies den Kaufinteressenten nicht spüren lassen. Bleiben Sie professionell. Wenn es Ihrer Meinung nach doch zu weit gehen sollte, dann haben Sie in Kapitel 11 durch meinen Tipp für den Umgang mit Interessenten gelernt, wie Sie es händeln können, wenn ein Kandidat doch zum Problem werden sollte.

Ihr vierter Schritt der Vorbereitung – die Strategie der Verhandlungsmasse

Haben Sie schon Ihre Taktik festgelegt? Eine Preisverhandlung muss nicht zwangsläufig immer die Verhandlung des Preises bedeuten. Sie haben auch die Möglichkeit, als Verhandlungsmasse das Inventar, Zubehör, Reparaturen, den Übergabezeitpunkt,

Kapitel 12
Verkaufs- und Preisverhandlung & Bieterverfahren
Kaufverhandlung ergebnisorientiert führen & Verhandlungsspielraum

---

den Zahlungstermin und auch Anzahlungen mit ins Spiel zu bringen. Hier ist es allerdings wichtig, wie Ihr Immobilien-Angebot im Vorfeld lautete. Haben Sie in Ihrem Exposé und Ihrem Online-Inserat auch die beweglichen Güter eingeschlossen? Wenn nicht, können Sie als rabattierende Dreingabe auch Einrichtungsgegenstände wie die Einbauküche, das Gartenhaus, die Sonnenschutzmarkise und andere Dinge anbieten. Dies wäre eine gute Strategie im Gegenzug zu einem echten Preisnachlass.

Als Verhandlungsmasse eignet sich manchmal auch die Übernahme von Reparaturen oder Reparaturkosten Ihrerseits, die Sie steuerlich absetzen könnten – falls Sie noch innerhalb der Spekulationsfrist verkaufen. Wenn Sie eine solche Handreichung zusagen möchten, sollten Sie das Vereinbarte definitiv noch vor der Kaufvertragsunterzeichnung durchführen und dem Käufer die Gelegenheit geben, Ihr Handwerk zu begutachten. Es kann leider durchaus möglich sein, dass er und Sie bzgl. der Qualität der Ausführung ganz anderer Meinung sind. Nach dem Notartermin kann dies zu erheblichen Streitigkeiten führen.

Auch den Zahlungstermin können Sie sehr gut als Verhandlungsmasse verwenden.

Berücksichtigen Sie bitte, dass viele Käufer noch in einem Mietverhältnis leben oder gerade dabei sind, die eigene Immobilie zu verkaufen. Dies bedeutet für die Käuferpartei eine Doppelbelastung, die sie natürlich versuchen wird zu vermeiden.

In diesem Fall können Sie als Verkäufer anbieten, die Kaufpreiszahlung ein wenig zu verschieben. Als Gegenleistung sind Sie möglicherweise sogar in der Lage, einen höheren Kaufpreis zu erzielen oder zumindest Ihren Wunschwert aufrechtzuerhalten. Wenn Ihre Immobilie allerdings bereits leer steht, müssten Sie sich natürlich fragen, ob sich dieses Modell für Sie rechnet. Schließlich hätten Sie dann ja auch die Betriebskosten und eventuell noch Zins- und Tilgungskosten bis zur Übergabe zu tragen.

Der Übergabezeitpunkt könnte ebenfalls ein probates Mittel sein, aber geben Sie hier bitte Obacht.

Zu allererst müssen Sie für sich bestimmen, ab wann Sie Ihre Immobilie an den Verkäufer abtreten können. Dabei sollten Sie sich im Klaren sein, wie lange Sie selbst für einen Umzug benötigen und eventuelle Renovierungszeiten in Ihrem neuen Heim einkalkulieren. Oder Sie sind gar noch selbst auf der Suche nach einer geeigneten zukünftigen Immobilie?

Sowohl der Übergabezeitpunkt als auch der Kaufpreiszahlungstermin werden im

Kapitel 12
Verkaufs- und Preisverhandlung & Bieterverfahren
Kaufverhandlung ergebnisorientiert führen & Verhandlungsspielraum

---

Kaufvertrag festgelegt und sind für beide Parteien bindend. Wenn Sie bereits wissen, wann Sie ausziehen oder wann Ihre Immobilie leer stehen sollte, könnten Sie hier Zugeständnisse machen.

In diesem Fall wäre es denkbar, eine Renovierungsklausel zu vereinbaren, die jedoch mit allergrößter Vorsicht zu genießen ist.

Bittet der Käufer Sie darum, unmittelbar nach der Kaufvertragsunterzeichnung einen Satz Schlüssel von Ihnen zu erhalten, um dann mit Renovierungs- bzw. Umbaumaßnahmen beginnen zu können, so ist das aus seiner Sicht natürlich verständlich. Allerdings birgt dies Risiken für Sie.

Was wäre z. B., wenn der Käufer selbst auf der Baustelle Hand anlegen möchte, dabei ohne Sinn und Verstand Mauern einreißt oder die Handwerker unsachgemäß ihre Arbeit verrichten und sich dadurch der Zustand Ihrer Immobilie eher verschlechtert? Natürlich müsste deshalb im Kaufvertrag zu Ihrer Absicherung ein Passus klar und deutlich besagen, dass mit der Schlüsselübergabe kein vorzeitiger Besitzübergang verbunden ist und Schäden, die der Käufer bei der Renovierung verursacht, von diesem zu ersetzen sind.

Die Entscheidung, ob Sie dies in die Verhandlungsmasse aufnehmen möchten, bleibt in Ihrem Ermessen.

Wenn überhaupt, würde ich einer Renovierungsklausel nur unter der Bedingung zustimmen, dass ...

der Käufer nach Kaufvertragsunterzeichnung auch bereits die Grundschuldurkunde für seine Finanzierung mitunterzeichnet. So stehen Sie – zumindest was die Kaufpreisbegleichung betrifft – auf der sicheren Seite. Vereinbaren Sie diese Klausel, empfehle ich Ihnen aber definitiv, das Abkommen einer Anzahlung zu treffen, denn:

Sollte der Vertrag scheitern und die Grundschuldbestellungsurkunde seitens des Käufers nicht signiert sein, würde dieser von ihm geleistete Abschlag zumindest bei Ihnen verbleiben. Er deckt im Falle einer Rückabwicklung Ihren gesamt möglichen Schaden.

Falls dieses Modell für Sie in Frage kommt, lassen Sie sich von einem Notar ausführlich beraten und achten Sie darauf, dass solche Regelungen im Kaufvertrag festge-

Kapitel 12
Verkaufs- und Preisverhandlung & Bieterverfahren
Kaufverhandlung ergebnisorientiert führen & Verhandlungsspielraum

setzt werden. Durch eine Besiegelung – sagen wir mal per Handschlag – kann die Unwirksamkeit des gesamten Vertrages drohen.

Meine Empfehlung ist:

Sie übergeben Ihre Immobilie erst nach Eingang des vollständigen Kaufpreises. Das ist der sicherste Weg!

Und jetzt doch eine Atempause?

Falls Sie das Gefühl haben, dass die zähen Verhandlungen noch nicht zum Ziel führen und Sie weit unter Ihrem eigentlichen Ziel landen, können Sie den Kaufinteressenten um etwas Bedenkzeit bitten. Dies hat den Vorteil, dass beiden Parteien mit ein wenig Abstand auch noch weitere Alternativen einfallen können, um auf einen gemeinsamen Nenner zu kommen. Diese Zeit kann sehr gut genutzt werden, um z. B. von Handwerkern Angebote für Reparaturen einzuholen. So können Sie sich mit genaueren Zahlen wieder gemeinsam an den Verhandlungstisch setzen.

Natürlich sollte das Eisen geschmiedet werden, so lange es heiß ist, aber: Laufen Sie dem Interessenten nicht hinterher und melden Sie sich nicht zu früh. Lassen Sie ihn jedoch auch nicht zu lange zappeln. Am besten lösen Sie diese Diskrepanz, indem Sie sich in einem fest vereinbarten Zeitraum oder an einem bestimmten Stichtag wieder gegenseitig kontaktieren. Sofern Sie weitere Kaufinteressenten haben sollten, können Sie auch die Strategie der Verknappung sehr gut einsetzen, indem Sie sagen:

„Mein Angebot ist nur gültig bis zum ..."

Dies ist ein probates Mittel, um Kaufentscheidungen zu beschleunigen.

Sie kommen auf keinen gemeinsamen Nenner?

Es kann durchaus vorkommen, dass Sie sich nicht einig werden. Nichtsdestotrotz waren die Verhandlungen, die Sie geführt haben, nicht vollends umsonst, denn: Sie haben Wissen erworben. Sie haben gelernt, worauf es den Kaufinteressenten ankommt und was die Ausschlusskriterien beiderseits waren. Vielleicht haben Sie ja auch Fehler, die Sie gemacht haben, erkannt. Diese können Sie nun abstellen, für Verbesserungen sorgen und Ihre gesammelten Erfahrungen sehr gut in die nächste Verhandlung einbringen. Wer weiß, vielleicht nimmt der Kaufinteressent nach einigen Tagen

Kapitel 12
Verkaufs- und Preisverhandlung & Bieterverfahren
Kaufverhandlung ergebnisorientiert führen & Verhandlungsspielraum

---

Abstand wieder Kontakt zu Ihnen auf und Sie gelangen doch noch zu einem Konsens.

Resümee

Es kommt bei der Verhandlung auf eine sehr gute Vorbereitung
- ✓ des Umfelds,
- ✓ der Verhandlungsmasse,
- ✓ der Preisstrategie
- ✓ und vor allem aber auf Ihre mentale Einstellung an.

Dabei sollten Sie stets darauf achten, Verhandlungen mit einer positiven Grundeinstellung zu führen. Verbale Attacken gehören hier nicht hin! Aber ausgesprochene Kritik, die Sie vielleicht kränkt, müssen Sie professionell wegstecken, sofern diese natürlich nicht zu weit geht.

Jeder Mensch ist anders, denkt und fühlt auch unterschiedlich. Dies hat vielfältige Gründe wie z. B. die Herkunft, das soziale Umfeld, der Bildungsstand etc. Aus diesem Grund ist es äußerst wichtig, keinem Ihre eigene Meinung aufzudrängen zu wollen. Das wird nicht funktionieren. Es geht vielmehr darum, sich einander wohlgesonnen zu nähern, um zu verstehen, wie der andere tickt und was er sich wünscht.

Dies soll natürlich nicht bedeuten, dass nur Sie etwas geben sollen. Nein, Sie sollen Ihr Ziel erreichen, indem Sie nicht zu schnell nachgeben. Bleiben Sie realistisch und verhandeln Sie den Preis von oben nach unten. Wenn Sie zu schnell in die Tiefe gegangen sind, ist dies in den seltensten Fällen wieder korrigierbar – es sei denn, die Interessenten rennen Ihnen die Bude ein. Dann sind Sie wahrscheinlich in einer komfortablen Situation, in der Sie ein Bieterverfahren einleiten und genau andersherum verhandeln können.

Kapitel 12
Verkaufs- und Preisverhandlung & Bieterverfahren
Kaufverhandlung ergebnisorientiert führen & Verhandlungsspielraum

---

2. Umgang mit weiteren Interessenten
Käufer in Sicht:
andere Interessenten abblitzen lassen oder den Kontakt aufrechterhalten?

Sie haben mit einem Kaufinteressenten einen zweiten, gar dritten Besichtigungstermin wahrgenommen und dieser ist sehr interessiert. Jetzt geht es in die Zielgerade und es fehlt lediglich noch die Zusicherung der Finanzierung.

Sie sind sich absolut sicher:

„Jetzt kann nichts mehr schiefgehen, ich habe meine Immobilie verkauft." Da die endgültige Finanzierungszusage seitens der Bank ca. zwei Wochen dauern kann, bittet Sie der Käufer um ein wenig Geduld. Deswegen sagen Sie allen anderen Interessenten ab.

Die ersten 14 Tage vergehen, nichts passiert. Nach einer weiteren Woche meldet er sich endlich wieder bei Ihnen und teilt Ihnen mit:

„Liebe Frau Eigentümerin/lieber Herr Eigentümer,

die Bank gibt mir leider doch keinen Kredit, weil wir in deren Augen zu wenig Eigenkapital haben. Es tut mir sehr leid, aber ich kann Ihre Immobilie nicht kaufen, weil meine finanzielle Situation es doch nicht wie gedacht zulässt."

Da stehen Sie nun, Sie waren doch felsenfest überzeugt – wie reagieren Sie nun darauf?

In solchen Fällen wird Ihnen der Kaufinteressent höchstwahrscheinlich nicht die volle Wahrheit sagen. Dann würden Sie in der ehrlichen Version hören oder lesen, er habe sich ja auch andere Immobilien angeschaut, er bedauere es zutiefst, aber er habe sich doch für eine andere Immobilie entschieden.

Sehr ärgerlich nicht wahr? Ich kann jedoch noch einen draufsetzen:

Sie haben ein Kaufpreisangebot vorliegen, die Finanzierungszusage bereits ebenso. Sogar der Kaufvertragsentwurf wurde angefertigt und der Notartermin ist in 14 Tagen fest vereinbart. Die Käufer möchten vor dem gesamten Umzugsstress noch mal für zehn Tage in den Urlaub fahren. Elf Tage später ruft er an und teilt Ihnen mit:

Kapitel 12
Verkaufs- und Preisverhandlung & Bieterverfahren
Kaufverhandlung ergebnisorientiert führen & Verhandlungsspielraum

---

„Liebe Frau Eigentümerin/lieber Herr Eigentümer,

im Urlaub haben wir lange diskutiert und dabei festgestellt, dass Ihre Immobilie leider doch nicht zu unserer weiteren Lebensplanung passt."

Was bedeutet denn das nun, wenn wir mal die Pinocchio-Nase weglassen? Ganz einfach: Die Kaufinteressenten waren ein Paar und haben im Urlaub festgestellt, dass sie doch nicht zueinander passen und sie sich trennen werden. In solch einer Situation ist der Erwerb einer gemeinsamen Immobilie eher undenkbar. Diese plötzliche Wandlung mag Ihnen zwar kurios vorkommen, doch genau solche Fälle passieren immer wieder und noch viele andere mehr – die ich hier aus Platzgründen nicht näher aufführen möchte.

Sichern Sie sich also bitte mit Netz und doppeltem Boden ab.

Egal, wie glaubwürdig Ihnen Kaufinteressenten erscheinen mögen, nehmen Sie trotzdem weitere Besichtigungstermine mit ernsthaften Kaufinteressenten wahr, denn: Verlassen Sie sich nur auf einen, kann es – wie beschrieben – durchaus vorkommen, dass Sie verlassen werden. Verkauft ist Ihre Immobilie erst ab dem Zeitpunkt, an dem beim Notar der Kaufvertrag unterzeichnet worden ist. Erst das garantiert Ihnen, dass der Verkaufsprozess tatsächlich abgeschlossen ist. Alles andere – auch wenn etwaige diesbezügliche Vereinbarungen schriftlich fixiert sein sollten – ist noch nicht einmal das Papier wert.

Termine mit weiteren Kaufinteressenten wahrzunehmen, beschert Ihnen neben der Absicherung zusätzliche Vorteile:

Einerseits erzeugt dieses Vorgehen zeitlichen Druck bei dem von Ihnen favorisierten Kaufinteressenten, da Sie ihn wissen lassen, dass Konkurrenten mit im Boot sind. Andererseits bietet es Ihnen auch Chancen, was den Kaufpreis betrifft. Mal angenommen, Sie haben einen Preis mit einem Bewerber ausgehandelt, der zwar Ihr Einverständnis findet, nicht aber Ihre vollständige Zufriedenheit. Dann kommt ein anderer um die Ecke und bietet Ihnen eine Summe, die Sie hochbeglücken würde. Was meinen Sie? Katapultiert Sie das nicht in eine bessere Verhandlungsposition?

Kapitel 12
Verkaufs- und Preisverhandlung & Bieterverfahren
Kaufverhandlung ergebnisorientiert führen & Verhandlungsspielraum

3. Bieterverfahren
Chancen und Risiken

Das Bieterverfahren ist eine Option, Immobilien zu einem guten Preis zu verkaufen. Es gibt mehrere Varianten, die weder mit einer Auktion noch mit einer Zwangsversteigerung zu tun haben.

Eine Möglichkeit besteht darin, dass Sie die Interessenten zu einer „Open House"-Besichtigung einladen, also zu einem Sammeltermin am Tag Ihrer offenen Tür. Dann eröffnen Sie das Bieterverfahren ohne eine feste Preisangabe. Diese Aktion hat in meinen Augen Nachteile:

1. Sie haben einen erheblichen Marketing-Aufwand im Vorfeld und auch währenddessen.
2. Es ist nicht sichergestellt, ob Sie den gewünschten Preis erzielen oder gar Ihre Immobilie erfolgreich verkaufen können.
3. Sie bekommen kein Gefühl für die Interessenten, da sich sehr viele fremde Menschen gleichzeitig in Ihrer Immobilie aufhalten. So haben Sie kaum Gelegenheit, die einzelnen in einem persönlichen Gespräch genauer einschätzen zu können.
4. Damit ist die Qualifikation bzw. Disqualifikation der Interessenten schwer möglich.

Deswegen nutzen wir die Alternative der Einzelbesichtigungen und der Option auf ein Bieterverfahren.

Meine Empfehlung

Es ist legitim, dass der Käufer den Preis drücken will. Genauso legitim ist es aus Ihrer Sicht, den Preis nach oben zu verhandeln. Das Bieterverfahren bietet Ihnen hierzu eine Möglichkeit, birgt aber auch Gefahren in sich, wenn Sie es nicht richtig angehen. Sie sollten diese Methode definitiv gekonnt einsetzen. Nur mal eben einen unbewanderten Versuch zu starten, kann nach hinten losgehen.

Sie können das Bieterverfahren in Betracht ziehen, wenn:
- Sie sich bezgl. der Höhe des Kaufpreises nicht sicher sind,
- die Lage Ihrer Immobilie eine äußerst geringe oder extrem starke Nachfrage hat,

Kapitel 12
Verkaufs- und Preisverhandlung & Bieterverfahren
Kaufverhandlung ergebnisorientiert führen & Verhandlungsspielraum

---

- sich Ihre Immobilie in einem ausgeprägt modernisierungs- oder sanierungsbedürftigen Zustand befindet.

Im Prinzip bereiten Sie alles wie gehabt vor und schauen, dass Sie jeweils an zwei aufeinanderfolgenden Samstagen Einzelbesichtigungstermine anbieten. Die dann erscheinenden Interessenten sollten Sie definitiv – wie Sie es bereits gelernt haben – filtern, um dann mit den selektierten jeweils einen zweiten bzw. dritten Besichtigungstermin zu vereinbaren.

Im Vorfeld müssen Sie darauf achten, einen Hinweis sowohl in der Online-Anzeige als auch im Angebotsschreiben an die Interessenten z. B. wie folgt zu formulieren:

„**Je nach Nachfrage kann ein Bieterverfahren eingeführt werden. Dies würde bedeuten, dass der/diejenige den Zuschlag erhält, der/die das höchste Gebot mit gesicherter Finanzierung abgibt. Der Verkaufspreis kann dann vom Angebotspreis nach oben hin abweichen".**

Auch sollten Sie ein Auge darauf haben, den Kaufpreis so attraktiv wie möglich zu gestalten. Mal angenommen, Ihre Immobilie ist 500.000 Euro wert. Das haben Sie zumindest so ermittelt und Sie sind sich da absolut sicher.

Bedenken Sie bitte, dass der Preis auf dem Papier von dem am tatsächlichen Markt abweichen – und deswegen vielleicht ein nicht erzielbarer oder ganz im Gegenteil sogar ein höherer sein – könnte. Wo der Marktwert Ihrer Immobilie liegen wird, zeigt Ihnen die Stärke der Nachfrage ganz genau auf. Legen Sie auf jeden Fall von vornherein Ihr absolutes Limit fest. Bitte bleiben Sie dabei realistisch und bewerten nicht subjektiv, nach dem Motto: Meine Immobilie ist die schönste, größte etc.

Liegt der Wert nun tatsächlich bei 500.000 Euro und Ihr hundertprozentiges Minimum bei 480.000 Euro, was spricht dann dagegen, mit dem für die Interessenten verlockenderen – weil niedrigeren – Preis an den Markt zu gehen? Oder gar mit 450.000 Euro anzufangen? Denn:

Letztere Summe würde definitiv die Attraktivität Ihrer Immobilie erhöhen – allerdings nur, solange die vergleichbaren Immobilien am Markt alle für 500.000 Euro angeboten werden.

Meinen Sie nicht, dass Interessenten, die gerade auf der Suche sind, Ihre Immobilie

Kapitel 12
Verkaufs- und Preisverhandlung & Bieterverfahren
Kaufverhandlung ergebnisorientiert führen & Verhandlungsspielraum

dadurch auf jeden Fall reizvoll finden würden?
Hier kommt es darauf an, welche Preisstrategie Sie gewählt haben. Erinnern Sie sich noch an Kapitel 4 „Welcher Angebots- und Verkaufspreis?"

Wie Sie das Projekt „Bieterverfahren" angehen

1. Ihre Immobilie wird wie gewohnt gut vorbereitet und mit dem Hinweis auf ein mögliches Bieterverfahren inseriert.
2. Im Zuge der – möglichst samstags – vereinbarten Einzelbesichtigungstermine können sich Interessenten über Ihre Immobilie informieren.
3. Bei Kaufinteresse gehen Sie – im Gegensatz zum gewohnten Bieterverfahren – wie folgt vor:
   a) Sie geben ein Informationsschreiben zum weiteren Ablauf mit. In diesem ist auch eine Gebotsfrist von 14 Tagen ab dem letzten Terminblock festgelegt.
   b) Sie bieten den Favorisierten eine zweite bzw. dritte Besichtigung an und stellen ausreichend Informationen in Form der relevanten Unterlagen zu Ihrer Immobilie zur Verfügung.
4. Diese sollen sich innerhalb der Frist um die Finanzierbarkeit kümmern und
5. geben ihre Gebote in schriftlicher Form bzw. per E-Mail ab.
6. Sie sammeln bis zum Stichtag alle Angebote ein und teilen sämtlichen Interessenten, die besichtigt haben, nach Ablauf der Frist den aktuellen Stand mit: Die drei höchsten Offerten sind hier relevant. So verfahren Sie jedes Mal. Bleiben Sie dabei bitte ehrlich, um das Vertrauensverhältnis nicht zu beschädigen.
7. Nun müssen Sie als Eigentümer entscheiden, ob Sie sich auf Basis des höchsten Gebotes von Ihrer Immobilie trennen möchten.
8. Stimmen Sie zu, erhält der Meistbietende nun den Zuschlag und hat – falls erforderlich – noch mal ca. 14 Tage Zeit, um die endgültige Finanzierungszusage seitens seiner Bank vorzulegen.
9. Sollte dieser die Finanzierung nicht beibringen können, können Sie den Zuschlag dem zweithöchsten Bieter erteilen – mit demselben Fälligkeitszeitraum für die Finanzierungsbestätigung.

Damit das Bieterverfahren noch seriöser wahrgenommen wird, haben Sie auch diese Möglichkeit:

Sie bitten die Interessenten darum, ihre Angebote verschlossen in einem Umschlag auf dem Postweg zu senden. Am Ende der Gebotsfrist können Sie alle Anbieter zu einem gemeinsamen Öffnungstermin der Umschläge einladen.

Kapitel 12
Verkaufs- und Preisverhandlung & Bieterverfahren
Kaufverhandlung ergebnisorientiert führen & Verhandlungsspielraum

---

Eine weitere Alternative wäre, dass Sie die Interessenten ersuchen, ihre Gebote in schriftlicher Form bei einem Notar abzugeben. Dieser sammelt alle bis zum gesetzten Termin und informiert dann den Höchstbietenden darüber, dass er den Zuschlag erhalten hat. Der Notar ist an dieser Stelle von entscheidender Bedeutung, weil er wirklich neutral ist und Sie mit dieser Variante einen enormen Seriositätsbonus genießen werden.

Da Gebote generell nicht bindend sind, besteht zwar die Gefahr, dass der Höchstbietende von seinem Angebot zurücktritt. Da er sich jedoch mit Ihrer Immobilie lange beschäftigt und aufgrund dessen mit Erfolg geboten hat, ist das eher als unwahrscheinlich anzusehen.

Sie müssen dem Verkauf zu dem offerierten Preis ebenfalls nicht zustimmen. Bedenken Sie dabei aber bitte: Das Höchstangebot spiegelt sehr wahrscheinlich den aktuellen Marktpreis Ihrer Immobilie wider.

Das Informationsschreiben für die Interessenten zum weiteren Ablauf habe ich Ihnen bereits als Mustervorlage erstellt, die Sie als Akademie-Mitglied gerne nutzen können.

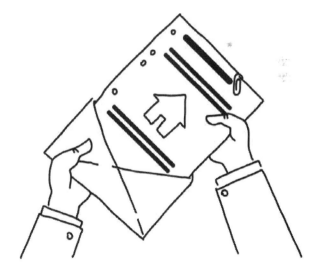

Kapitel 13
Finanzierungszusage
Worauf Sie vor dem Notargang achten sollten

Kapitel 13

Finanzierungszusage

Worauf Sie vor dem Notargang achten sollten

1. <u>Banken und der Immobilienverkauf</u>

Wer eine Immobilie erwerben möchte, wird sich dies sicherlich über eine Bank finanzieren lassen, zumindest ist es in den meisten Fällen so, denn:

Entweder verfügt der Käufer nicht über das Kapital oder das aktuelle Zinstief verleitet ihn dazu, sein Geld beisammen zu halten und sich günstiges Geld von der Bank zu leihen.

Das bedeutet für Sie, nicht der Käufer zahlt den Kaufpreis, sondern die Summe wird von dessen Geldinstitut an Sie bzw. Ihren Gläubiger – Ihre Bank – überwiesen. Steuerlich gesehen kann die Finanzierung Vorteile bieten, allerdings nur, wenn die Immobilie als Kapitalanlage gekauft und weiterhin vermietet wird.

Dieses Thema sollten Sie definitiv offen und transparent mit Ihrem Kaufinteressenten bereden. Denn die Sicherstellung der Kaufpreiszahlung ist das Wichtigste vor der Kaufvertragsunterzeichnung. Auf welche Weise Sie das tun können, haben Sie ja bereits in Kapitel 10 erfahren. Halten Sie sich bitte auch daran und fragen Sie den Kaufinteressenten, ob es schon positiv verlaufende Gespräche mit seiner Bank gegeben

Kapitel 13
Finanzierungszusage
Worauf Sie vor dem Notargang achten sollten

---

hat. Wenn er das bejaht, kann er Ihnen auch problemlos belegen, dass die Finanzierung sichergestellt ist.

Finanzierungszusage beim Immobilienverkauf

Durch die enorme Nachfrage nach Immobilien und die damit einhergehenden Kreditgewährungsanfragen haben Banken immer sehr viel mit der Überprüfung der Finanzierbarkeit sowie der Bonität des Kreditnehmers zu tun. Durch diesen Mehraufwand stellen mittlerweile viele Geldinstitute schon im Vorfeld eher ungern eine Finanzierungsbestätigung aus. Auf diese sollten Sie allerdings in Ihrem eigenen Interesse bestehen, und zwar mit folgendem Inhalt: *Ein Kauf in Höhe des Kaufpreises wird selbstverständlich – vorbehaltlich einer Prüfung der Unterlagen sowie der Immobilie – begleitet werden.* Ein solcher Zweizeiler genügt vorerst.

Achten Sie bitte dann auf jeden Fall darauf, dass die Grundschuldbestellung direkt im Anschluss an die Beurkundung des Kaufvertrages vorgenommen werden sollte. Hierzu können Sie vor dem Notartermin im Notariat telefonisch nachfragen, ob dort die Unterlagen für die Grundschuldbestellung seitens des Käufers eingegangen sind. Dies wäre definitiv der sicherste Weg. Dies hat auch den Vorteil, dass der Käufer nicht zweimal zum Notar gehen muss.

Belastungsvollmacht

Da die Immobilie noch Ihnen gehört, müssen Sie bei der Grundschuldbestellung im Vorfeld mitwirken. Sonst bekommt der Käufer keinen Kredit für Ihre Immobilie, d. h. Sie erteilen dem Käufer für die Beschaffung des Krediteseine Belastungsvollmacht im Kaufvertrag.

Es mag sich jetzt ein wenig kompliziert anhören, aber sinngemäß ist es so zu verstehen: Der Käufer darf den Immobilienkredit bereits mit Ihrer Immobilie absichern. Auf diese Weise wird seine Bank angewiesen, den Kaufpreis ausschließlich an die Ihrige und/oder an Sie zu überweisen. So wird sichergestellt, dass der Kredit nur für die Zahlung des Kaufpreises verwendet wird und für nichts anderes. Der Käufer sieht also von dem Geld gar nichts, sonst könnte dieser ja etwas anderes Wertvolles damit erwerben.

Die Belastungsvollmacht dient somit ebenfalls Ihrer Sicherheit, damit Sie den Betrag

Kapitel 13
Finanzierungszusage
Worauf Sie vor dem Notargang achten sollten

---

auch tatsächlich erhalten. Dieser Passus gehört als Standardwerk in jeden Kaufvertrag und wird vom Notar automatisch mit aufgenommen. Er entfällt nur dann, wenn der Käufer per Überweisung aus Eigenmitteln zahlen möchte.

Lastenfreistellung

Die meisten Immobilien sind beim Verkauf oft noch nicht ganz abbezahlt. Ist das auch bei Ihnen der Fall, so steht in Ihrem Grundbuch noch eine Grundschuld, die bisher Ihren Kredit gesichert hat. Neue Eigentümer übernehmen diese in der Regel nicht. Deshalb wird es notwendig sein, die diesbezüglichen Eintragungen im Rahmen des Eigentumsübergangs löschen zu lassen.

Im Prinzip sieht dies in der Praxis folgendermaßen aus:

Unmittelbar nach der Kaufvertragsunterzeichnung schreibt der Notar Ihre Bank an, um in Erfahrung zu bringen, welche Summe aus Ihrem Immobilienkredit noch offen ist. Daraufhin werden ihm schriftlich Ihre restlichen Schulden – zzgl. eventuell anfallender Vorfälligkeitsentschädigungen – mitgeteilt. Nun informiert er den Käufer, welche Beträge an wen bzw. auf welches Konto überwiesen werden sollen, denn: Die Belastung wird mit dem Kaufpreis ausgeglichen.

Der Käufer gibt die Aufstellung seiner Bank weiter und diese – bzw. der Käufer selbst, sofern er keinen Kredit aufnimmt – zahlt den aufgerufenen Betrag Ihrem Kreditinstitut aus. Die Restsumme wird Ihrem Konto gutgeschrieben.

Danach stimmt Ihr Kreditinstitut der Löschung Ihrer Grundschuld in einem dementsprechenden Schreiben an den Notar zu. Dieser leitet die Löschung durch das Grundbuchamt anschließend in die Wege. Die Bearbeitungskosten dafür müssen Sie selbst tragen.

Damit es hier keine bösen Überraschungen für Sie gibt, empfehle ich Ihnen, sich so früh wie möglich mit dem Thema „Vorfälligkeitsentschädigung" aus Kapitel 2 auseinanderzusetzen.

Und Folgendes kann ich Ihnen gar nicht oft genug zu Ihrer eigenen Sicherheit wiederholen:

Kein Immobilienverkauf ohne Finanzierungszusage.

Kapitel 13
Finanzierungszusage
Worauf Sie vor dem Notargang achten sollten

Der Verkauf Ihrer Immobilie auf eigene Faust ist mit Stress verbunden. Das kann dazu führen, dass Sie schlichtweg vergessen, sich bezüglich der Bezahlung verbindlich abzusichern. Mal angenommen, das passiert tatsächlich. Dann wird der Kaufvertrag letztendlich ohne Netz und doppelten Boden abgeschlossen – wenn Sie nicht höllisch aufpassen. Es mag sein, dass Sie im ersten Moment aufatmen, weil Sie die Bürde des Verkaufs endlich hinter sich gebracht haben. Diese Erleichterung verpufft aber schnell, wenn es hart auf hart kommt und Sie letztlich mit leeren Händen dastehen.

Die Strapaze hat dann leider nicht wie erhofft endlich ein Ende, denn nun müssen Sie – statt sich entspannt zurücklehnen zu können – weitere Anstrengungen unternehmen, um zu Ihrem Recht zu kommen. Nach – teilweise mehrfachen – Abmahnungen kann sich im schlimmsten Falle schließlich bewahrheiten: Der Käufer hat von seiner Bank keine Genehmigung zur Finanzierung erhalten.

Dann macht er sich zwar Ihnen gegenüber schadenersatzpflichtig. Auch kann er nicht so leicht aus dem Vertrag aussteigen und ist zudem zur Zahlung des Kaufpreises verpflichtet. Aber das alles bringt Sie als Geschädigten in diesem Moment nicht weiter: Einem nackten Mann kann man nichts aus der Tasche ziehen. So bleibt Ihnen nur noch, den Kaufvertrag nervenaufreibend und mit großem Aufwand rückabzuwickeln.

Meist müssen Sie dann darüber hinaus hinsichtlich neuer Interessenten nochmals von vorne beginnen. Die potenziellen Käufer, die Sie sich so schwer erarbeitet hatten, dürften durch die von Ihnen erhaltene Absage schwer wiederzugewinnen sein. Bedenken Sie bitte hierbei auch, dass Sie dann erst recht nicht mehr in einer sehr guten Verhandlungsposition stehen und im schlimmsten Fall Ihre Immobilie mit einem enormen Zeit- und Geldverlust verscherbeln müssen.

Um diesen erheblichen Rückschlag durch Zahlungsunfähigkeit des Käufers von Beginn an zu vermeiden, handeln Sie einfach nach dem ungeschriebenen Gesetz:

Kein Immobilienverkauf ohne Finanzierungszusage.

Kapitel 14
Immobilienkaufvertrag und Notartermin
Reservierung, Vorbereitung Kaufvertragsentwurf und Kaufvertragsunterzeichnung

---

Kapitel 14

Immobilienkaufvertrag und Notartermin

Reservierung, Vorbereitung Kaufvertragsentwurf und Kaufvertragsunterzeichnung

1. **Reservierung und Kaufvertragsentwurf**
Reservierung schriftlich festhalten und Kaufvertragsentwurf beauftragen

Nun stehen Sie endgültig kurz vor dem Kaufvertragsabschluss, aber bis dahin sollten Sie noch einige Punkte beachten:

Möglicherweise konnte der Käufer die endgültige Finanzierung noch nicht vorlegen bzw. möchte sich erst nach Ihrer Zusicherung, dass er Ihre Immobilie auch tatsächlich erwerben kann, darum kümmern – was aus Käufersicht verständlich sein dürfte, denn:

Die Beschaffung einer Finanzierungsbestätigung ist für ihn kurzweilig mit intensiver Arbeit verbunden.

In der Regel dauert sie ca. zwei bis drei Wochen, sofern er seine eigenen Bonitätsdokumente zur Vorlage bei der Bank sorgfältig vorbereitet hat. Die Unterlagen für Ihre Immobilie hat er ja bereits feinsäuberlich und lückenlos präpariert von Ihnen bekommen, oder? Denn ohne diese wird er kein Ja von der Bank erhalten.

Sein Kreditinstitut wird zudem sicherlich noch einen Gutachter vorbei schicken wollen, um zu überprüfen, ob die angegebenen Daten mit der zu finanzierenden Immobilie übereinstimmen. Dies ist u. a. für die Ermittlung des Immobilien-Beleihungswertes notwendig. Anhand dessen werden auch die endgültigen Finanzierungskonditionen für den Käufer bestimmt.

Die Banken arbeiten dabei recht unterschiedlich, bei einigen gehört die Bereitstellung eines solchen Sachverständigen gebührenfrei zum Service dazu. Andere wiederum lassen sich das gerne bezahlen.

Da der Käufer sich die ganze Arbeit nicht umsonst machen und keine Gutachterkosten aus dem Fenster schmeißen möchte, wird er Sie möglicherweise um Folgendes bitten:

Kapitel 14
Immobilienkaufvertrag und Notartermin
Reservierung, Vorbereitung Kaufvertragsentwurf und Kaufvertragsunterzeichnung

Die Reservierung Ihrer Immobilie

Wenn Sie ein gutes Gefühl bei dem Käufer haben und sich sicher sind, dass er eine Finanzierungsbestätigung innerhalb einer angemessenen Zeit herbeischaffen kann, haben Sie die Möglichkeit, eine Reservierungsvereinbarung mit ihm zu treffen. Dazu muss ich sagen: In meiner Position als Makler halte ich eine Immobilie immer erst nach einer Finanzierungsbestätigung frei, ohne eine Gebühr dafür zu verlangen und verknüpfe dies direkt mit dem Auftrag für den Kaufvertragsentwurf. Die Entscheidung liegt bei Ihnen.

In solch einer Abmachung verpflichten Sie und der Käufer sich, den Verkauf bzw. Kauf zu einem späteren Zeitpunkt durchzuführen. Die notarielle Beglaubigung eines entsprechenden Vertrages ist gesetzlich nicht vorgeschrieben. Einige Experten empfehlen dies und andere nicht. Nach meinem Ermessen können Sie sich die Gebühren sparen, denn: Letzten Endes stellt ausschließlich der Kaufvertrag selbst eine rechtsverbindliche Einigung dar und nur mit diesem wird die Übertragung der Immobilie eingeleitet.

Eine Reservierungsvereinbarung schützt Sie nicht davor, dass der Käufer von seiner Kaufabsicht zurücktritt.

Und auch nicht den Käufer, sofern Sie vom Verkauf Abstand nehmen sollten. Denn niemand kann Sie zur Veräußerung zwingen. Was allerdings darunter leiden würde, wäre definitiv Ihre Seriosität und die Vertrauensbasis, die Sie sich bisher aufgebaut haben.

Wenn Sie eine Reservierungsvereinbarung mit dem Käufer treffen, dann achten Sie bitte auch auf einen genau definierten Zeitraum, sprich: wie lange die Vorbestellung wirksam sein soll – sonst ist die Übereinkunft nichtig und nach aktueller Rechtsprechung sittenwidrig.

Es gibt keine genauen Vorgaben zur Dauer, sie liegt üblicherweise zwischen vier und manchmal auch acht Wochen – keinesfalls viel länger. Meine persönliche Empfehlung liegt bei 14 bis maximal 21 Tagen.

Sofern Sie in Ihrer Reservierungsvereinbarung eine entsprechende Klausel zu Schadensersatz bzw. Anspruch auf Kauf/Verkauf aufnehmen, ergeben sich daraus Ersatzansprüche gegen den, der sich vom Vertrag distanziert. Hier stellt sich die Frage, ob

Kapitel 14
Immobilienkaufvertrag und Notartermin
Reservierung, Vorbereitung Kaufvertragsentwurf und Kaufvertragsunterzeichnung

Sie so einen Passus zum Inhalt machen möchten.

Wer beauftragt den Kaufvertragsentwurf?

Grundsätzlich gilt, dass der Käufer die Notarkosten trägt. So ist es zumindest auch im notariellen Kaufvertrag festgelegt. Kommt ein solcher allerdings nicht zustande, greift diese Regelung auch nicht. Dann muss derjenige die Kosten des Notars zahlen, der dessen Leistung auch bestellt hat. Haben Sie also nicht aufgepasst und den Kaufvertragsentwurf nur in Ihrem Namen beauftragt, müssen Sie finanziell dafür geradestehen.

Aus diesem Grund empfehle ich Ihnen, sich vom Käufer für den Kaufvertragsentwurf beauftragen zu lassen – vorausgesetzt, Sie sollen sich darum kümmern. Geben Sie ihn in beider Namen in Auftrag, dann haften Sie als Gesamtschuldner zusammen für den Ausgleich. Dies würde bedeuten, dass der Notar sowohl Sie als auch den Käufer für die anfallenden Kosten belangen kann.

Für die Reservierungsvereinbarung und Kaufabsichtserklärung habe ich Ihnen eine Vorlage erstellt, die Sie dem ausgewählten Notar zusammen mit der Vorlage „Eckdatenblatt zwecks Kaufvertragsentwurf" ausgefüllt und unterzeichnet zukommen lassen können. Diese erhalten Sie als Akademie-Mitglied.

Der Kaufvertragsentwurf

Nun gilt es, eine entsprechende Abfassung bei einem Notar anfertigen und in dieser die Ergebnisse Ihrer Verhandlungen und Abmachungen mit dem Käufer gesetzeskonform zusammenfassen zu lassen. Sie oder der Käufer senden dem Notar das Eckdatenblatt, Grundbuch und alle weiteren erforderlichen Unterlagen für die angestrebte Beurkundung zu. Zu Ihrer Orientierung können Sie nochmals in die Vorlage „Checkliste Notartermin" schauen.

Daraufhin wird der Notar den Entwurf allen beteiligten Parteien innerhalb von ca. zwei Werktagen zusenden – in der Regel so rechtzeitig vor der Beurkundung, dass Ihnen und dem Käufer ausreichend Zeit bleibt, sich mit dem Vertragsmodell auseinandersetzen zu können. Der Inhalt sollte gründlich durchgelesen und auch verstanden werden.

Nehmen Sie sich ruhig zwei Wochen Zeit für die Überprüfung – auch wenn die 14-

Kapitel 14
Immobilienkaufvertrag und Notartermin
Reservierung, Vorbereitung Kaufvertragsentwurf und Kaufvertragsunterzeichnung

---

Tage-Frist bei einem Immobilien-Kaufvertrag zwischen Privatleuten untereinander gesetzlich nicht vorgeschrieben ist, denn: Ist der Vertrag erst einmal unterschrieben, kann er nicht mehr rückgängig gemacht werden. Falls Ihnen etwas unklar ist, schreiben Sie sich Ihre Fragen auf und rufen Sie den Notar an.

Kapitel 14
Immobilienkaufvertrag und Notartermin
Reservierung, Vorbereitung Kaufvertragsentwurf und Kaufvertragsunterzeichnung

2. Notar, Kaufvertrag und Beurkundung
Wie sieht der Ablauf aus?

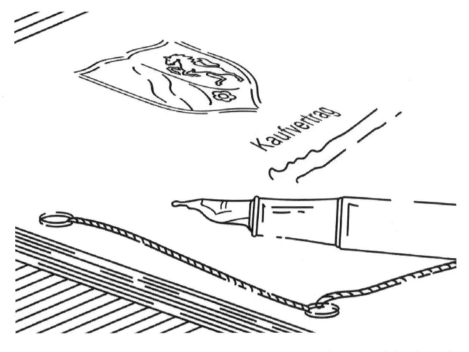

Zu diesem Thema spinne ich Ihnen einen roten Faden, an dem Sie sich langhangeln können – bis zum endgültigen Verkauf und auch darüber hinaus.

1. Der Notar

Drum prüfe, wer beurkunden wird

Es gibt in Deutschland keine eindeutige gesetzliche Regelung, wer den Notar bestimmt. In der Praxis sieht es so aus, dass Sie und der Käufer sich auf einen Notar einigen müssen. Als Richtlinie gilt aber: Der Käufer ist dafür zuständig, da er laut § 448 Absatz 2 des Bürgerlichen Gesetzbuches für die Notargebühren aufkommen muss.

Dabei ist es ratsam, dass Sie den auserwählten Juristen genau unter die Lupe nehmen und den Entwurf des Kaufvertrages nicht nur dem Käufer überlassen. Damit Ihre

Kapitel 14
Immobilienkaufvertrag und Notartermin
Reservierung, Vorbereitung Kaufvertragsentwurf und Kaufvertragsunterzeichnung

---

Interessen gewahrt bleiben, sollten auch Sie sich juristische Auskünfte vom Notar einholen. Diese erteilt er Ihnen gerne, allerdings nur unter der Voraussetzung, dass sie sich im Rahmen seiner Unparteilichkeit und Neutralität bewegen.

Der Gang zum Notar ist in Deutschland bei Erwerb und Veräußerung von Immobilien und Grundstücken unvermeidbar. Da es sich hierbei um besonders komplizierte und risikoreiche Rechtsgeschäfte handelt, werden die jeweiligen Vertragspartner durch Einbeziehung des Notars vor großen Rechtsverletzungen geschützt. Er beurkundet solche Geschäfte in der vom Gesetzgeber vorgeschriebenen Form, sodass diese im Anschluss juristische Gültigkeit haben.

Und obwohl dieses System bei der Übertragung von sowohl bebauten als auch unbebauten Grundstücken die Vertragspartner schon seit über 100 Jahren effektiv schützt, eilt dem Berufsstand dennoch manchmal ein schlechter Ruf voraus: Manch ein Vertragspartner sieht das Büro des Notars lediglich als „Stempelstube" an.

Was also sind die eigentlichen Aufgaben eines Notars?

Er ist rein verantwortlich für *das Wie des Immobilienverkaufs*, um das Rechtsgeschäft ordentlich und gesetzeskonform abwickeln zu können. Zum Schutz vor übereilter Bindung beantwortet er den Beteiligten juristischen Fragen und klärt über die Risiken des Geschäfts auf. Mögliche Bedenken und Unsicherheiten sollen so vor Unterzeichnung ausgeräumt werden, da Änderungen der Verträge nach Beurkundung nicht mehr möglich sind.

Hierfür existiert ein entsprechendes Gesetz. Es enthält die Bestimmungen von notariellen Beurkundungen und regelt die Plichten des Notars. Im § 17 können Sie nachlesen, worauf der Notar achten muss, damit das Geschäft der Rechtsordnung entspricht.

Hingegen für *das Was* sind allein Sie als Verkäufer verantwortlich, z. B. für

- den Kaufpreis,
- die Übergangsbestimmungen,
- die Prüfung der Bonität des Käufers sowie
- steuerrechtliche Angelegenheiten etc.

Der Notar gilt als unparteiische Instanz und seine Leistungen beinhalten nicht die

Kapitel 14
Immobilienkaufvertrag und Notartermin
Reservierung, Vorbereitung Kaufvertragsentwurf und Kaufvertragsunterzeichnung

wirtschaftlichen Aspekte des Rechtsgeschäftes. Somit darf er z. B. keinerlei Bewertung des Kaufpreises vornehmen, da er zur Objektivität und Neutralität verpflichtet ist. Auch eine steuerrechtliche Beratung gehört nicht zu den Aufgaben des Notars.

Eine Schwierigkeit könnten u. a. plötzliche Nachverhandlungen des Käufers während des Notartermins sein. Auch hier bleibt der Notar – zur Wahrung seiner Unbefangenheit – außen vor: Sie und der Käufer sind auf sich allein gestellt. An dieser Stelle sollten Sie dringend Obacht geben. Die Aufnahme schwer zu durchschauender Klauseln kann zu Vermögensverlusten führen. Dies gilt es zu verhindern.

Prägen Sie sich bitte ein:

„Der Notar berät nicht, er beglaubigt nur und sorgt ausschließlich für einen reibungslosen Eigentumsübergang!"

2. Der Kaufvertrag

Jeder Notar hat seine eigene Version des Kaufvertrages. Inhaltlich bleibt der Immobilienkaufvertrag allerdings stets gleich, da sehr viele Passagen bzw. Formulierungen über Grundstücksgeschäfte standardisiert verwendet werden. So haben Sie eine gewisse Sicherheit, dass alles auch mit rechten Dingen zugeht.

Dennoch sollten Sie sich genau darüber informieren, was in so einem Kaufvertrag steht und welche Bestandteile er beinhaltet, die wie folgt aufgeführt werden:

- **Vertragsbeteiligte**
  Zunächst wird im Kaufvertrag aufgenommen, wer die Immobilie an wen verkauft. Käufer oder Verkäufer können neben Privatpersonen auch juristische sein wie z. B. GmbHs, aber auch Unternehmer oder Erbengemeinschaften.

- **Kaufgegenstand**
  Was dazu genau gehört, wird auf Basis des Grundbuchs detailliert bezeichnet. Hier werden das zuständige Amtsgericht, der Grundbuchbezirk, die Nummer des Blattes, die Gemarkung, die sog. Flure, Flurstücke, die Bezeichnung mit Adressangabe und Grundstücksgröße erfasst.

Kapitel 14
Immobilienkaufvertrag und Notartermin
Reservierung, Vorbereitung Kaufvertragsentwurf und Kaufvertragsunterzeichnung

Sofern es sich um eine Eigentumswohnung handelt, wird auf die Teilungserklärung der Wohneigentumsanlage Bezug genommen. Dabei werden das Sondereigentum, die Miteigentumsanteile, die Lage und die Einheiten-Nummer genau definiert. Sofern vorhanden, werden auch Sondernutzungsrechte z. B. für einen Garten etc. erfasst.

- **Kaufpreis**
Hier sollte die Summe, die auch tatsächlich für Ihre Immobilie gezahlt wird, aufgeführt werden. Wenn dem nicht so ist und Sie eine andere Vereinbarung mit dem Käufer getroffen haben sollten, bedenken Sie bitte: Nebenabreden, die nicht im Kaufvertrag aufgeführt sind, können zur Nichtigkeit des gesamten Rechtsgeschäftes führen – und dazu, dass Sie eventuell sogar wegen Steuerhinterziehung verklagt werden.

In diesem Passus wird auch festgehalten, zu welchem Termin der Kaufpreis fällig wird und unter welchen Voraussetzungen – in der Regel, sobald die Auflassungsvormerkung im Grundbuch eingetragen wurde und die Löschung Ihrer Grundschuld im Grundbuch sichergestellt ist.

- **Zwangsvollstreckungsunterwerfung**
In den meisten Kaufverträgen wird eine solche Klausel eingebaut. Diese ist insofern für Sie wichtig, da Sie so den Gerichtsvollzieher bei Nichtzahlung des Käufers beauftragen können – und zwar ohne einen weiteren Prozess anstrengen zu müssen, da sich der Käufer durch seine Unterschrift mit der Zwangsvollstreckung in sein gesamtes Vermögen einverstanden erklärt hat.

- **Finanzierung und Belastungsvollmacht**
Falls der Käufer eine Immobilienfinanzierung anstrebt, erteilen Sie ihm bzw. seiner Bank zu diesem Zwecke eine Belastungsvollmacht. Das bedeutet, nicht der Käufer zahlt direkt an Sie, sondern seine finanzierende Bank. Diese hat somit die Sicherheit, dass der Kaufpreis auch tatsächlich nur für den Immobilienerwerb genutzt wird – und Sie haben sie auch.

- **Besitzübergang und Übergabetermin**
In dieser Klausel wird der Zeitpunkt – meist mit einem genauen Datum – festgehalten, zu dem die Immobilie übergeben werden soll: in der Regel erst nach der Kaufpreiszahlung. Ab diesem geht die Immobilie zwar in den Besitz des Käufers über, Eigentümer wird er jedoch erst mit der späteren Eintragung im Grundbuch.

Kapitel 14
Immobilienkaufvertrag und Notartermin
Reservierung, Vorbereitung Kaufvertragsentwurf und Kaufvertragsunterzeichnung

---

Mängelhaftung und Gewährleistung
Bei Gebrauchtimmobilien gilt: gekauft wie gesehen. Demnach geben Sie keine Garantien bzw. Gewährleistungsansprüche werden ausgeschlossen. Aber: Sollten Sie dem Käufer Ihnen bekannten Mängel verschweigen, haften Sie sehr wohl dafür.

Bei Neubauimmobilien ist per Gesetz eine Gewährleistung von fünf Jahren festgelegt. Wird eine solche Immobilie innerhalb dieser Frist an jemand anderen verkauft, ist darauf zu achten, dass die dem Bauträger zustehenden Schadenersatz-, Nacherfüllungs- und Gewährleistungsansprüche an den Käufer abgetreten werden.

- **Erschließungs- und Anliegerbeiträge**
Dieser Passus regelt die Kostenübernahme zu Erschließungsmaßnahmen wie die Verlegung von Versorgungs- und Entsorgungsleitungen. Auch die Straßenbeläge gehören dazu. Stichtag der Kostenübernahme ist immer der Besitzübergang.

Für Bestandsimmobilien, an denen kürzlich keine Maßnahmen durchgeführt worden sind, wird im Normalfall auch keine Rechnung von der Gemeinde erfolgen. Sollte eine Maßnahme geplant sein und nach dem Übergabetermin erfolgen, muss sie der Käufer tragen.

Bei Immobilien in Neubaugebieten bzw. bei Neubauten, die wenige Jahre später wiederverkauft werden, sollte besonders Acht gegeben werden, da diese Kosten in der Regel erst mehrere Jahre später von der Gemeinde in Rechnung gestellt werden. Meine Empfehlung ist hier, die Erschließungskosten nicht direkt an den Bauträger zu zahlen, sondern auf ein eigens dafür eingerichtetes Notaranderkonto. So ist dieser Betrag auch nach einer möglichen Insolvenz des Bauträgers sichergestellt.

- **Kosten und Steuern**
Es wird festgesetzt, dass der Käufer für die Notar- und Gerichtsgebühren sowie die Grunderwerbsteuer aufkommt. Der Verkäufer trägt die Ausgaben für die Lastenfreistellung bzw. Löschung der Grundschulden aus dem Grundbuch.

- **Auflassung und Grundbucherklärungen**
Dies ist eine Schutzklausel. Die Auflassungsvormerkung sichert beide Parteien ab: Einerseits den Käufer, da Sie Ihre Immobilie keinem Dritten mehr verkaufen kön-

Kapitel 14
Immobilienkaufvertrag und Notartermin
Reservierung, Vorbereitung Kaufvertragsentwurf und Kaufvertragsunterzeichnung

---

nen. Andererseits Sie, weil der Käufer erst nach Zahlung des Kaufpreises als Eigentümer im Grundbuch eingetragen wird.

Dies geschieht durch die Überwachung des Notars, da dieser hierfür von Ihnen beiden bevollmächtigt wird – sonst müssten Sie und der Käufer auch mehrmals beim Notar erscheinen.

- **Besondere Vereinbarungen**
  Im standardisierten Kaufvertrag können auch zusätzliche bzw. besondere Abmachungen getroffen werden. Diese können z. B. sein:
  o Anzahlungen
  o die Übernahme beweglicher Güter wie z. B. der Einbauküche
  o noch von Ihnen vorzunehmende Reparaturen
  o eine Renovierungsklausel für den Käufer – also vorzeitiger Besitzübergang vor Kaufpreisfälligkeit etc.

  Der Notar überprüft das rechtlich, er kann aber nicht kontrollieren, ob die Übereinkünfte tatsächlich eins zu eins so getroffen worden sind. Also Augen auf!

- **Schlussbestimmungen und Hinweise**
  Abschließend werden die Hinweise zu den erforderlichen Genehmigungen wie etwa öffentlich-rechtlichen oder auch dem Vorkaufsrecht der Gemeinde erörtert.

  Auch wird darauf Bezug genommen, dass beide Vertragsparteien gesamtschuldnerisch für Kosten sowie Steuern haften und der Eigentumswechsel erst nach der Umschreibung im Grundbuch stattfinden wird. Damit es dazu kommt, muss die Gemeinde – in der vom Finanzamt ausgestellten und ausgefüllten Unbedenklichkeitsbescheinigung – bestätigen, dass die Grunderwerbsteuer gezahlt worden ist.

  Des Weiteren wird festgestellt, dass
  o Nebenabreden unzulässig sind und zur Nichtigkeit des gesamten Vertrages führen können
  o und der Notar zwar auf eine mögliche Einkommensteuerpflicht bei Veräußerungsgeschäften hingewiesen, aber keine steuerlichen Beratungen oder dergleichen vorgenommen hat.

Vertrauen ist gut, Kontrolle ist besser.

Dass ein Immobilienkaufvertrag in Deutschland von einem Notar beurkundet wer-

Kapitel 14
Immobilienkaufvertrag und Notartermin
Reservierung, Vorbereitung Kaufvertragsentwurf und Kaufvertragsunterzeichnung

---

den muss, gibt Ihnen schon eine gewisse Sicherheit, zumindest was die Formalien angeht. Gravierende Fehler sollten hier eher ausgeschlossen sein, denn der Kontrakt legt die exakten Bedingungen für den Immobilienverkauf fest.

Dennoch tragen Sie eine alleinige Verantwortung und sollten einen Kaufvertrag immer genau unter die Lupe nehmen, bevor Sie diesen unterzeichnen. Noch mal zur Wiederholung:

Überprüfen Sie den Kaufpreis, die Übergangsbestimmungen, den Bonitäts-Check des Käufers sowie Ihre eigenen steuerrechtlichen Angelegenheiten. Was wäre z. B., wenn Sie doch eine Spekulationssteuer zahlen müssten, nur weil Sie versäumt haben, dies zu kontrollieren? Oder der Käufer entgegen Ihrer Annahme eine Gewährleistungserklärung Ihrerseits in den Kaufvertrag aufnehmen ließ, da Sie der Meinung waren: „Der Kaufvertrag ist nicht mein Baby. Dafür ist schließlich der Notar zuständig und der Käufer hat sich um alles gekümmert." Bedenken Sie bitte: Die meisten Notare lesen den Vertrag so schnell vor, dass Sie noch nicht mal mitkommen, geschweige denn etwas verstehen können.

Ansonsten haben Sie nach der Kaufvertragsunterzeichnung mit behördlichen Gängen und Genehmigungen sowie administrativen Aufgaben zwecks Eigentumsumschreibung nichts zu tun. Dies alles regelt dann der Notar, was Ihnen eine Sicherheit verschafft und Arbeit abnimmt.

3. Der Notar-/Beurkundungstermin

Dieser Zusammenkunft sollten im Normalfall alle Parteien persönlich beiwohnen. Gesetzt den Fall, dass eine Partei wegen Krankheit, Auslandsaufenthalt, weil es sich um ein Scheidungspaar handelt etc. nicht erscheinen kann, gibt es Möglichkeiten wie z. B. Vollmachten – die allerdings immer mit dem Notar im Vorfeld abgesprochen sein sollten, da sie notariell beglaubigt sein müssen.

Es kann auch durchaus vorkommen, dass weitere Teilnehmer neben den Vertragsparteien anwesend sind. Dies können Makler, Rechtsanwälte oder auch Dolmetscher sein. Oft haben die ersten beiden den Käufer oder Verkäufer während der Vermarktungs- bzw. Ankaufsphase begleitet. Dolmetscher werden benötigt, sofern einer der Mitwirkenden nicht ausreichend Deutsch sprechen bzw. verstehen kann.

Hier muss darauf geachtet werden, dass der Übersetzer weder verwandt noch ver-

Kapitel 14
Immobilienkaufvertrag und Notartermin
Reservierung, Vorbereitung Kaufvertragsentwurf und Kaufvertragsunterzeichnung

---

schwägert mit der Person ist, für die er tätig wird. Die entsprechenden Kosten muss der jeweilige Auftraggeber übernehmen.

Ablauf

Zuerst werden die Personalien der Vertragsbeteiligten seitens des Notars überprüft. Dies bedeutet, dass die Personalausweise oder Reisepässe im Original vorgezeigt werden müssen und für die Akte kopiert werden. Der Notar vergewissert sich, dass alle Parteien der deutschen Sprache – eventuell durch einen Dolmetscher – mächtig sind.

Ihnen und dem Käufer sollte die aktuellste Fassung des Kaufvertrages als Leseexemplar vorliegen. Wie gesagt: Der Notar liest erfahrungsgemäß so schnell vor, dass Sie kaum mitkommen, geschweige denn irgendetwas verstehen. Die gilt nicht für alle, aber: Von all den zahlreichen Notaren, die ich bisher bei Beurkundungen erlebt habe, ratterten rund 90 % den Inhalt in einem Affentempo herunter.

Genau aus diesem Grund sollten Sie den Kaufvertrag bereits im Vorfeld überprüft und Ihre offenen Fragen entweder vorab in einem Telefonat mit dem Notar geklärt oder im Entwurf selbst Ihre Bemerkungen und Fragen aufgeschrieben haben.

Bei Unklarheiten können Sie den Notar jederzeit ansprechen, der Ihnen dann die entsprechende Stelle erörtert. Wenn es Änderungs- oder Ergänzungswünsche gibt, wird der Notar diese meist handschriftlich im Vertrag vermerken. Sobald er den Kaufvertrag vollständig vorgelesen hat, alle offenen Fragen beantwortet und die Ergänzungen im Kaufvertrag aufgenommen worden sind, wird der Kaufvertrag jeder Partei zur Unterzeichnung vorgelegt.

Haben Sie und der Käufer jeweils Ihre Unterschrift geleistet und damit eine rechtsverbindliche Erklärung abgegeben, gilt der Verkauf als bindend, besiegelt und es gibt kein Zurück mehr. Im Gegenzug erhalten beide Parteien die entsprechenden Rechte.

Weiterer Ablauf für die nächsten vier bis zwölf Wochen

Herzlichen Glückwunsch! Es ist soweit, Sie haben Ihre Immobilie verkauft! Was geschieht nun?

Kapitel 14
Immobilienkaufvertrag und Notartermin
Reservierung, Vorbereitung Kaufvertragsentwurf und Kaufvertragsunterzeichnung

1. Die im Vertragswerk aufgenommenen Korrekturen werden beiden Parteien im Nachgang in der endgültigen Fassung und beglaubigter Form auf dem Postweg zugestellt. In der Regel dauert dies bis zu maximal fünf Werktage.
2. Der Käufer erhält vom Finanzamt den Bescheid über die Grunderwerbsteuer. Der genannte Betrag sollte nach Überprüfung so schnell wie möglich überwiesen werden. So lange kein Ausgleich erfolgt, kann der Notar die Eigentumsüberschreibung nicht in die Wege leiten, denn: Er wird auf die Unbedenklichkeitsbescheinigung des Finanzamtes warten müssen.
Ehepartner, die zu gleichen Teilen eine Immobilie kaufen, erhalten zwei Rechnungen mit 50 % der Gesamtgebühren. Hier sollte darauf geachtet werden, dass die Bezahlung genau so, wie in der Rechnung vermerkt, ausgeführt wird. Sonst hat das Finanzamt Probleme, den Zahlungseingang eindeutig zuzuordnen.
3. Die Löschungsunterlagen Ihrer Bank werden dem Notar zugestellt.
4. Das Grundbuchamt informiert Sie und den Käufer, dass die Auflassungsvormerkung für den Käufer eingetragen worden ist.
5. Der Notar teilt dem Käufer mit, dass die Kaufpreisfälligkeitsvoraussetzungen vorliegen und er nun den Kaufpreis wie angeben überweisen soll.
6. Zeitgleich bekommen Sie Bescheid, dass Punkt 5 veranlasst wurde. Sie erhalten ein vorbereitetes Formular in der Anlage, auf dem Sie dem Notar nach Zahlungseingang bestätigen, dass Sie die Summe erhalten haben.
7. Der Kaufpreis ist nun geflossen. Sollten Sie noch über Restschulden verfügen, wird der offene Betrag erst Ihrer Bank gutgeschrieben und der Rest geht auf Ihrem Konto ein. Bis hierhin sind ca. mindestens vier, maximal sechs Wochen Zeit vergangen.
8. Es kann die Übergabe nach dem vereinbarten diesbezüglichen Termin wahrgenommen werden.
9. Je nach Stadt und Grundbuchamt kann es weitere ein bis drei Monate dauern, bis Sie Mitteilung erhalten, dass nun der Käufer im Grundbuch als Eigentümer eintragen worden ist – sofern er die Grunderwerbsteuer gezahlt hat.

Kapitel 15
Kaufpreisfälligkeit und Objektübergabe
Kaufpreisgutschrift, Vorbereitung der Unterlagen und Immobilienübergabe

---

Kapitel 15

Kaufpreisfälligkeit und Objektübergabe

Kaufpreisgutschrift, Vorbereitung der Unterlagen und Immobilienübergabe

1. **Kaufpreisfälligkeit und Kaufpreiseingang**
   Wie sieht der Ablauf aus?

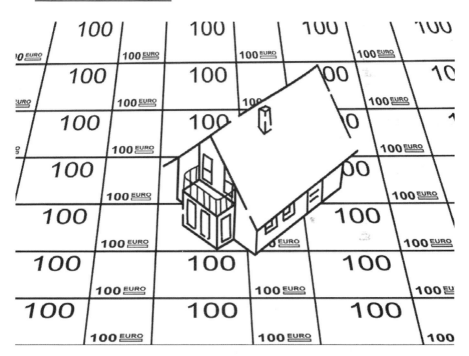

Im ersten Schritt nach der Vertragsunterzeichnung und dem Versand der Vertragsabschriften an Sie und den Käufer wird seitens des Notars überprüft, ob die Voraussetzungen erfüllt worden sind für:

Die Kaufpreisfälligkeit

Hierzu verschickt er die Vertragsabschriften ebenfalls an die Grunderwerbsteuer-

Kapitel 15
Kaufpreisfälligkeit und Objektübergabe
Kaufpreisgutschrift, Vorbereitung der Unterlagen und Immobilienübergabe

stelle des Finanzamtes und weitere Genehmigungsstellen sowie – bei einer Finanzierung – an die Bank des Käufers.

Nach der
- Eintragung der Auflassungsvormerkung,
- Beschaffung der Löschungsbewilligung des bisherigen Kreditinstitutes des Verkäufers
- Einholung zusätzlicher Genehmigungen

überprüft der Notar, ob alle Fälligkeitsvoraussetzungen nun erfüllt sind.

Im zweiten Schritt wird er – im Zuge des Eigentumserwerbs – die Fälligkeitsmitteilung in Form eines Dokuments an den Käufer senden. So erhält dieser Kenntnis, wann und wie er den Kaufpreis auf welche Konten zu zahlen hat: sein endgültiges Signal. Wenn vereinbart worden ist, die Immobilie leer zu übergeben, existiert in der Regel ein entsprechender Passus mit ca. sieben Tagen Vorlaufzeit. In dieser kann der Käufer vor der finalen Begleichung des Kaufpreises überprüfen, ob das Haus/die Wohnung tatsächlich geräumt worden ist. Mit größter Wahrscheinlichkeit wird er auch erst danach die Zahlung anweisen.

Kaufpreiseingang und Empfangsbestätigung

Im dritten Schritt müssen Sie – nachdem der Käufer den Kaufpreis beglichen hat – dem Notar mitteilen, dass der Kaufpreis eingegangen ist. Nutzen Sie dazu die vorgefertigte Erklärung, die Sie mit der Abschrift der Fälligkeitsmitteilung erhalten haben. Diese Erklärung müssen Sie unterzeichnet an den Notar zurücksenden.

Wirtschaftlicher Übergang der Immobilie

Der Moment, in dem Sie dem Käufer nach Kaufpreiszahlung die Schlüssel übergeben, macht ihn zum Besitzer. Es ist nun seine Immobilie und er kann darin wohnen. Doch erst mit dem Status „Eigentümer" ist er voll verantwortlich für sämtliche Nutzungsrechte sowie - pflichten und für Lasten, die mit der Immobilie verbunden sind. Das ist dann der Zeitpunkt des „wirtschaftlichen Übergangs". Von jetzt an trägt der Käufer alle Kosten und haftet auch für sein neues Hab und Gut.

Kapitel 15
Kaufpreisfälligkeit und Objektübergabe
Kaufpreisgutschrift, Vorbereitung der Unterlagen und Immobilienübergabe

---

Dazu gehört, dass er für die Sicherung der Verkehrspflicht auf seinem eigenen Grundstück und auch auf den angrenzenden Gehwegen zuständig ist. Ihm obliegt somit z. B. die Schneebeseitigung und Streupflicht, die Kontrolle des Treppenzugangs sowie die Überprüfung seines Daches auf lose Ziegel etc.

Im sogenannten „Übergang der Gefahr" übernimmt er zudem bei Wetterkapriolen wie Hochwasser oder Stürmen die Risiken der Beschädigung oder Zerstörung. In seinem eigenen Interesse empfiehlt es sich deshalb, schon ab Besitzübergang eine Versicherung, die alle – auch die von keinem Vertragsbeteiligten zu vertretenden – schädigenden Ereignisse zuverlässig abdeckt. Darauf sollten Sie den Käufer hinweisen. Denn letztendlich ist es nun ebenfalls seine Aufgabe, für sämtliche Rechte und Pflichten aus bestehenden Verträgen mit Dritten wie Miet-, Versicherungs-, Anschlussverträge u. s. w. geradezustehen.

Nach § 929 BGB findet der tatsächliche wirtschaftliche Eigentumsübergang erst dann statt, wenn dieser zu einem späteren Zeitpunkt im Grundbuch eingetragen wird. Das kann sich rund vier bis zwölf Wochen hinziehen.

Kapitel 15
Kaufpreisfälligkeit und Objektübergabe
Kaufpreisgutschrift, Vorbereitung der Unterlagen und Immobilienübergabe

---

2. Übergabe
Wie sieht der Ablauf aus?

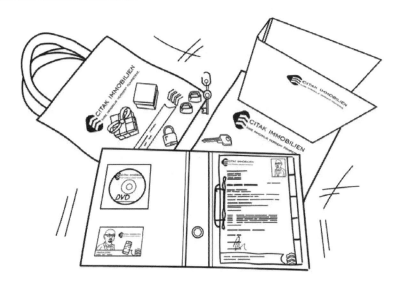

Jetzt folgt die finale Übergabe an den neuen Eigentümer, auch hierfür sollten Sie sich gut vorbereiten. Denn nach der aktuellen Rechtsprechung wird die Gebrauchtimmobilie „gekauft wie gesehen" übernommen, was bedeutet: in dem Zustand, den der Käufer zum letzten Mal vor der Beurkundung vorgefunden hat – es sei denn, Sie haben diesbezüglich etwas anderes vereinbart und dies ist auch im Kaufvertrag aufgenommen worden.

Zuerst ist es wichtig, dass Sie die Originalunterlagen zur – fast ehemaligen – Immobilie in einem Ordner für den neuen Eigentümer bereithalten. Sie selbst benötigen diese nun nicht mehr und nach meinem Ermessen gehört es zum guten Ton, alle diesbezüglichen Dokumente zusammen mit der Immobilie zu übergeben. Für Ihr Archiv sind Sie bereits im Besitz aller PDF-Dateien, die Sie dem Käufer für seine Finanzierung zur Verfügung gestellt hatten. Das reicht normalerweise ab dem Übergabezeitpunkt für Sie völlig aus.

Die Originalunterlagen können sein:

- Bauunterlagen mit entsprechenden Genehmigungen
- Architektenpläne

Kapitel 15
Kaufpreisfälligkeit und Objektübergabe
Kaufpreisgutschrift, Vorbereitung der Unterlagen und Immobilienübergabe

- Bedienungsanleitungen für Heizung und Co
- der Kaufvertrag für die Einbauküche wegen der Garantie etc.
- und auch die Rechnungen der zuletzt durchgeführten Reparaturen für etwaige Gewährleistungsansprüche u. s. w.

Natürlich sollten Sie das Abgeben sämtlicher Schlüssel auch schon vorbereitet haben.

Ein Übergabeprotokoll gehört zu jeder Abtretung dazu

Auf diese Weise wird eindeutig festgehalten, wann genau die Immobilie den Besitzer gewechselt hat. Auch erleichtert solch eine Dokumentation die Ab- und Ummeldung bei den Versorgungsdienstleistern. Zudem können Sie so besser und ordnungsgemäß untereinander abrechnen, denn:

In sehr vielen Gemeinden werden z. B. die Grundbesitzabgaben unterjährig nicht mehr umgestellt. Oder die Wohngebäudeversicherung ist Ihrerseits bis zum Vertragsende gezahlt worden.

Im Prinzip gehen Sie als Verkäufer bis zum Jahreswechsel in Vorleistung und holen sich diese Gebühren anteilsmäßig vom neuen Eigentümer zurück.

Ein vernünftiges Übergabeprotokoll enthält:

- die Angaben zur Immobilienanschrift
- Ihre neue Adresse
- Felder für Bemerkungen und eventuelle Mängel – bzw. was zuvor zwischen Ihnen vereinbart worden ist
- Zählernummern der Versorger inklusive Felder für Zählerstände
- ausgehändigte Schlüssel mit der Angabe, um welche es sich genau handelt und wie viele es jeweils sind
- den Ort und das Datum
- sowie selbstverständlich Ihre Unterschrift und die des neuen Eigentümers

Sie sollten die Immobilie mit dem neuen Eigentümer bei der Übergabe komplett begehen und das Protokoll sinngemäß ausfüllen. So sind Sie beide auf dem gleichen Stand und eventuell auftretende Unstimmigkeiten können direkt vermerkt bzw. entsprechend geklärt werden.

Kapitel 15
Kaufpreisfälligkeit und Objektübergabe
Kaufpreisgutschrift, Vorbereitung der Unterlagen und Immobilienübergabe

---

Zu guter Letzt wird das Protokoll – wie bereits gesagt – mit Orts- und Datumsangabe von beiden Parteien unterzeichnet und jeder von Ihnen erhält jeweils ein Exemplar. Aus diesem Grund sollten Sie zwei Protokolle vorbereiten, oder Sie gehen unmittelbar danach zu einem Copyshop. Die Kopie ist dann für Sie gedacht und das Original für Ihren Käufer.

Herzlichen Glückwunsch! Sie haben Ihre Immobilie verkauft und an den neuen Eigentümer übergeben. Ich bin richtig stolz auf Sie, dass Sie dieses Vorhaben: „Immobilie selber verkaufen!" so erfolgreich gemeistert haben.

Ihr Hakan Citak – Der ImmoCoach

Kapitel 16
Exkurs – falls Sie doch lieber einen Makler einschalten möchten?
Warum einen Makler? Oder unter welchen Kriterien sind Makler auszuwählen?

Kapitel 16

Exkurs – falls Sie doch lieber einen Makler einschalten möchten?

Warum einen Makler? Oder unter welchen Kriterien sind Makler auszuwählen?

1. **Privatverkauf oder Immobilienmakler**
   Die entscheidende Frage:
   „Wer kann Ihre Immobilie vermutlich besser verkaufen?"

Sie sind tief in die akkurate Vorbereitung, die sorgfältige Planung und die juristisch fundierte sowie umsichtige Ausführung des Privatverkaufs eingestiegen. Sie wissen nun um die damit verbundenen Aufgaben, den bevorstehenden Arbeitsaufwand und das nötige Hintergrundwissen, welches Sie parat haben müssen. Haben Sie sich schon zum Alleingang entschlossen oder beschäftigt Sie noch die offene Frage, was für oder gegen die Beauftragung eines Immobilienmaklers spricht?

Was meinen Sie, wer kann Ihre Immobilie vermutlich besser verkaufen?

Bevor wir dies gemeinsam weiter analysieren, sollten wir – wie bereits im Vorwort erläutert – festhalten, dass es sone und solche Makler gibt. Wie in jeder Branche oder Sportart auch herrschen gewaltige Unterschiede vor. Wer spielt z. B. besser: ein Kreis- oder ein Bundesligaspieler? Was ist mit der Champions League? Gibt es auch hier ein Gefälle zwischen den absoluten Topathleten und den durchschnittlichen Bundesligaspielern?

Ja und genauso verhält es sich bei der Spezies Makler auch, auf die wir nunmehr eingehen: Zunächst einmal sind Immobilienmakler nicht gleich Immobilienmakler. Wir hatten schon darauf hingewiesen, dass dieser Beruf nicht geschützt ist. Wenn Sie Makler recherchieren, werden Ihnen mit sehr großer Wahrscheinlichkeit solche über den Weg laufen, die den Gewerbeschein gerade frisch in der Hand halten, „Makler" nicht richtig schreiben können, geschweige denn eine Ahnung von der Materie Immobilie haben.

Aber es gibt auch diejenigen, die seit Jahren einen richtig guten Job machen, …

indem sie ihren Auftrag, ausgesprochen gelungen Immobilien zu verkaufen, gewissenhaft erledigen. Obwohl sie das Geschäft schon in und auswendig kennen, bilden

Kapitel 16
Exkurs – falls Sie doch lieber einen Makler einschalten möchten?
Warum einen Makler? Oder unter welchen Kriterien sind Makler auszuwählen?

sie sich regelmäßig fort, um immer auf dem aktuellen Stand zu sein und ihr Wissen stetig ganz im Sinne Ihrer Kunden zu erweitern. Zudem führen sie erfolgreich ein echtes, effektives Maklerunternehmen mit mehreren Mitarbeitern.

Wenn Sie also genau hinschauen, können Sie die enormen Unterschiede zwischen Maklern klar und deutlich erkennen und Eins plus Eins zusammenzählen. So wird es Ihnen sicherlich auch nicht besonders schwerfallen, sich den richtigen Profimakler für Ihre Immobilie herauszupicken. Zu Ihrer Unterstützung habe ich Ihnen einen weiteren Leitfaden mit einer entsprechenden Checkliste vorbereitet. Wenn ich ab jetzt von Immobilienmaklern spreche, meine ich damit immer:

Den wahren Profimakler

Dieser steht Ihnen mit seiner Kompetenz zur Seite. Damit ist gemeint, dass er eine gute Ausbildung genossen hat, einige Jahre Berufserfahrung mitbringt und zudem über lokale Kenntnisse verfügt – sofern er sich auf ein Gebiet fokussiert und regelmäßig an diesem Standort Immobilien vermittelt. Des Weiteren ist es sein Tagesgeschäft, was sich schließlich für Sie als Eigentümer am Ende lohnen dürfte.

Hierbei darf nicht unerwähnt bleiben, dass ein Immobilienmakler immer in Vorleistung geht und auf eigenes Risiko für Sie tätig wird. Er investiert sehr viel Zeit und Geld in Ihre erfolgreiche Immobilienvermittlung und wird auch nur im Erfolgsfalle bezahlt. Diese Art der Vorleistung finden Sie bei keinem anderen Dienstleister.

So sparen Sie einerseits reichlich Zeit, die Sie definitiv sinnvoller nutzen können und auch die gesamten Vermarktungskosten, welche nicht unerheblich sind. Der Makler hingegen erhält sein Erfolgshonorar.

Dieses mag dem einen oder anderen als nicht gerechtfertigt oder zu hoch zu erscheinen. Wo Sie jedoch mit den Vermarktungskosten landen werden, wird sich letztlich zeigen: Sie sollten mit mindestens 1 – 3 % der Verkaufssumme rechnen, allerdings ist das Ende offen. Mit dem Erfolgshonorar des Immobilienmaklers dagegen können Sie aufgrund des konstanten Prozentsatzes fest rechnen.

„Kompetenz" bedeutet ferner, ...

dass der Immobilienmakler in der Lage ist, den Wert Ihrer Immobilie korrekt einzuschätzen. Er kennt den Markt, an dem er tätig ist, sehr genau und darüber hinaus

Kapitel 16
Exkurs – falls Sie doch lieber einen Makler einschalten möchten?
Warum einen Makler? Oder unter welchen Kriterien sind Makler auszuwählen?

---

auch Vergleichsobjekte. Er weiß, wie lange diese ähnlichen Immobilien am Markt angeboten und vor allem zu welchem Preis sie verkauft worden sind. Auch kann er die Nachfrage genauer analysieren. So startet er die Vermarktung mit dem richtigen Angebotspreis. Mit dem Falschen zu beginnen, führt in den meisten Fällen zu langen Vermarktungszeiten und in vielen Fällen sogar zu Vermögensverlusten. Diesen nicht zu unterschätzenden Aspekt sollten Sie berücksichtigen.

Zudem kann Ihnen der Immobilienmakler auf Anhieb sagen, welche Unterlagen entsprechend Ihrem Immobilientyp benötigt werden. Falls Sie nicht über alle verfügen, weiß er, wo diese einzuholen sind und besorgt sie Ihnen in Ihrem Auftrag mit Ihrer Vollmacht auch. Dann bereitet er bereits im Anfangsstadium sämtliche Dokumente akribisch für die notwendige Finanzierung des Käufers vor.

Weiterhin profitieren Sie davon, dass er
- werbewirksame Grundrisse und ein hochwertiges Exposé erstellt,
- klug alle Besichtigungstermine organisiert
- und strategische Verhandlungen mit den potenziellen Käufern führt.

Schließlich lässt er den Kaufvertragsentwurf hieb- und stichfest vorbereiten, um Sie dann zum Notartermin zu begleiten – damit schützt er versiert Ihre Interessen und zugleich vor Fehlern. Zu guter Letzt ist er bei der strukturierten Übergabe an die neuen Eigentümer dabei und protokolliert dieses Procedere auch sorgfältig.

Solch eine Dienstleistungsbandbreite selbst auf die Beine zu stellen, ist ausgesprochen zeit-, arbeits- und ebenfalls kostenintensiv.

Die Funktion des Immobilienmaklers

Die Vorteile durch die Beauftragung eines Immobilienmaklers sind Ihnen bewusst, dennoch möchten Sie darauf verzichten? Sie fühlen sich durch die *Online Akademie* fit genug, um alles selbst in die Hand zu nehmen?

Okay, aber es gibt dann noch drei Punkte, die Ihnen dabei im Wege stehen könnten, Ihre Immobilie erfolgreich zu vermarkten:

1. Ihre Emotionen können Ihnen einen Strich durch die Rechnung machen

Sie haben in Ihre Immobilie reichlich investiert. Das betrifft nicht nur Geld, sondern

Kapitel 16
Exkurs – falls Sie doch lieber einen Makler einschalten möchten?
Warum einen Makler? Oder unter welchen Kriterien sind Makler auszuwählen?

auch Gefühle. Viele angenehme Erinnerungen stecken in Ihrem Haus/Ihrer Wohnung, vielleicht das Tragen der Braut über die Schwelle, das Aufwachsen Ihrer Sprösslinge, das erste Pfotentrappeln des neuen Vierbeiners, der glückliche 10. Hochzeitstag, das 70jährige Jubiläum eines lieben Familienmitgliedes etc. Nun steht der Verkauf an und für Sie gehört die sämtlich erlebte Freude zum Wert Ihrer Immobilie.

Zwei verschiedene Ansichten

Sie bieten nicht nur ein Objekt an, sondern ein geborgenes Zuhause und haben sich an die Eigenheiten Ihres Heims gewöhnt. Nun sollen Fremde Ihre Immobilie erwerben. Das alleine ist vielleicht schon ein komisches Gefühl. Erschwerend hinzu kommt aber:

Diese Fremden haben ein anderes Empfinden und einen unterschiedlichen Geschmack. Was Sie wohlwollend betrachten, kann sich für die Interessenten als Knackpunkt erweisen, der häufig sogar preismindernd ist – ganz abgesehen davon, dass Sie kritische Blicke und Kommentare ertragen müssen. Auch werden Ihnen negative Bemerkungen – sei es wegen erforderlicher oder schlecht ausgeführter Reparaturen, notwendiger Umbauten etc. – nicht erspart bleiben.

Zudem möchte der potenzielle Käufer sein eigenes Leben und seine persönlichen Träume in der neuen Immobilie verwirklichen. Deshalb spielen Ihre Emotionen für ihn keine Rolle.

Diese Abweichung führt eventuell bei den Verhandlungen zu Gemütsbewegungen auf beiden Seiten, die eine sachliche Übereinkunft komplizieren oder gar unmöglich machen.

Die emotionale Befangenheit auf „Off" schalten?

Das ist leichter gesagt als getan. Eltern z. B. sind von Ihrem süßen Nachwuchs überzeugt oder Besitzer von dem geliebten Hund - das aber ist eine rein subjektive Einschätzung. Dementsprechend ist eine 100%ige Neutralität bezüglich Ihres eigenen Noch-Hab-und-Guts eher ausgeschlossen.

Der Immobilienmakler kann hier mit Neutralität punkten, Verhandlungssicherheit bieten und als Sachverständiger exakt ermitteln, welche Details als wertsteigernd, wertneutral oder wertmindernd einzustufen sind – und somit seinen Job professio-

Kapitel 16
Exkurs – falls Sie doch lieber einen Makler einschalten möchten?
Warum einen Makler? Oder unter welchen Kriterien sind Makler auszuwählen?

---

nell zu Ende führen.

Können Sie das alles auch managen und dabei cool bleiben?

2. Der falsche Riecher und mangelnde Führungsqualitäten

Der Immobilienmakler nimmt die Interessentenanfragen entgegen und filtert die geeigneten Kaufinteressenten heraus. Er kann bereits am Telefon und innerhalb weniger Minuten erkennen, ob der Bewerber und Ihre Immobilie zusammenpassen und vereinbart mit den wenigen richtigen die verbleibenden effizienten Besichtigungstermine.

Während der Begehung führt er die Kaufinteressenten und lässt sich nicht führen. Nur wenn für ihn augenscheinlich echter Bedarf an Ihrer Immobilie besteht, stellt er dem nun potenziellen Käufer alle notwendigen Unterlagen zur Verfügung.

Können Sie tatsächlich genauso sattelfest die Spreu vom Weizen trennen und die Fäden in der Hand halten?

Sehen Sie sich in der Lage zu ermessen, welche Kandidaten Sie qualifizieren? Oder lassen Sie Hinz und Kunz, nur weil diese es wünschen, durch Ihr Schlafzimmer stolzieren? Seien Sie ehrlich zu sich selbst.

3. Bei Stillschweigen bedürftig oder objektiv erscheinen?

Sehr viele Kaufinteressenten, die Immobilien besichtigen, melden sich einfach nicht mehr. Die Gründe dafür können vielfältig sein. Ein Immobilienmakler wird als neutrale Instanz nachfassen und sich nach dem aktuellen Stand erkundigen. Sofern es sich um Ablehnungsgründe handelt, wird er genauer erfragen, welche ausschlaggebend waren. In den meisten Fällen erhält er aufgrund seiner sachlichen Position auch ehrliche Antworten.

Rufen Sie hingegen als Privatperson an, wird das eher als: „Wir brauchen einen Käufer!" verstanden. Ob Sie so eine aufrichtige Rückmeldung bekommen, ist fraglich. Diese ist aber wichtig, denn:

Manchmal handelt es sich um Angelegenheiten, die aus dem Weg zu räumen sind und die Kaufverhandlung wieder ins Rollen bringen.

Kapitel 16
Exkurs – falls Sie doch lieber einen Makler einschalten möchten?
Warum einen Makler? Oder unter welchen Kriterien sind Makler auszuwählen?

Die oben genannten Aspekte stehen Ihrem Erfolg – sofern Sie alles richtig gemacht haben – nur dann im Wege, wenn Sie sich derer nicht bewusst sind. Behalten Sie die Scheuklappen auf, ist Ihre Verhandlungsposition nicht optimal. Handeln und verhalten Sie sich wie ein Profimakler: Bleiben Sie neutral.

Checkliste direkte Gegenüberstellung

Was kann der Profimakler? Was können Sie?

Für einen einfachen Vergleich habe ich Ihnen eine übersichtliche und leicht verständliche Checkliste entwickelt. Wägen Sie so genau ab, worauf ein Profimakler sich versteht und wozu Sie im Stande sind bzw. was Sie sich zutrauen.

Beantworten Sie Leistungspunkte im Feld „Privatverkauf" entweder mit Ja oder Nein.

Vorbereitung: Zusammenstellung, Analyse & Recherche	Privat-verkauf	Profi-makler
Umfassende Immobilienüberprüfung • Baubeschreibung • Zustandsermittlung • Bedarfsermittlung: notwendige Reparaturen und Co		Ja
Zusammenstellung aller relevanten Unterlagen • Grundbuch • Teilungserklärung • Wohn- und Kubatur-Berechnungen • Energieausweis • Protokolle • Baulasten • Altlasten etc. Ziehen Sie hier bitte die Checklisten der benötigten Unterlagen je nach Immobilientyp hinzu.		Ja
Analyse aller relevanten Unterlagen		Ja

Kapitel 16
Exkurs – falls Sie doch lieber einen Makler einschalten möchten?
Warum einen Makler? Oder unter welchen Kriterien sind Makler auszuwählen?

<ul><li>Recherche Grundbuch: Was steht darin?</li><li>Teilungserklärung: Was gehört zur Immobilie und was der Gemeinschaft? Was dürfen Sie machen?</li><li>Wohn- und Kubatur-Berechnungen: Stimmen diese mit dem aktuellen Zustand überein?</li><li>Energieausweis: Was sagen uns die Werte?</li><li>Protokolle: Hieraus ist detailliert erkennbar, ob es sich um eine gute oder miserable WEG handelt</li><li>Baulasten: Sind die rechtlichen Rahmenbedingen klar?</li><li>Altlasten: Ist das Grundstück evtl. kontaminiert?</li><li>etc.</li></ul> Ist der Inhalt der Unterlagen für Sie verständlich und können Sie diesen auch wiedergeben?		
Erstellung Marktwertanalyse/Wertermittlung <ul><li>Ertragswert</li><li>Vergleichswert</li><li>Sachwert</li><li>Analyse Vermarktungsdauer</li><li>Analyse Verkaufspreise</li></ul>		Ja
Wettbewerbsanalyse <ul><li>Konkurrenzimmobilien am Markt</li></ul>		Ja
Zielgruppenanalyse <ul><li>Welche Kunden könnte Ihre Immobilie kaufen?</li></ul>		Ja

Kapitel 16
Exkurs – falls Sie doch lieber einen Makler einschalten möchten?

Warum einen Makler? Oder unter welchen Kriterien sind Makler auszuwählen?

Infrastrukturanalyse • Bedingungen des Wohnumfelds		Ja

Vermarktung: Vorbereitung & Umsetzung	Privat-verkauf	Profi-makler
Marketingplan		Ja
Grundrisse • verkaufsfördernd in 2D und 3D		Ja
Home Staging • Immobilie bühnenreif präsentieren		Ja
professionelle Immobilienfotos • Fotografie • Bildbearbeitung		Ja
virtuelle 360° Rundgänge		Ja
Immobilienfilm		Ja
Profi-Exposé • origineller, zum Weiterlesen animierender Titel • professionelle, flüssige Werbetexte • ansprechendes Layout		Ja
werbewirksame Flyer • Layout • Druck • Verteilung		Ja
Verkaufsschild • Layout • Produktion		Ja
Aushang Immobilienzeige • Ladenlokal • Schaufenster		Ja

Kapitel 16
Exkurs – falls Sie doch lieber einen Makler einschalten möchten?
Warum einen Makler? Oder unter welchen Kriterien sind Makler auszuwählen?

verkaufsfördernde Online-Anzeige in über 20 Immobilienbörsen • Immobilienscout24 • Immowelt • Immonet • weitere Portale		Ja
vorgemerkte Kunden		Ja

Besichtigung: Exposé-Versand & Besichtigungsphase	Privat- verkauf	Profi- makler
Entgegennahme der Anfragen • Exposé-Versand • telefonische Erreichbarkeit		Ja
Filtern der Interessenten • persönliche Qualifikation der Interessenten • Bonitätseinschätzung • Einschätzung, ob Interessent und Immobilie zusammen passen		Ja
Terminkoordination • Termine vereinbaren und koordinieren • Termine vor- und nachbereiten		Ja

Verkauf: Verhandlung & Abschluss	Privat- verkauf	Profi- makler
Fragen der Interessenten • rechtssicher alle Fragen der Interessenten beantworten		Ja

Kapitel 16
Exkurs – falls Sie doch lieber einen Makler einschalten möchten?

Warum einen Makler? Oder unter welchen Kriterien sind Makler auszuwählen?

Vertrauensbasis • unsichere Käufer durch Fachkompetenz überzeugen		Ja
Kaufpreisverhandlung • Verhandlung ergebnisorientiert führen • Einleitung Bieterverfahren		Ja
Finanzierung • Bonitätsüberprüfung • Einholung Finanzierungsbestätigung		Ja
Kaufvertrag • Vorbereitung und Überprüfung Kaufvertrag • Grundschuldbestellung (Finanzierung hieb und stichfest) • Notarterminbegleitung		Ja

Übergabe: Vorbereitung & Schluss	Privatverkauf	Profimakler
Unterlagen Ordner • Zusammenstellung Originalunterlagen für Käufer		Ja
Übergabeprotokoll • Erstellung eines Übergabeprotokolls		Ja
Übergabe • protokollieren: Gas, Wasser, Strom, Schlüssel, Zustand • Einleitung Bieterverfahren • Präsent an Käufer		Ja

Kapitel 16
Exkurs – falls Sie doch lieber einen Makler einschalten möchten?
Warum einen Makler? Oder unter welchen Kriterien sind Makler auszuwählen?

2. Woran Sie einen guten Immobilienmakler erkennen
14 Fragen, die Sie einem Makler stellen sollten

Sie haben sich sehr intensiv mit dem Thema des Privatverkaufs beschäftigt und sich für die Beauftragung eines Maklers entschieden. Wie aber kommen Sie dahinter, ob Sie es mit einem echten Profi zu tun haben?

14 Fragen, die Sie einem Makler definitiv stellen sollten, um keine bösen Überraschungen zu erleben

Damit Sie den Richtigen für Ihre Immobilie finden, sollten Sie die folgenden Auskünfte beherzt einholen, denn: Ein kompetent arbeitender Makler muss noch lange nicht der geeignete für Ihre Immobilie sein.

1. Lokale Kenntnisse?

„Wie viele Immobilien haben Sie bisher in unserer Nachbarschaft verkauft?"

Ist der Makler in Ihrer Region bereits mehrfach tätig gewesen und weiß vor Ort bestens Bescheid? Das ist ein entscheidender Aspekt, da nur jemand, der schon länger und erfolgreich im direkten Umfeld Ihrer Immobilie verkauft hat, auch über das notwendige Verständnis der lokalen Gegebenheiten verfügt. Er ist umfassend über den regionalen Immobilienmarkt informiert und analysiert ständig die dort angebotenen Kaufpreise und deren Entwicklung. Vielleicht punktet er sogar mit seinem eigenen lokalen Immobilienmarktbericht?

Auch in Bezug auf Angebot und Nachfrage wird er immer auf dem neuesten Stand sein. Sollte das nicht der Fall sein, fragen Sie ihn, warum er sich denn zutraue, Ihre Immobilie erfolgreich verkaufen zu können.

Grundsätzlich ist es ratsam, eher dem regional arbeitenden Makler den Vorzug geben, denn:

Dieser wird Ihre Immobilie besser verkaufen, da auch seine vorgemerkten Suchkunden, die sich in Ihrem Umkreis niederlassen wollen, wesentlichen zum Gelingen des Unterfangens beitragen. Prüfen Sie anhand seiner Website, wo er und was für Immobilien er aktuell anbietet. Werfen Sie dabei auch einen Blick auf die Referenzimmobilien. Er hat schließlich in seinem Tätigkeitsgebiet einen Namen. Wird er in der

Kapitel 16
Exkurs – falls Sie doch lieber einen Makler einschalten möchten?
Warum einen Makler? Oder unter welchen Kriterien sind Makler auszuwählen?

direkten Nachbarschaft empfohlen?

Ein Merkmal regional sehr großflächig arbeitender – und damit in Ihrer Gegend eher weniger bekannter – Makler hingegen ist es, dass sie mal hier und mal da einen Auftrag erhalten – vielleicht sogar, weil deren Arbeitsweise sonst keinen weiteren Zuspruch findet?

Genau das müssen Sie herausfinden. Fragen Sie nach, wo denn bisher die meisten Immobilien verkauft wurden und wann das letzte Mal in Ihrer unmittelbaren Umgebung.

2. Präsenz und Präsentation?

„Wo befinden sich Ihre Geschäftsräumlichkeiten?"

Erfolgreiche Immobilienmakler haben entweder ein Ladenlokal oder ein Büro. Es ist meist gut zu erreichen und sichtbar für Verkäufer sowie Kaufinteressenten. So wird Ihre Immobilie schon mal hier im rechten Licht präsentiert.

Auch und besonders die Website des Maklers verrät sehr viel über ihn bzw. sein Unternehmen. Ist es eine professionelle Homepage mit reichlich Mehrwert für den Kunden oder sieht es nach einer selbst gemachten Seite aus?

Ein Makler, der sehr viel Geld für sein Unternehmen und dessen Präsenz aufwendet, wird auch gerne in das Marketing Ihrer Immobilie investieren – weil er in der Lage ist, dies zu können.

3. Spezialisierung?

„Welche Immobilien vermitteln Sie generell?"

Konzentriert sich der Makler auf bestimmte Immobilientypen? Sprich: Vermittelt er überwiegend privatgenutzte Wohnungen und Häuser oder eher Renditeobjekte? Wie sieht es mit Gewerbeimmobilien aus?

Ein Makler, der sich nicht auf eine Kategorie festgelegt hat und in seinem Portfolio alles Erdenkliche anbietet, wird vermutlich nicht der richtige sein. Daher rate ich von den „Bauchladen-Maklern" eher ab.

Kapitel 16
Exkurs – falls Sie doch lieber einen Makler einschalten möchten?
Warum einen Makler? Oder unter welchen Kriterien sind Makler auszuwählen?

---

4. Referenzen?

Neben den Referenzen auf seiner Website sollten Sie sich vorab auch die Bewertungen des Immobilienmaklers auf *Google* anschauen und sich die einzelnen Kommentare genauer durchlesen. Zudem gibt es Portale wie z. B. www.makler-empfehlung.de. Hier berichten Kunden über ihre Erfahrungen und geben Einschätzungen ab. Darunter finden sich auch viele regionale Beurteilungen.

Das Gute daran ist, dass jeder Bewertende vor einer Freischaltung telefonisch – bzw. bei Nichterreichen ein zweites Mal per E-Mail – angefragt und überprüft wird, ob er tatsächlich Verfasser der Darstellung ist.

Gibt es keine Antwort, wird auch nicht veröffentlicht.

Wenn Sie auf diese Weise kaum Informationen über den Makler finden sollten, können Sie ihn auch direkt ansprechen:

„Was sagen Ihre bisherigen Auftraggeber über Sie, dürfen wir diese anrufen?"

Ein Profimakler wird keinerlei Probleme damit haben, seine bisherigen Klienten zu fragen, ob ein potenzieller Auftraggeber – in diesem Falle Sie – Kontakt zu ihnen aufnehmen darf.

Sie könnten dann die ehemaligen Kunden um folgende Auskünfte bitten:

- *Hat er den versprochenen Kaufpreis realisieren können?*
- *Hat er Sie immer auf dem Laufenden gehalten?*
- *Wie lange hat die Vermarktung gedauert?*
- *Waren Sie mit den Mitarbeitern zufrieden?*
- *Haben Sie sich gut aufgehoben gefühlt und wie zufrieden waren Sie mit der Leistung?*

5. Ausbildung und Erfahrung?

„Haben Sie den Beruf des Maklers gelernt?"

Die Berufsbezeichnung ‚Makler' ist in Deutschland leider nicht geschützt. Aus diesem Grund kann sich nahezu jeder, der sich den Gewerbeschein 34 c besorgt, als Makler versuchen. Fachkenntnisse über Immobilien bzw. deren Vermittlung sind deshalb für

Kapitel 16
Exkurs – falls Sie doch lieber einen Makler einschalten möchten?
Warum einen Makler? Oder unter welchen Kriterien sind Makler auszuwählen?

---

so manchen ein Fremdwort.

Genau um diesen Typ sollten Sie einen großen Bogen machen. Fragen Sie den Makler, was er für eine Ausbildung genossen hat und seit wann dieser im Immobiliengeschäft tätig ist. Wer über entsprechende – auch mit der Branche verwandte – Berufsabschlüsse und Qualifikationen verfügt, wird Ihnen dies auch gerne bestätigen.

Es können Ihnen auch Quereinsteiger begegnen, die allerdings schon seit Jahren erfolgreich am Markt tätig sind und wenn Sie das Gefühl haben, dass Sie auf einen erfahrenen und kompetenten Immobilienmakler gestoßen sind, warum nicht?

6. Mitgliedschaft in Fachverbänden?

„Gehören Sie einem Verband an?"

Diese Frage können Sie dem Makler stellen, müssen es aber nicht. Meistens werden solche, die einem oder mehreren Verbänden angeschlossen sind, das von sich aus schon mitteilen.

Grundsätzlich ist die Mitgliedschaft wie z. B. im
- *IVD - Immobilienverband Deutschland,*
- *BVFI - Bundesverband für die Immobilienwirtschaft* oder auch
- *RDM - Ring Deutscher Makler*

positiv einzustufen, denn:

Diese Makler bilden sich in der Regel durch die angebotenen Weiterbildungsprogramme fort und können somit innerhalb der Verbandsmitgliedschaften auch ein ausgezeichnetes Netzwerk aufbauen.

Wenn sich allerdings ein Makler ausschließlich hierüber definiert und selbst kaum einen Namen hat, würde ich vorsichtig sein. Denn die Organisationen buhlen um jedes neue Mitglied, um die Verbandskasse zu füllen.

7. Arbeitsmuster?

„Können Sie uns ein paar Exposés zeigen?"
Fragen Sie den Makler nach Marketingbeispielen anderer Immobilien, die er am Wickel hatte. Dies können Flyer, Bilder von Vermarktungsschildern und vor allem aber

Kapitel 16
Exkurs – falls Sie doch lieber einen Makler einschalten möchten?
Warum einen Makler? Oder unter welchen Kriterien sind Makler auszuwählen?

Exposés sein. Letztere zeigen Ihnen ganz genau, wie der Makler auch Ihre Immobilie präsentieren wird.

- Achten Sie auf die Bilder: Handelt es sich um perspektivisch und lichttechnisch gut in Szene gesetzte Profifotos oder mal eben aus der Hüfte geschossene Schnappschüsse?
- Wie sieht es mit der Beschreibung inkl. der Rechtschreibung aus? Lesen sich die Texte frisch und flüssig oder holpern sie und strotzen vor Fehlern?
- Gibt es eine ansprechende und originelle Überschrift oder einen zum Gähnen verleitenden Titel?
- Verteilt der Makler einfach nur aneinander getackerte Seiten oder handelt es sich hier um ein hochwertiges Exposé in Form eines richtigen Magazins, das die Wertigkeit der Immobilie untermalt?

8. Marketingplan?

„Verfügen Sie über einen Marketingplan? Können Sie uns erläutern, was wir von Ihnen zu erwarten haben?"

Es gibt Makler, die schießen ein paar Bilder, schreiben einen Zweizeiler, stellen die Immobilie damit auf der eigenen Website ein und inserieren sie auf diese minimalistische Art auf einer entsprechenden Internetplattform. Das war's, vielmehr passiert hier nicht.

Solche Makler warten dann einfach auf Anfragen und geben sonst kein Geld für weitere erforderliche Marketingmaßnahmen aus. Das wiederum führt zu einer längeren Interessentensuche und der Verkauf zieht sich unnötig in die Länge.

Fragen Sie den Makler explizit nach seinem Marketingplan:

- Wie geht er Schritt für Schritt vor?
- Was macht er wann?
- Welche Werbemaßnahmen setzt er ein?
- Hat er alle seine Leistungen, die er Ihnen schuldet, schriftlich fixiert und gibt Ihnen eventuell sogar eine Leistungsgarantie, die im Maklervertrag zu Ihrer Sicherheit mit aufgenommen wird?

Wenn er Ihnen kein schlüssiges Konzept vorlegen kann, wie er Ihre Immobilie bewerben wird, dann lassen Sie bitte die Finger weg.

Kapitel 16
Exkurs – falls Sie doch lieber einen Makler einschalten möchten?
Warum einen Makler? Oder unter welchen Kriterien sind Makler auszuwählen?

9. Interessenten?

„Wie gehen Sie mit Interessenten um?"

Diese Frage zielt darauf ab festzustellen, was er genau macht und wie er vorgeht, wenn sich Interessenten bei ihm melden. Arrangiert er einfach wahllos Besichtigungstermine oder geht er systematisch vor? Hat er ein schlüssiges Konzept, wie er die Besichtigung Ihrer Immobilie durchführt?

Sie können von einem Immobilienmakler erwarten, dass er die Interessenten vor der ersten Begehung selektiert, denn dies ist eine seiner Kernaufgaben. Er sollte in der Lage sein, anhand eines kurzen Telefonates oder persönlichen Gesprächs deren finanzielle Möglichkeiten und Kaufmotive zu erforschen, um dann diejenigen, welche nicht in Frage kommen, zu disqualifizieren. Profimakler beherrschen die entsprechenden Interviewtechniken hierzu. Unkundige Makler hingegen stellen Hinz und Kunz die sensiblen Informationen über Ihre Immobilie zur Verfügung und vereinbaren ohne jeden Plan zahlreiche Besichtigungstermine. Das hat absolut nichts mit Fleiß zu tun, so arbeiten nur Amateure.

10. Transparenz und Information?

„Wie halten Sie uns während der Vermarktungsphase auf dem Laufenden?"

Sichert Ihnen der Makler ein regelmäßiges Reporting zu und wie informiert er Sie während der Verkaufsphase? Ein Profimakler wird von sich aus dieses Thema ansprechen und Ihnen detailliert darlegen, was sein Leistungsspektrum inklusive welcher Punkte beinhaltet. Er wird Sie regelmäßig über den Stand der Vermarktung informieren. Dazu gehören:

- die Anzahl der Exposés, die Interessenten erhalten haben,
- durchgeführte Besichtigungstermine
- und Aktivitäten, die zu Marketingzwecken eingeleitet wurden.

Zudem werden alle Kaufpreisangebote umgehend an Sie weitergeleitet und so weiter und so fort.

Ist ein Makler nicht bereit, Ihnen in einem regelmäßigen Turnus – sei es wöchentlich, monatlich oder nach jeder Besichtigung – per E-Mail oder per Telefon Bericht zu erstatten, dann ist das nicht der richtige Makler für Sie.

Kapitel 16
Exkurs – falls Sie doch lieber einen Makler einschalten möchten?
Warum einen Makler? Oder unter welchen Kriterien sind Makler auszuwählen?

---

11. Wertermittlung?

„Wie würden Sie den Wert unserer Immobilie ermitteln?"

Bei der Wertermittlung einer Immobilie sind verschiedene Faktoren zu berücksichtigen. Dazu gehören u. a.:
- die Lage
- der Gebäudezustand
- das Baujahr
- der Sanierungsbedarf

Eine Marktwertermittlung findet auf Grundlage der deutschen Wertermittlungsrichtlinien mit der Festsetzung des Ertrags-, Sach- oder Vergleichswertes statt. So können Sie sichergehen, dass die Güte Ihrer Immobilie genau kalkuliert wird. Ein kompetenter Makler führt im Zuge dessen eine Wettbewerbsanalyse durch, denn: Jede Immobilie, die verkauft werden soll, steht auch in direkter Konkurrenz zu vergleichbaren Objekten.

Kann Ihnen der Makler Ihre obige Frage in diesem Sinne beantworten, ist er tatsächlich in der Lage, den Wert Ihrer Immobilie exakt zu kalkulieren. Seien Sie aber bitte nicht enttäuscht, wenn das Ergebnis nicht Ihren Vorstellungen entspricht.

Ein professioneller Makler wird ehrlich zu Ihnen sein. Besser ist es für Sie, wenn Sie dem aufrichtigen Fachmann vertrauen und nicht dem, der Ihnen das Blaue vom Himmel verspricht, denn:

Es kann sich herausstellen, dass dessen Pinocchio-Zusicherung dazu führt, Sie zu einem späteren Zeitpunkt stetig mit dem Preis nach unten zu drücken, weil es mit der Vermarktung doch nicht so einwandfrei läuft.

Lassen Sie sich also die Herangehensweise an die Wertermittlung genauer erläutern und verlangen Sie diese in schriftlicher Form. Halten Sie bitte auch Ihre Emotionen aus dem Spiel und vertrauen Sie den Zahlen des Fachmannes, sofern es sich um einen handelt.

Kapitel 16
Exkurs – falls Sie doch lieber einen Makler einschalten möchten?
Warum einen Makler? Oder unter welchen Kriterien sind Makler auszuwählen?

---

12. Angebots- und Verkaufspreis?

"Zu welchen Preisen haben Sie Immobilien angeboten und zu welchen wurden diese verkauft?"

Mit dieser Frage stellen Sie fest, ob Sie einen Makler vor sich haben, der Verkaufsaufträge absichtlich zu einem höheren Preis annimmt, sprich: zu Ihrer Wunschsumme – und das ausschließlich, um an Geld zu kommen.

Lassen Sie sich von dem Makler deshalb genau darlegen, zu welchen Preisen er in den letzten sechs Monaten Immobilien angeboten hat und zu welchen diese tatsächlich verkauft worden sind. Wenn er zu niedrig verkauft hat, wenden Sie sich von ihm ab, denn:

Der von ihm genannte Preis diente lediglich dazu, Ihnen zu gefallen und dahinter verbergen sich nur leere Versprechungen.

Fragen Sie sich, ob Sie sich selbst guttun, wenn Sie jemanden beauftragen, der zu allem „Ja und Amen" sagt. Kann ein solcher „Fachmann" wirklich Ihre Interessen vertreten?

Hat hingegen ein Makler höhere oder zumindest fast ebenbürtige Verkaufspreise erzielt, ist es der richtige für Sie.

13. Verkaufsquote?

"Wie viele Aufträge hatten Sie in den letzten zwölf Monaten und wie viele Immobilien haben Sie davon verkauft?"

Mit dieser Frage können Sie die Erfolgsstatistik des Maklers sehr gut einschätzen. Bei allem, was deutlich unter 80 % liegt, können Sie davon ausgehen, dass der Makler eher zu den schlechteren gehört und sehr höchstwahrscheinlich gerne Aufträge zu Wunschpreisen der Eigentümer annimmt – und dass nur, um diese für sich zu gewinnen.

Gute Makler haben mindestens 80 % verkauft, sehr gute um die 90 % und die Topmakler können sogar eine Erfolgsquote um die 95 % verzeichnen.

Kapitel 16
Exkurs – falls Sie doch lieber einen Makler einschalten möchten?
Warum einen Makler? Oder unter welchen Kriterien sind Makler auszuwählen?

---

14. Sind Sie vor Ausrutschern des Maklers geschützt?

„Haben Sie eine Haftpflichtversicherung?"

Ein Makler sollte über eine Vermögensschaden-Haftpflichtversicherung verfügen. Dazu sind Profimakler verpflichtet – zumindest die Verbandsmitglieder des *IVD*, denn wir sind alle nur Menschen und dementsprechend können auch Experten etwas falsch machen. Durch diese Haftpflicht sind Sie als Kunde bei Schäden, die durch Irrtümer, Versehen oder sonstige Missgeschicke entstehen könnten, geschützt und abgesichert.

Und nun: Gehen Sie noch mal in sich

Werten Sie die Antworten des Maklers aus. Ist er der Richtige für Sie? Damit Sie diese wichtige Frage in der Tiefe beantworten können, habe ich für Sie eine einfache und leicht verständliche Checkliste zusammengefasst. Tragen Sie einfach im Feld „Geeignet" entweder „Ja" oder „Nein" ein und machen Sie sich – wenn nötig – entsprechende Notizen.

Fragestellung	Notizen	geeignet
Wie viele Immobilien haben Sie bereits in unserer Nachbarschaft verkauft?		JA/NEIN
Wo befinden sich Ihre Geschäftsräumlichkeiten?		JA/NEIN
Welche Immobilien vermitteln Sie generell?		JA/NEIN
Was sagen Ihre bisherigen Auftraggeber über Sie, dürfen wir diese anrufen?		JA/NEIN
Haben Sie den Beruf des Maklers gelernt?		JA/NEIN

Kapitel 16
Exkurs – falls Sie doch lieber einen Makler einschalten möchten?

Warum einen Makler? Oder unter welchen Kriterien sind Makler auszuwählen?

Sind Sie Mitglied in einem Verband?		JA/NEIN
Können Sie uns ein paar Exposés zeigen?		JA/NEIN
Verfügen Sie über einen Marketingplan, können Sie uns erläutern was wir von Ihnen zu erwarten haben?		JA/NEIN
Wie gehen Sie mit Interessenten um?		JA/NEIN
Wie halten Sie uns während der Vermarktungsphase auf dem Laufenden?		JA/NEIN
Wie würden Sie den Wert unserer Immobilie ermitteln?		JA/NEIN
Zu welchen Preisen haben Sie Immobilien angeboten und zu welchen wurden diese verkauft?		JA/NEIN
Wie viele Aufträge hatten Sie in den letzten zwölf Monaten und wie viele Immobilien haben Sie davon verkauft?		JA/NEIN
Haben Sie eine Haftpflichtversicherung?		JA/NEIN

Je öfter Ihre Fragen mit einem Ja beantwortet werden, desto höher ist die Wahrscheinlichkeit, dass vor Ihnen ein Profimakler sitzt. Ab jetzt sollten Sie Ihrem Bauchgefühl folgen. Wählen Sie Ihren Makler so aus, wie Sie auch Ihren Arzt oder Steuerberater auswählen würden. Viel Erfolg!

Kapitel 16
Exkurs – falls Sie doch lieber einen Makler einschalten möchten?
Warum einen Makler? Oder unter welchen Kriterien sind Makler auszuwählen?

---

3. Sind mehrere Makler besser?
Der Maklerauftrag

Im Prinzip stehen Ihnen drei Möglichkeiten zur Auswahl, Ihre Immobilie an den Mann oder die Frau zu bringen:

Der Privatverkauf:
Diesen Alleingang haben Sie sich mit dem vorliegenden Buch ausführlich erarbeitet und anhand des Unterkapitels „Privatverkauf oder Immobilienmakler" einen direkten Vergleich zum Einschalten eines Vermittlers ziehen können.

Mehrgleisig fahren:
Sie erteilen einem oder mehreren Makler(n) Allgemeinaufträge und halten sich die Option frei, Ihre Immobilie selbst zu verkaufen.

Der Alleinauftrag:
Mit diesem betrauen Sie exklusiv nur einen Makler für einen gewissen Zeitraum.

Zwei dieser Varianten sind definitiv zielführender. Die eine ist Ihr Verkauf auf eigene Faust. Welche nun ist die andere?

Der Allgemeinauftrag?

Bei diesem kommen wie gesagt ein bzw. mehrere Makler ins Spiel – bei gleichzeitiger Option, Ihre Immobilie selbst weiterhin zu vermarkten. Schlagen Sie diese Richtung ein, gestatten Sie jedem beauftragten Makler lediglich, Ihre Immobilie mit anzubieten, mehr nicht.

Sie können keinen zu etwas verpflichten. Auch wird sicherlich keiner etwas für das Marketing und verkaufsfördernde Maßnahmen ausgeben, da immer die Befürchtung besteht, dass ein anderer Makler oder Sie persönlich schneller sind – was unnötig herausgeschmissenes Geld bedeuten würde.

Das einzige, was Sie von einem derart bestellten Makler erwarten können, ist vielleicht eine lieblos zusammengebastelte Onlineanzeige auf den gängigen Immobilienbörsen.

Wenn überhaupt.

Kapitel 16
Exkurs – falls Sie doch lieber einen Makler einschalten möchten?
Warum einen Makler? Oder unter welchen Kriterien sind Makler auszuwählen?

Dann werden Sie aber feststellen müssen, dass Ihre Immobilie mehrfach auf denselben Portalen angeboten wird – teilweise mit unterschiedlichen Flächen und Preisangaben. Was meinen Sie, wie wirkt sich das auf die echten Kaufinteressenten aus, die den Markt ganz genau beobachten? Die darüber hinaus auch die Befürchtung hätten, mehrfach Provisionen zahlen zu müssen – ganz gleich, über wen sie Ihre Immobilie kaufen würden?

Es stellt sich deshalb die Frage:

Welcher vernünftige, professionell arbeitende Makler macht so etwas mit? Ganz einfach: keiner! Denn nur Makler, die sonst nicht engagiert werden, nehmen derartige Allgemeinaufträge an. Wollen Sie solchen Vermittlern Ihren vermutlich größten Vermögensbesitz anvertrauen?

Oder ...

lieber den Alleinauftrag in Anspruch nehmen?

Mit diesem beauftragen Sie den Makler exklusiv, zumindest für einen definierten Zeitraum, der frei verhandelbar ist. In der Regel sind hier Vertragszeiten von sechs bis zwölf Monaten üblich, in denen er die Pflicht übernimmt, sich intensiv um die Vermarktung Ihrer Immobilie zu kümmern – und Ihnen sicherlich noch mindestens eine Leistungsgarantie drauflegen wird. Dabei können Sie ihm auch einiges abverlangen – z. B., dass er mit einem gewissen Marketingbudget in Vorleistung gehen wird. Das Einzige, wozu Sie sich im Gegenzug verpflichten müssen ist, keine weiteren Makler einzuschalten und sämtliche privaten Verkaufsaktivitäten einzustellen. Der Makler hat dadurch eine Planungssicherheit und kann sich nun intensiv und gelungen um die Vermarktung Ihrer Immobilie kümmern.

Schlussfolgerung

Von den drei oben genannten Varianten ist die Beauftragung mehrerer Makler die ungünstigste für Ihr Vorhaben. Denn einerseits haben Sie überhaupt keine Kontrolle mehr darüber, wo Ihre Immobilie überall inseriert und wem sie alles angeboten wird.

Die Erteilung eines Allgemeinauftrages bedeutet für Sie, kein Recht auf eine vernünftige Leistung zu haben und sich eventuell sogar mit sehr vielen blödsinnigen Besichtigungsterminen herumschlagen zu müssen.

Kapitel 16
Exkurs – falls Sie doch lieber einen Makler einschalten möchten?
Warum einen Makler? Oder unter welchen Kriterien sind Makler auszuwählen?

Nehmen Sie also das Projekt „Immobilienverkauf" selbst in die Hand oder beauftragen Sie den richtigen Makler exklusiv. Welche der beiden letzten Möglichkeiten Sie wählen, müssen Sie für sich selbst entscheiden.

Kapitel 16
Exkurs – falls Sie doch lieber einen Makler einschalten möchten?
Warum einen Makler? Oder unter welchen Kriterien sind Makler auszuwählen?

---

4. Was kostet Sie ein Makler in Deutschland?
Und: Wie sieht es im bundesweiten Vergleich aus?

Sofern beim Verkauf einer Immobilie ein Makler beauftragt wird, ist ein Erfolgshonorar für dessen Tätigkeit fällig. Bundesweit gibt es dazu unterschiedliche Modelle. In den Bundesländern *Hamburg, Bremen* und *Hessen* sowie *Berlin* und *Brandenburg* werden die Maklergebühren üblicherweise komplett vom Käufer getragen, in den übrigen findet eine Aufteilung zwischen Verkäufer und Käufer statt – wobei es mittlerweile auch möglich geworden ist, dass der Verkäufer die gesamte Maklergebühr übernimmt.

Wie viel ist zu zahlen?

Das ist gesetzlich nicht geregelt. Generell fällt bei der erfolgreichen Vermittlung immer ein prozentualer Satz in Abhängigkeit des Verkaufspreises an. Traditionell gibt es Regionen, in denen er höher ist als in anderen. Aus einer dementsprechenden Aufschlüsselung ergeben sich folgende Vergütungen, die bei der Vermittlung Ihrer Immobilie oder Ihres Grundstücks kommen – dabei nennen die Werte in Klammern die Provision inklusive 19 % MwSt.:

Bundesland	Maklerprovision gesamt	Anteil Verkäufer	Anteil Käufer
Baden-Württemberg	6,00 % (7,14)	3,00 % (3,57)	3,00 % (3,57)
Bayern	6,00 % (7,14)	3,00 % (3,57)	3,00 % (3,57)
Berlin	6,00 % (7,14)	0,00 % (0,00)	6,00 % (7,14)
Brandenburg	6,00 % (7,14)	0,00 % (0,00)	6,00 % (7,14)
Bremen	5,00 % (5,95)	0,00 % (0,00)	5,00 % (5,95)
Hamburg	5,25 % (6,25)	0,00 % (0,00)	5,25 % (6,25)
Hessen	5,00 % (5,95)	0,00 % (0,00)	5,00 % (5,95)
Mecklenburg-Vorpommern	5,00 % (5,95)	2,00 % (2,38)	3,00 % (3,57)
Niedersachsen	6,00 % (7,14)	3,00 % (3,57)	3,00 % (3,57)
Nordrhein-Westfalen	6,00 % (7,14)	3,00 % (3,57)	3,00 % (3,57)
Rheinland-Pfalz	6,00 % (7,14)	3,00 % (3,57)	3,00 % (3,57)

Kapitel 16
Exkurs – falls Sie doch lieber einen Makler einschalten möchten?
Warum einen Makler? Oder unter welchen Kriterien sind Makler auszuwählen?

Saarland	6,00 % (7,14)	3,00 % (3,57)	3,00 % (3,57)
Sachsen	6,00 % (7,14)	3,00 % (3,57)	3,00 % (3,57)
Sachsen-Anhalt	6,00 % (7,14)	3,00 % (3,57)	3,00 % (3,57)
Schleswig-Holstein	6,00 % (7,14)	3,00 % (3,57)	3,00 % (3,57)
Thüringen	6,00 % (7,14)	3,00 % (3,57)	3,00 % (3,57)

Da die Provisionssätze kein rechtskräftiges Fundament haben, können Sie diese auch grundsätzlich mit dem Makler aushandeln. Demnach sind auch abweichen Regelungen möglich, wie z. B.:

Die reine Innenprovision

Dadurch, dass für Vermietungen bereits das Bestellerprinzip eingeführt worden ist und davon ausgegangen werden kann, dass dieses auch auf den Verkauf von Immobilien ausgedehnt werden könnte, zeichnet sich mittlerweile der Trend einer reinen Innenprovision von 7,14 % ab.

Aufgrund von sehr vielen Vorteilen für den Verkäufer und auch für den Makler gehen immer mehr Menschen dazu über, eine solche Gebühr in Höhe von 6 % zzgl. MwSt. zu vereinbaren. Dabei wird der „Käuferanteil" in den Kaufpreis eingepreist, es findet also eine Umschichtung statt.

Das hat für den Makler u. a. diesen Vorzug:

Er kann Sie vollumfänglich vertreten. Sie profitieren somit ganz klar von:

- höherer, qualifizierterer Nachfrage nach Ihrer Immobilie
- schnellerer Vermittlung
- und der uneingeschränkten Wahrung Ihrer eigenen Interessen

Im Gegensatz dazu steht der Makler bei Anwendung des herkömmlichen Konzepts – also der Provisionsaufteilung zwischen Ihnen und Ihrem Käufer – in einem Zwiespalt, denn: Es ist ihm nicht erlaubt, sich in die Kaufpreisverhandlung einzumischen. Er darf lediglich Sie und den Käufer zusammenführen, damit Sie dann selbst untereinander den Preis vereinbaren.

Schaltet sich der Makler doch in die Kaufpreisverhandlung ein und vertritt die Inter-

Kapitel 16
Exkurs – falls Sie doch lieber einen Makler einschalten möchten?
Warum einen Makler? Oder unter welchen Kriterien sind Makler auszuwählen?

essen beider Parteien, läuft er die Gefahr der unzulässigen Doppeltätigkeit. Auf diese Weise würde der Makler seinen Provisionsanspruch verwirken.

Darüber hinaus sollten Sie und der Käufer sich bei der anteiligen Provisionszahlung fragen: Kann ein Makler so für meine Interessen einstehen – und zwar in vollem Umfang? Die Antwort ist eher ein klares Nein.

Der Makler, der mit der reinen Innenprovision arbeitet, steht somit in keinem Interessenskonflikt, da er ausschließlich und ungeschmälert für Ihre Interessen eintritt – als seinem einzigen Auftraggeber.

Es gibt sieben gravierende Vorteile für alle Beteiligten, die für dieses Provisionsmodell sprechen:

1. Ihre Immobilie hebt sich von der Masse ab
2. mehr Anfragen
3. keine Irritationen wegen des 14-tägigen Widerrufsrechts für Kaufinteressenten
4. weniger Preisverhandlungen
5. eine bessere Finanzierung für den Käufer, da dieser weniger Eigenkapital aufbringen muss
6. einen Vertragspartner
7. und die richtige, weil ausnahmslose Interessensvertretung im Sinne des Verkäufers, sprich:

Ganz in Ihrem Sinne.

Kapitel 16
Exkurs – falls Sie doch lieber einen Makler einschalten möchten?
Warum einen Makler? Oder unter welchen Kriterien sind Makler auszuwählen?

---

5. Der richtige Makler für Ihre Immobilie Sie suchen?
Wir können Ihnen Empfehlungen aussprechen.

Sie wollen Ihre Eigentumswohnung oder Wohnanlage, Ihr Einfamilienhaus oder eine sonstige Immobilie doch über einen Makler verkaufen und wissen noch nicht über welchen?

Ganz im Gegensatz zu den undurchsichtigen Leadportalen können wir Ihnen tatsächlich und transparent den für Ihre Immobilie kompetenten Makler empfehlen.

Dies ist uns möglich, da wir einerseits Mitglied in den Berufsverbänden sind, wie
- dem *Immobilienverband Deutschland - IVD*,
- dem *Bundesverband für die Immobilienwirtschaft - BVFI*

und andererseits dadurch, dass wir dem *IMMOBILIENPROFI Verlag* angehören.

So verfügen wir deutschlandweit über verlässliche Kontakte zu ausgezeichneten Immobilienmaklern, welche dieselben Experten-Werte teilen wie *Citak Immobilien*, mein eigenes Maklerunternehmen.

Bundesland	Empfehlenswerte Profimakler vorhanden
Baden-Württemberg	JA
Bayern	JA
Berlin	JA
Brandenburg	JA
Bremen	JA
Hamburg	JA
Hessen	JA
Mecklenburg-Vorpommern	JA
Niedersachsen	JA
Nordrhein-Westfalen	JA
Rheinland-Pfalz	JA
Saarland	JA
Sachsen	JA

Kapitel 16
Exkurs – falls Sie doch lieber einen Makler einschalten möchten?
Warum einen Makler? Oder unter welchen Kriterien sind Makler auszuwählen?

Sachsen-Anhalt	JA
Schleswig-Holstein	JA
Thüringen	JA

Wir können Ihnen jeden dieser Makler ruhigen Gewissens ans Herz legen, da wir deren tadellose Dienstleistungsmentalität und -qualität ausgesprochen gut kennen. Alle unsere Partner eint die Gewissheit, dass ein lokaler Makler den Verkauf bei lokaler Marktkenntnis mit dem größten Erfolg für seinen Kunden umsetzen kann.

Seien Sie gewiss:

Ihre Immobilie ist bei unseren Netzwerkpartnern in den besten Händen! Diese bewerten und vermarkten Ihr Objekt professionell, führen Sie mit ihrem Know-how durch den gesamten Verkaufsprozess und bieten Ihnen sowohl eine umfassende Vorab-Beratung als auch eine Leistungsgarantie für den Verkauf Ihrer Immobilie.

Wenn Sie sich also noch unsicher bei der Auswahl des geeigneten Maklers sind oder sich schwertun, die richtige Entscheidung zu treffen, wenn Sie offene Fragen bzw. konkrete Verkaufspläne haben, dann kontaktieren Sie uns doch ganz einfach. Wir schauen uns die Rahmendaten Ihrer Immobilie an und nennen Ihnen aus Überzeugung den besten Makler vor Ort.

Wir können Ihnen auch eine kleine Einschätzung zu den Maklern geben, die Sie sich vielleicht schon ausgeguckt haben. Diese Recherchearbeit nehmen wir Ihnen gerne ab, verlassen Sie sich auf unser geübtes Auge.

Wir empfehlen Ihnen garantiert den passenden Makler für Ihre Immobilie und das Gelingen Ihres Verkaufs.

Wir freuen uns auf Sie!

Ihr Hakan Citak – Der ImmoCoach

Schlusswort
Was ich Ihnen noch mit auf Ihren gelungenen Weg geben möchte

Zum Schluss

Mit dem Kauf dieses Buches haben Sie sich dazu entschlossen, Ihr Projekt: „Immobilie selbst verkaufen" eigenständig in die Hand zu nehmen und sich sorgfältig auf dieses Vorhaben vorzubereiten. Alleine dadurch sind Sie den meisten anderen um einen ungewöhnlich großen Schritt voraus - eventuell sogar sehr vielen Immobilienmaklern, zumindest aber denen, die semiprofessionell vermitteln.

Sie haben nun mit diesem Buch ein ausgesprochen umfangreiches Spektrum an Informationen erhalten, wie genau ein Profimakler handelt. Die Inhalte sollten Sie nun in die Lage bringen, Ihre Immobilie selbst so akkurat wie ein Experte zu verkaufen.

Machen Sie sich bewusst, dass Sie beim Verkauf einer Immobilie einen wesentlich größeren Aufwand an Vorplanung, Zeit, Kosten und Energie haben, als Sie es sich vielleicht bisher gedacht hätten. Der Grund dafür ist einfach:

Es handelt sich bei Immobilien zumeist um den größten Vermögensbesitz

Deshalb ist es absolut notwendig, mit diesem kostbaren Kapital sorgfältig und durchdacht umzugehen. Ein derartiges Projekt ist viel zu wichtig, als dass Sie es mit einem Gebrauchtwagenverkauf vergleichen könnten. Sie haben definitiv mehr Punkte zu berücksichtigen, mehr Unterlagen vorzubereiten und zusammenzustellen, eine längere Dauer einzukalkulieren und vor allem müssen Sie gutes Geld für eine gelungene Präsentation Ihres Vermögenswertes ausgeben und in ein vortreffliches Marketing investieren.

Vermeiden Sie bitte den Trugschluss, Ihre Immobilie verkauft sich wie ein Auto, denn dieser könnte Sie teuer zu stehen kommen.

Sofern Sie meine gesamten Tipps und Ratschläge annehmen und sich auf den Verkauf akribisch vorbereiten - wie Sie es in diesem Buch erfahren haben - können Sie davon ausgehen, dass Sie Ihre Immobilie in einer angemessenen Zeit zu einem guten Preis verkaufen werden. Auch werden Sie sicherlich die angenehme Erfahrung machen - wenn Sie so vorgehen, wie ich es beschrieben habe - wesentlich weniger Besichtigungstermine mit den sogenannten „Besichtigungstouristen" wahrnehmen zu müssen, damit Sie sich vollends auf die wenigen, echten und passenden Kaufinteressenten konzentrieren können.

Schlusswort
Was ich Ihnen noch mit auf Ihren gelungenen Weg geben möchte

Sie sind sich dennoch unsicher, ob Sie Ihr Vorhaben eigenhändig zum Erfolg führen können?

Obwohl Sie solch eine Fülle an Informationen und Handlungsempfehlungen erhalten haben? Das ist absolut verständlich - schließlich befinden Sie sich auf Neuland - und auch kein Problem, denn: Ihr Vorteil ist es, dass Sie sich die Videos immer wieder anschauen und zudem die Leitfäden studieren sowie auch das gesamte weitere Hilfsmaterial, welches die *Online Akademie* Ihnen zur Verfügung stellt, zu jeder Zeit abrufen können.

Sie sind trotzdem zu dem Schluss gekommen, dass Sie für dieses Unterfangen einen richtigen - sprich: persönlichen Auge-in-Auge-Coach an Ihrer Seite benötigen? Um Ihre Immobilie nach wie vor selbst zu verkaufen? Sie fühlen sich jedoch nicht richtig fit? Dann rufen Sie mich gerne einfach an. Sie können auch in dieser - wie in jeder anderen Situation - Lösungen und Wege von mir erwarten. Egal, wo sich Ihre Immobilie deutschlandweit befindet: Es gibt das Internet und Skype. So kann ich Sie jederzeit mühelos live begleiten.

Oder haben Sie das Gefühl „Die Zeit habe ich doch gar nicht dafür"?

Beziehungsweise: „Das ist mir dann doch definitiv viel zu viel Arbeit"? Ich kann Sie sehr gut verstehen, da ich selbst als Unternehmer kaum Zeit für private Vorhaben zur Verfügung habe. Und auch das ist kein Problem, da sich jeder an die passenden Dienstleister wenden kann, die einem kompetent genau die richtige Lösung bieten.

Denken Sie z. B. an den Kfz-Mechaniker, den Steuerberater, den Friseur, die Maniküre. Wenn Sie also jetzt der Meinung sein sollten, Sie brauchen doch die Unterstützung eines Immobilien-Experten, dann habe ich folgende Empfehlung für Sie:

Bitte suchen Sie sich einen qualifizierten Profimakler, der u. a. ausgesprochen gute Kenntnisse über die örtlichen Gegebenheiten vorweisen kann, um z. B. den realen Kaufpreis bestimmen zu können. Zudem achten Sie bitte darauf, dass er mindestens drei Jahre als Makler im Geschäft ist und auch über genügend aussagekräftige Referenzen verfügt. Von großer Bedeutung ist es letztendlich, dass er in der Lage ist, Ihnen die gesamte Arbeit abzunehmen, damit Sie sich entspannt zurücklehnen können. Denn das ist der eigentliche Job des Maklers:

Schlusswort
Was ich Ihnen noch mit auf Ihren gelungenen Weg geben möchte

Sie zu entlasten, Ihnen zur Seite zu stehen und für Sie das Beste aus sich herauszuholen.

Wenn Sie sich jetzt sagen sollten: „So einen Makler haben wir hier nicht," dann glauben Sie mir bitte: doch! Auch hierfür können Sie mich gerne kontaktieren. Ich verfüge deutschlandweit über ein ausgezeichnetes Netzwerk und kann Ihnen nach einer Kurzanalyse Ihrer Immobilie genau den Richtigen für Ihr Vorhaben empfehlen. Sehen Sie sich dazu die für Sie zusammengestellten und kostenfrei zur Verfügung gestellten Videos der Lektion 16 in der *Online Akademie* an und sammeln Sie noch mehr hilfreiche, richtungsweisende Informationen zu den Themen:

+ Privatverkauf oder Makler
+ Daran erkennen Sie den richtigen Makler für Sie – die Auswahl des Maklers
+ Der Maklerauftrag: Sind mehrere Makler besser?
+ Provisionsmodelle und Interessenskonflikte
+ Sprechen Sie uns an gerne an, wir können Ihnen deutschlandweit die Besten der Besten empfehlen.

Egal, wie Sie sich entscheiden: Ob Sie Ihren Entschluss in Eigenregie anpacken und umsetzen oder doch einen Makler einschalten, wir wünschen Ihnen bestes Gelingen und danken Ihnen von ganzem Herzen, dass wir Sie bis hierher begleiten durften. Ihre Kritik und Anregungen zum Buch oder auch zur *Online Akademie* sind uns herzlich per E-Mail willkommen. Oder auf unserer *Facebook*-Fanpage https://www.facebook.com/derimmocoach/ inklusive geheimer Gruppe für den gemeinsamen Austausch.

Wir freuen uns ausgesprochen darüber, dass Sie unserer Einladung folgen und von Ihren eigenen Erfahrungen in Sachen Immobilienverkauf berichten. Sie können dieses Buch oder auch die *Online Akademie* empfehlen? Dann danken wir Ihnen mit großer Freude, dass Sie das auch tun. Schreiben Sie uns gerne eine E-Mail an: info@der-immocoach.de mit dem Stichwort: „Immobilie selbst verkaufen".

Lassen Sie es sich rundum gut gehen.

Ihr Hakan Citak – Der ImmoCoach

Schlusswort
Was ich Ihnen noch mit auf Ihren gelungenen Weg geben möchte

Haben Sie vielen Dank für Ihre geschätzte Aufmerksamkeit, liebe Leserinnen und Leser.

Ich hoffe sehr, Sie konnten alles gelungen umsetzen.

Und nun Tschüss.

Oder auch:

Auf Wiedersehen!

Vielleicht brauchen Sie ja noch etwas mehr Input?

Dann wissen Sie ja, wo Sie mich finden:

Persönlich oder in der *Online Akademie*:

Ich freue mich auf Sie.

Ihr Hakan Citak – Der ImmoCoach

Impressum

Copyright © 2019 Hakan Citak
Citak Immobilien e.K.
Yorckstraße 12, 50733 Köln

Eintragung im Handelsregister,
Registergericht: Amtsgericht Köln HRA 31581

Rechtliche Hinweise, Haftungsausschluss, Hinweise und Anwendung

Dieses Werk, einschließlich seiner Teile, ist urheberrechtlich geschützt. Jede Verwertung oder Weitergabe an Dritte ist ohne Zustimmung des Autors Hakan Citak – Citak Immobilien e. K. unzulässig. Dies gilt insbesondere für die elektronische Vervielfältigung, Übersetzung, Verbreitung und öffentliche Zugänglichmachung.

Dieses Buch erhebt weder den Anspruch, vollständig und juristisch einwandfrei, noch eine Garantie für die erfolgreiche Immobilienvermarktung zu sein. Es dient Immobilieneigentümern als Entscheidungshilfe, um Chancen und Risiken der Vermarktung einer eigenen Immobilie abzuwägen. Für die Nutzung und Umsetzung von Tipps, Anregungen, Vorlagen und Checklisten ist der Nutzer selbst verantwortlich.

Sämtliche der in diesem Buch oder der *Online Akademie* zur Verfügung gestellten Unterlagen und Videos wurden mit allergrößter Sorgfalt erstellt. Es wird keine Gewähr auf Vollständigkeit, Richtigkeit, Berücksichtigung der aktuell geltenden Gesetze und der Rechtsprechung geleistet.

Die Unterlagen und Videos sind als Hilfen zu verstehen. Sie sollen lediglich eine Anregung darstellen und Ihr Vorhaben, die Immobilienvermittlung selbst durchzuführen, wesentlich vereinfachen. Diese Mittel stellen keine rechtlich verbindliche Handlungsanweisung dar!

Sämtliche im Buch genannten Vorlagen, Unterlagen, Checklisten etc. werden nur den beitragspflichtigen Mitgliedern der *Online Akademie: Der ImmoCoach* zugänglich gemacht.

Der Autor dieses Buches und Gründer der *Online Akademie* übernimmt keine Haftung für Sach- bzw. Vermögensschäden.

Ihre kostenlosen Ratgeber in der *Online Akademie*
Hakan Citak